做产品

THE INNOVATOR'S TOOLKIT ›››››››››››››

[英] 大卫·希维尔斯坦（DAVID SILVERSTEIN）
菲利普·萨缪尔（PHILIP SAMUEL）
尼尔·德卡洛（NEIL DECARLO） 著

刘保强 译

四川人民出版社
SICHUAN PEOPLE'S PUBLISHING HOUSE

后浪

前　言

正因为有你们，这本书才会更新改版。

我们收到了许多友好的反馈，第一版超出了大多数人的预期，所以约翰·威立（John Wiley & Sons）出版公司的编辑要求我们考虑编写第二版。与大多数书籍不同的是，本书出版第二年的销量超过了第一年，第三年的销量超过了第一年和第二年。显然，对创新自助类图书的需求正在增长。

我们欣然同意撰写第二版，因为在与客户打交道时我们也学到了很多关于创新的新知识。我们了解到为什么市场在呼唤创新，但创新却很少实现。我们为许多公司、部门和研发机构的领导提供咨询和建议，我们培训了许多人，并通过创新流程指导了许多团队。

一路走来，有很多读者对我们的书不吝褒奖，也并不讳言他们不满意的地方。我们对不够实用的内容做出了修订，并用更好的案例取代不尽如人意的案例。当然，我们没有回应每一个不满，但如果有许多人和团体提出了同样的问题，我们会做出回应。

具体而言，第二版：

- 编写了新的引言，以阐释为什么这么多人在创新的道路上惨遭失败，以及如何才能成功。
- 增加了一些新技能，并对原有的技能进行了修订，这些技能可以帮助你找到最初的问题和创意，并将创新组合的风险最小化。
- 更新了图表和案例，方便读者更容易地理解和运用最新技能。

本书的更新改版，将更多的实用创新技能囊括进来，希望能够帮助创新领导者、管理者和专家更好地完成他们的工作，让他们更自信，减少代价过高的失败。

请利用这本书中的内容成为最好的创新者。愿你取得惊人的成功！

大卫·希尔维尔斯坦、菲利普·萨缪尔、尼尔·德卡洛

目　录

PART 2 发现创意

PART 3 开发设计

技能 49 试点测试 389

在有限的条件下解决问题

技能 50 SIPOC 图 396

识别过程的关键性投入和产出

技能 51 过程图 / 价值流图 402

详细描述过程

技能 52 测量系统分析 411

明确测量的有效性

技能 53 实验设计 421

分析投入和产出变量，识别关键少数

技能 54 联合分析 429

比较解决方案属性以确定消费者偏好

技能 55 过程行为图 436

监测过程的性能，全方位掌控新解决方案

技能 56 因果关系图 444

调查性能问题的根本原因

技能 57 因果关系矩阵 448

识别需要注意的关键性投入–产出关系

技能 58 控制计划 452

确保你的新解决方案能够按计划实现商品化

致 谢 459

引　言

壮大一个已经有相当规模的公司，并不是一件容易的事，而要在可持续的基础上做到这一点更是难上加难。现在有两条路摆在你面前：你可以通过兼并和收购向外部拓展自己，你也可以通过有机设计的创新从内部实现成长。问题是，即使双管齐下这两种方法往往达不到预期的效果。

把并购的问题留给别人去解决，我们写这本书是为了揭开有机创新增长的神秘面纱。为什么似乎只有少数的公司能够掌控创新？我们目睹了苹果公司（APPLE）发布了一个又一个新产品，达到或超过了市场的预期，我们对苹果这样的公司充满了敬意。

每个行业的高管都希望他们能像苹果公司一样。或者，他们找到了理由说他们的公司无论如何也不是苹果，也永远不可能成为苹果：

“我们不是一家科技公司，没有能力对产品做这么多次更新。”

“我们的核心技能根本不像苹果公司那样强大，所以我们的机会很有限。”

这由你说了算。有时，找借口比承认自己不会创新更容易。

安德玛（Under Armour）是一家服装公司，但他们认为自己和别的服装公司不一样。这就是为什么它会像科技公司一样一直在追求创新；这也是为什么它对待创新不遗余力。它令大多数科技公司羞愧，并在自己领域超过它们。

原美国消费者新闻与商业频道（CNBC）的吉姆·克莱默（Jim Cramer）于2012年3月在一个电视栏目中说："科技股并不能通过垄断创新来赢得新业务。很多科技产品根本就没有创新。惠普（HP）公司上一次发明东西是什么时候？你还记得吗？……我认为，科技的真正本质是创新，我们需要把网撒得更大，在最难以预料的地方寻找改变游戏规则的发明。"

安德玛公司发明了吸湿排汗的压缩服，这是一种可以调节体温的新型服装。该公司并没有就此止步。2011年，它推出了带电棉，其干燥速度是普通棉花的5倍，而且其柔软程度令人难以置信。安德玛还有一款棉质的编码运动衫（Storm），可以防水。他们已经制造出了超轻跑鞋，截至本文写作时，摩根士丹利（Morgan Stanley）说或许安德玛（Under Armour）将从耐克手中夺走市场份额。这些以及更多计划中的产品，正是安德玛取得令人羡慕的增长速度的原因。该公司的创新和由此带来的定价权，让它定下了20%～25%的长期增长目标。

这确实令人印象深刻。但这种成功的核心是什么？安德玛的使命是通过激情、设计和对创新的不懈追求使所有运动员做到更好。那么，一家没有基础的公司如何能够真正实现创新？

所有希望实现有机增长的公司都必须采取一系列的管理原则和实践。这些原则和实践就包括充满激情和活力的领导者，他们了解创新所需要的东西——不仅要激发灵感，还要提供解释、制定路线图、建立系统、设定流程、部署技能、配备团队、管理委员会，并以其他方式积极引导和管理创新的生命周期。

这本书是一本非常实用的指南，侧重于介绍创新过程和使其成为可能的许多技能。它并没有涵盖成功创新的所有管理方面，比如高管们需要知道和做什么来打造正确的氛围并为组织在产品、流程和商业模式方面的持续创新做好准备。我们会在研讨会和咨询中讨论这些领导力主题。

两个创新流程

图 0.1 显示了一家公司或组织的创新流程应该是什么样子的。不过，说创新流程并不准确，因为成功创新的关键在于，它实际上是两个独立的流程，而不是一个。这就是大多数公司失败的地方。他们要么注重左边（前端创新），要么注重右边（后端开发），而不是同时关注两者。

让我们来定义这两个流程，然后观察现实商业生活中的一些情况。左侧，即前端创新，即流动、有趣、非线性地追求新的产品、流程和商业模式——我们在本书中称之为“解决方”。右侧，即后端开发，是一种阶段性的、线性的、系统性的方法，用于将已经获得成功的新设计商业化。

如果你把左边和右边混为一谈，只关注创新的过程而不关注开发的过程，成功可能难以实现。

我们提到了安德玛，但我们没有提到它在 2011 年建立的创新实验室，该实验室毗邻其位于巴尔的摩的总部大楼。公司体育营销高级副总裁凯文·哈利告诉《巴尔的摩商业杂志》，实验室的存

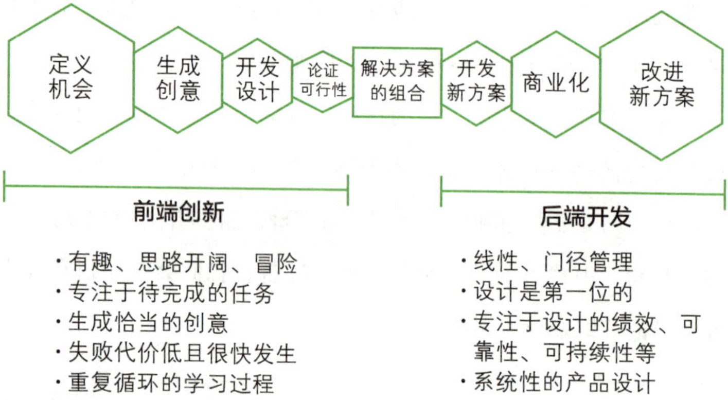

图 0.1　两种创新流程

在是为了“不受限制地打造世界上最好的产品”[1]。

一个 YouTube 视频展示了该实验室的工作片段——测试 NFL 球员监测呼吸和心率的身体防护服、完善缝纫技能、分析人们如何跑步，以及观察安德玛的胸罩在实际使用中的稳定性。一位公司发言人在视频中说，实验室中的工作“让产品的开发不再是碰运气，能够帮助我们真正了解我们的产品在做什么”。这是前端创新的一个关键。如果要失败，那就不要付出高昂的代价（在你正在做的事情变成一场财务灾难之前）。但只有当你拥有合适的文化、人员、心态和工具时，你才能做到这一点。而且，只有在拥有正确的组织和一支创新团队的情况下你才能做到这一点，这个团队的成员，步调可能往往与他们的同行不同。

例如，耐克公司有一个独立的业务部门，它只处理前端创新。该部门产生了成千上万的想法。该部门为这些想法绘制详细的工

1　2011 年 2 月 15 日，标题为“安德玛在 Tide Point 首次设立创新实验室”。

程图纸，测试它们，制作原型，但最重要的是：抛弃它们。耐克公司在需要接受失败的时候就接受它——在公司因过于深入地投入开发和商业化而赌上大笔资金之前。

如果你在耐克公司的创新业务部门工作，你可能会在工作时间打篮球，以便将头脑从无休止的专注中解放出来。集中精力，或者让有利于创新的内啡肽流动起来。或者，你会发现自己在一顿丰盛的晚餐中庆祝自己放弃了一个伟大的创意，因为它在经济上不可行，或者因为它在商业化的过程中会吸走太多的资源。

这与许多亚洲公司的标准做法形成鲜明对比。在亚洲文化中，失败是耻辱的同义词。在这样的组织以及在一些美国公司，研发是在一个黑箱中进行的——如果我们愿意承认的话。这与其说是为了保守秘密，不如说是为了避免把投入的资源与产出的新收入做比较的尴尬局面。

因此，许多公司没有前端流程。如前所述，这些步骤和活动不是线性的或阶段性的。由于这些组织习惯于制定步骤、费用和指标非常明确的流程，他们要么拥有一个过于系统化的前端流程，要么就根本没有。

还记得铱星公司将卫星电话推向市场的尝试吗？该公司拥有50亿美元的预算，从42个国家的20万名潜在客户那里收集意见，获得了大约1000项专利，并花了10多年时间完善系统和产品。然而就在产品推出之时，计划失败了，公司也破产了。

任何对这一著名案例感兴趣的人都可以找到大量的文章讨论失败的原因：没有预见数字蜂窝网络的建立；目标市场太小；价格太高（手机3000美元，打电话每分钟3～8美元）；电话在移动的车辆中和建筑物内都不能使用。然而，公司高管非常不愿意放弃这项业务，因为前面已经投资了太多。

我们可以用创新的两个流程来分解它。铱星公司把所有的努力都集中在创新流程的右边，也就是专注于开发，而不是前端创新。铱星公司临时首席执行官约翰·A. 理查森（John A. Richardson）说："我们成了一个典型的 MBA 案例，用来说明为何停止推出产品。首先，我们创造了一个了不起的科技成就。然后我们思考如何靠它赚钱。"

铱星公司本应向左端询问，并合理地计算其宏伟愿景赚钱的可行性。

如果你在进入全面设计和生产之前，不担心如何利用一项创新赚钱——特别是一项大型的、复杂的、了不起的创新，那么它可能会令你的公司破产（对于铱星公司来说确实如此）。最好把重要的时间和精力花在前端创新上面，此时失败的时间和金钱代价都很小。

那么，如果其他公司有另一方面的问题呢？过分强调创新的前端，而忽略了创新所需的更多的机械操作，这又是怎么回事呢？忽略了后端开发和商业化所需的机械行动，这种情况尽管不太常见，但有时也会发生，而且它同样会造成价值损失。

过去，微软以利用市场作为实验室而闻名。它开发和推出的操作系统很好地掌握了客户的待完成的工作（技能 1），并关注结果预期（技能 3），如速度和可靠性。

但它在向市场发布之前并没有对设计进行完善。结果，用户不得不忍受操作系统的频繁崩溃和几轮错误修复所带来的不便。

从这个意义上说，微软在前端做得很好，但在后端做得不是很好。

波音公司的 787 梦想客机是一个绝佳的案例，它是一个高度复杂的产品，通过依靠已知和已证明的技能来管理其创新风险。像所有公司一样，波音公司必须进行创新，但如果它不能革新大型喷气式飞机这样的重要产品，就很容易使公司陷入破产的危险之中。

梦想客机的创新，绝大多数都已经在波音公司或其他地方进行了构思、开发、测试和验证。复合材料的进步、空气质量方面的创新、湿度和机舱压力系统的创新、低噪音发动机……这些都是波音公司新加入其设计中的。

那么，为什么波音公司极力履行其对客户的义务？我们所要做的就是看看模型的最右边。大多数梦想客机的交付延迟是制造和组装的问题（很大程度上是由于外包），而不是飞机核心技术的问题。

我们可以想到或说出几家将创新的左右两边结合起来以获得竞争优势的公司。苹果公司正在这样做。安德玛已经取得了巨大的成功。耐克在将无数新产品推向市场方面做得非常好。它的创新生产设施位居世界第三（按鞋类产量计算）。你不必看那么远，《快公司》（*Fast Company*）评选的全球 50 家最具创新力的公司就是成功的案例。它们同时拥有实现绿地创新（图 0.1 左侧）和市场成功（图 0.1 右侧）所需的不同文化。

创新的前端——D^4 模式

许多文章可以告诉你如何做出卓越设计。例如，“精益生产六西格玛设计”[1]适合于公司的整体业务——模型的右侧（开发、设计、生产），因此也适合于模型的右边部分，因为随着时间的推移，解决方案被推向市场并得到改进。

但是，本书要为非常模糊的我们称之为创新的方面带来实质性内容，尤其是为创新的前端提供工作者急需的知识，因为目前关于如何以任意程度的可预测性来完成这一工作的文献还很少。

我们已经确定，当一个公司掌握了长期和普遍的创新公式时，它就会创立特殊的流程和组织，其运行与组织的其他部分截然不同。这个组织发挥着作用，不遗余力地改变游戏规则，寻求新的增长机会。它奖励而不是回避应有的失败。而且，它按照流程行事，这个流程灵活、敏捷、有条不紊，既能孕育成功，又能防止难以承受的失败。

细致讲来，当我们看创新的前端时，我们真正看到的是什么？你会注意到，在图 0.1 中，我们选择将左右两边描绘成一系列的六边形——左边的六边形随着时间的推移越来越小，右边的六边形随着时间的推移越来越大。

简单地说，在创新的前端阶段，人员和团队从分散的思维和行动转向一致的思维和行动。我们从产生各种想法开始——正常的、疯狂的、任意的……，然后使用技能来打磨那些真正有希望成功的创意。在另一边，我们通常将可行的解决方案推向市场，然后不断改进它，扩大它，创造更多的选择和客户（想想苹果公司在 iPod 之后又推出了很多新功能、新版本和相关的产品，如 iTunes 和 iPad）。

1　六西格玛设计，即西格玛水平为六的设计。

但在模型的每个部分的每个阶段，创新者都需要进行发散和聚合思考，保持这种步调是至关重要的。如果在某个阶段只有发散或聚合，就会引入风险，减少我们实现真正创新的机会。图 0.2 描述了人员和团队在创新的前端是如何完成发散和聚合的。

在定义机会的阶段（第一部分），我们希望尽可能多地探索创新的机会——使用“待完成的任务”（技能 1[1]）作为总体指导。然后，人种志（技能 5）、九窗法（技能 8）和划定任务范围（技能 9）等技能使我们能够以许多不同的方式重新构建问题。

在这之后，当我们想把创新问题的集合缩小到有限的几个时，我们期待使用价值商数（技能 4）、项目章程（技能 12）和其他技能来缩小问题集合。本书中的一些技能既有助于解决分歧，也有助于缩小问题范围，比如任务分解（技能 2）和结果预期（技能 3）。

D^4 阶段	发散	聚合
定义机遇	需要解决很多不同的问题	只选择一个或几个问题去解决
发现创意	发现解决问题的诸多创意	只选择最有吸引力的创意
开发设计	在核心创意的基础上给出不同的设计	只选择最有吸引力的设计理念
论证可行性	探索不同的方式并将假设转换成知识	一步步筛选出最可行的方案

图 0.2 每个阶段的发散与聚合

1 前言里提到技能 1–58，在本书正文的章节里会详细讲述。

在发现创意的阶段（第二部分），任务是首先以发散的方式尽可能多地探索解决创新问题的创意，此时我们可以使用 HIT 矩阵（技能 18）、概念树（技能 22）和其他技能。有些技能可以在业务、行业和当前解决方案框架内将创新者推向新的创新高度，如书面头脑风暴 6-3-5（技能 20）；其他技能，如强迫联想（技能 25）和结构化抽象（技能 26），能够迫使创新者跳出当前的范式，进入未知的行业和领域。

此后，我们的目标是将众多的选择或创意缩小到可行性方面最有吸引力的一个或几个。消费者会购买吗？新产品的制造成本是否足够低？这个新的解决方案是否有力地填补了巨大的结果预期差距？参见价值商数（技能 4）、KJ 方法（技能 30）、“六顶思考帽”（技能 32）和成对比较分析（技能 39）来实现这一目标。

在开发设计的阶段（第三部分），我们选择了最核心的创意，并通过关注必须执行的关键功能来构建解决方案。在这里，我们并不是说要把重点放在可靠性、可用性、可维护性和其他在创新模型的右边起作用的功能要求上——尽管我们在开发设计理念时，会在一定程度上考虑到这些方面。

例如，一个食品行业的创新者可能会问如何方便地加热饮料、汤或饭菜。使用公理化设计（技能 34）、功能结构（技能 35），TILMAG（技能 37）等技能，可以让你找到很多方法探索不同的设计理念。这样一来，任务很快就转变成能够解决问题的最佳和最可行的设计概念，你可以使用工作单元设计（技能 38）、普氏矩阵（技能 40）、稳健设计（技能 42）等技能来完成此项任务。

在我们的例子中，创新者可能会把目光聚集在自热包装或自热容器上：按压容器的指定位置会让内部放热，从而加热食物。

前端创新的最后一个阶段是创新项目的论证（第四部分），它也是通过发散和聚合实现的。在这个阶段，创新者的知识-假设比（Assumption-to-Knowledge Ratio）应该得到大幅改进（意味着更多的知识，更少的假设），从而使创新者能够更好地预测市场的成功或失败。

为此，我们使用创新财务管理（技能 13）、原型设计（技能 48）、试点测试（技能 49）、联合分析（技能 54）等技能，探索测试、制造、交付等使新设计商业化的不同方式。然后，使用过程行为图（技能 55）、因果关系图（技能 56）和控制计划（技能 58）筛选出被纳入创新组合的最终设计。

当然，D^4 的创新项目的论证阶段用到的许多技能，也可以用于进一步开发、商业化和改进创新解决方案。精益六西格玛和卓越的产品运营在进行后端创新时，有时甚至会使用定义和发现阶段的前端技能。

虽然我们的创新模型是以渐进的方式提出并推广的，但本书中一半以上的技能都有着多样的生命力；它们非常强大，可以被聪明的创新者、优化者、节约者和促进者应用在更大的创新过程中的任何一点上——从模型的最左边到最右边。它们归根结底只是解决问题的工具。

事实上，有些技能甚至可以用在模型左边的左边——也就是在创新的管理领域。我们在前面说过，这个领域不属于本书的范围。但是，为了便于理解，我们也应该指出，我们需要为创新创造适当的组织氛围和文化，引导组织向着良好的愿景迈进。这就需要任用人才，实施和管理创新项目，配置能够迅速有效地部署创新的基础设施，从而管理和引领未来潮流。

总而言之，本书中的技能是创新者的核心知识。这些技能如何应用以及在多大程度上应用，是一个项目管理问题或组织领导问题。但就本书的目的而言，这些技能可以让创新者在前端安全地指引方向，降低创新项目组合的风险。

平衡的创新组合

一个强大的创新项目组合应该按照产品创新、流程创新和商业模式创新，以及渐进式创新、实质性创新或根本性创新这两条路径进行平衡。（见图 0.3）。

流程创新可以指非面向客户的流程，也可以是面向客户的流程，前者被许多人称为内部流程，后者被称为服务。产品创新的例子包括三洋公司的不用洗涤剂的洗衣机、苹果公司的 iPhone，

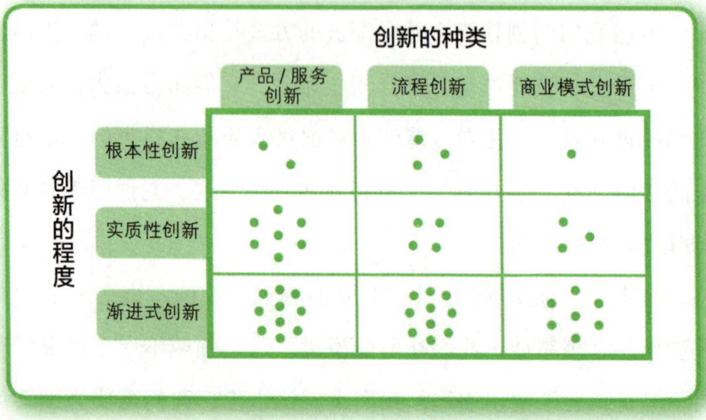

图 0.3　平衡创新组合

以及宝洁公司的美白牙贴。面向客户的流程（或服务）的例子包括保险公司的现场理赔、酒店和航空公司的自助登记、Skype 电话，以及 Facebook 社交网络。

不面向客户的流程（甚至产品）创新，以加快服务和提高质量的方式为客户提供更多价值。Bottoms Up（www.bottomsupbeer.com）是一家位于华盛顿州蒙特萨诺的个性创业公司。看一下该公司的网站就可以知道，如果你想快速获得冰凉可口的啤酒，Bottoms Up 的啤酒机和相关产品就是一个可以替代传统啤酒桶或调酒师的令人信服的选择。

我们想知道，到本书出版时，这家啤酒机公司（GrinOn Industries）是否仍处于萌芽阶段。请看网站上的视频：商业化的啤酒机每分钟生产 44 杯啤酒（一个人操作）；机器使用特殊的酒杯，啤酒从底部灌满酒杯，在重力作用下自行密封。经过适当培训的 Bottoms Up 操作员（人）制作啤酒时泡沫的数量是固定的，他们的速度是传统方法的 9 倍。难怪该公司会把口号定为“将生啤酒推向新的高度”——它确实符合事实。

GrinOn 在满足客户和供应商的结果预期（技能 3）方面做得很好，比如获得品质一致的啤酒（对客户而言），以更高的效率、更少的浪费和更低的成本供应啤酒（对供应商而言）。此外，GrinOn 还更进一步，通过快速培训系统培训操作员，确保产品能够满足结果预期，向客户提供最大价值。

这个案例代表了面向客户的流程创新，但其中也有客户不能看到或并不关心的产品和流程创新（Bottoms Up 啤酒机、幕后培训、让机器以最大潜能运行所需要的技术）。因此，我们可以大致称其为产品和流程的实质性创新（不是渐进式创新或根本性创新）。

不过，你并不能直接给 GrinOn 工业公司打电话咨询问题。截至本书撰写之时，GrinOn 网站的“联系我们”只能跳转到一个页面，在那里你需要填写姓名、联系信息和一段说明。显然，这个解决方案的商业模式可以满足供应商的结果预期，最大限度地减少劳动成本，并让工作随时随地都能完成。

Bottoms Up 并不是个乡镇品牌，它拥有波士顿芬威公园、丹佛景顺球场和费城富国银行中心等大型客户。要知道，它最早的技术可是华盛顿州蒙特萨诺部落的美国原住民开发的。

流程创新的其他案例还有沃尔玛的日常低价，它实际上是一系列幕后商业创新的结合，亚马逊的“一键下单”功能也是如此。同时，这些流程创新为企业提供了巨大的价值，具体表现为更高的生产力和更短的交货期。同时，这些流程创新也为企业提供了巨大的价值，如提高生产力、缩短交货时间、提高员工士气和提高利润率。

商业模式创新的一个案例是，戴尔公司开始直接向客户销售电脑（创新了分销渠道），避免了链条中的零售环节。由此，戴尔重新定义了运营资本管理（收入流和成本结构创新），减少了需要管理的库存（核心流程创新），收到了客户预付现金，延迟了对供应商的付款期限。此外，戴尔让客户定制自己的解决方案，并在几天内收到电脑，实现了客户体验创新。

eBay 也改变了商业模式的格局，因为它使买家和卖家突破了以往的社交限制，相互取得了联系。与戴尔所做的一样，eBay 用大量的商业模式创新改变了一个行业（买卖二手商品）的规则。

公司可以围绕以下 11 个部分进行创新来改写行业规则：客户群、客户体验、分销渠道、品牌战略、收入来源、核心产品、补充产品、核心流程和资源、使能流程和资源、价值创造伙伴以及成本结构。

一个更新的案例是高端电动工具制造商喜利得集团（Hilti，总部设在欧洲中部的小国列支敦士登）的商业模式创新。《哈佛商业评论》上的一篇文章写道，喜利得重新思考了客户用工具完成工作的过程。这篇由马克·W. 约翰森、克莱顿·克里斯坦森和孔翰宁撰写的文章指出，建筑承包商通过完成工程来赚钱，他们只需要使用有效的工具来完成这项工作。换句话说，他们不需要自己拥有这些工具，而只需要按照规范使用工具来完成工作。

因此，喜利得调查了自己的解决方案帮助承包商完成工作的可行性，向他们提供工具的使用权，将所有权的负担从客户转移到公司。这种新的商业模式要求喜利得管理“客户的工具库存，在正确的时间提供最好的工具，并及时提供工具的维修、更换和升级，所有这些服务都按月收费”。

作者总结道：“为了实现这一价值主张，公司需要创建一个工具车队管理项目，并把重点从制造和分销转向服务。这意味着喜利得必须构建新的利润公式，开发新的资源和新的流程。

完整的创新项目组合也应该考虑创新的程度（渐进式、实质性、根本性）。很明显，从渐进式创新、实质性创新到根本性创新，投资规模、风险和对利润的潜在影响越来越大。

渐进式创新的例子还包括改进酒店或航空公司的登记流程，

或举办员工创意征集活动。实质性创新包括将电动牙刷改进为加入超声波的牙刷，或允许消费者在网上自己购买机票。是的，你仍然需要刷牙和买机票，但是做这些的方式却发生了实质性的变化。

当然，根本性创新为客户和企业带来巨大的价值。抗生素、印刷术、火药、飞机、便携式电脑和万维网都是根本性创新的例子。手持移动电视、自清洁衣服和 3D 打印机，即使不是根本性的，也至少是实质性的。3D 打印让零售客户能够在家里设计和制造产品，肯定属于改变世界、改变人们的生活的根本性创新。

虽然很难确定什么是渐进式创新，什么是实质性创新，什么是根本性创新，但每个公司都可以自己定义这些术语。例如，荷兰皇家壳牌公司的化学部门曾经表示，能够创造 1 亿美元以上的收入的创新，才能被归类为根本性（或突破性）创新。无论是什么标准，每家公司都需要不断充实和更新其创新项目通道。

图 0.3 展示了一个典型的创新组合比例。通常情况下，组合中会有较多的产品、流程和服务创新，而商业模式创新较少。同样，大多数组织的目标是争取更多的渐进式创新和实质性创新，而减少根本性创新。

当然，真正的竞争优势通常是多条战线协同创新的结果。根据凯泽联合公司（Kaiser Associates）的一项研究，在 3 年的时间里，苹果公司将其 iPod、iPhone 等产品与 iTunes 商业模式相结合，创造了约 700 亿美元的股东价值。到 2012 年，该公司的市值超过 5000 亿美元，现金资产约达 1000 亿美元。

在追求和实施商业模式创新方面，亚马逊是另一家表现出色的公司。他们在关闭实体店的同时，还进行了“一键下单”“最近查看的商品”“客户评论”和“你可能喜欢的书籍”等服务创新。此外，亚马逊还不断提升新品上架的速度（据观察这个速度“相当健康”），并继续研究客户的需求，比如更快捷的运输，商业模式创新的画面正在徐徐展开。

将你对亚马逊的了解或思考与上述 11 个商业模式的组成部分进行比较，思考亚马逊如何进行全面创新，比如在客户体验、分销渠道、品牌战略等方面。

人们如何解决问题

如果没有正确的人解决正确的问题，那么世界上所有有潜力的项目都不会完成哪怕是一个可盈利的创新。因此，作为引言的结尾。我们将总结人类解决问题的方式，以及哪些问题适合（或不适合）用本书提供的技能来解决。

每一项创新都是为了解决一些重要问题，比如让军队渡海（发明军舰），或让人类登上月球（发明火箭）。甚至很简单的问题都会导致简单但重要的创新，比如用网来捕鱼并保证食物供应。还有一些问题激发了拯救生命的解决方案：疫苗、便携式净水器、防弹衣，等等。

问题解决过程的每个阶段都与两个基本的认知实践有关，即发散思维和聚合思维。发散思维操作包括通过阐述问题、重新定义问题，以及探索、联系或结合潜在创意和解决方案来寻找新创意、增加备选项。与此相反，聚合思维操作包括评估想法，并通过价值判断减少选项，利用手头有关创意的信息，确定优先次序并做出选择。

无论是发散思维还是聚合思维，产生的创意和解决方案，既有可能位于技能领域或范式的内部，也有可能位于技能领域或范式的边缘或外部。发散思维并不一定意味着突破了原有范式，而聚合思维也不一定是在原有的框架内解决问题。所有的问题解决者都会在不同的认知水平和不同的偏好风格下进行发散和聚合。

问题解决的方式还可以被分为探索和开发。探索是指在范式内外寻找新的创意，而开发则是指开发范式内原有的创意并使之完善（如图 0.1 所示）。对于有些商业问题，主要使用开发的方法来解决，而对另一些问题则主要使用探索的方法来解决。所有问题都需要对两者进行不同程度的结合。

托马斯·爱迪生经常被称为发明家，但他主要的工作是将原始的发现发展成更好的解决方案，并实现商业化。人们通常认为他发明了灯泡。为了找到最佳的发光条件，爱迪生确实进行了广泛的实验和分析，让灯泡中的钨丝能够连续发光。虽然爱迪生有自己的探索，但他的基本优势和热情在于把已经知道的东西加以改进。

相反，爱因斯坦则主要是在同时代被普遍掌握的知识的框架之外思考问题，这种探索不通过试验和测试的方式解决问题。他的相对论质疑了牛顿物理学的关键假设。爱因斯坦甚至认为自己有点“怪”，但这种“怪”是解决不明确的问题，或是以新的和不寻常的方式解决明确的问题所必需的。

组织中的人，要么更像爱迪生，要么更像爱因斯坦。你可能倾向于通过研究、分析和在已知领域内工作来解决问题（开发）。

或者，你可能倾向于探索新的领域，质疑假设，提出许多脑洞大开的创意，直到解决问题（探索）。参考技能 11“认知风格”以了解这两种方法的细分，以及为什么认知风格对于创新团队的成败来说是最重要但又最容易被忽视的方面。

重申一下，如图 0.4 所示，不同类型的创新问题需要不同程度的开发和探索来解决。实线的方框和线条代表聚合的开发，而虚线的方框和线条代表发散的探索。

了解这四种问题解决方式，你就能找到组织中任何一个问题的特征。据此，你可以选择最合适的技能来解决你的问题。

第一类，问题和解决方案领域都是明确的，这就决定了大部分的开发活动在目前的范式下完成。生产线上的缺陷就是第一类问题的典型例子。这类问题通常用流程改进的方法来解决，如 PDCA（计划-执行-检查-行动）、六西格玛、精益制造等。人们

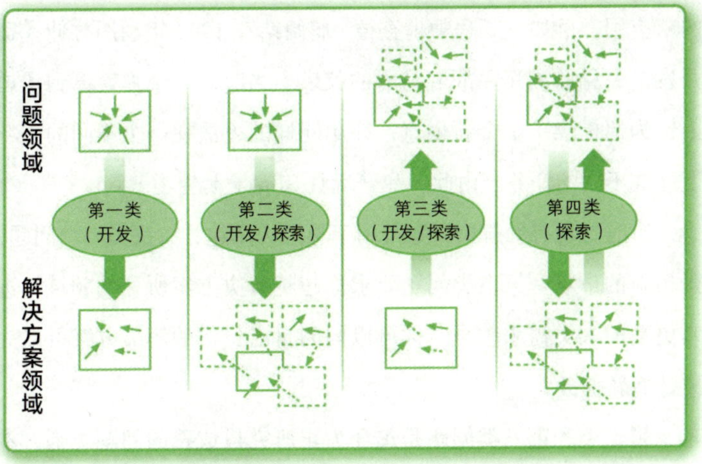

图 0.4　问题解决方法的四个分类

主要使用开发和论证技能来解决第一类问题。

第二类，问题是明确的，但解决途径并不那么清晰或直接。因此，任务就是探索新的创意和领域，寻找更好的解决方案，同时也在必要时开发已有的知识。例如，在黑暗中照亮房间的任务曾经是用蜡烛完成的，但蜡烛存在缺点，如滴蜡。蜡烛不能很好地满足客户的期待，所以这就为更好的解决方案打开了大门。

如果客户告诉你，他们对你的产品或服务大部分是满意的，那么你面对的就是第一类问题，即优化。但如果客户告诉你他们对你的产品或服务不满意，你就会遇到第二类问题，此时你需要发现或发明一个更好的解决方案来减少不满。换句话说，如果顾客对蜡烛总体上感到满意，那就去做更好的蜡烛；如果他们不满意，那就去找一个更好的方法来照亮黑暗。

第三类与第二类问题恰好相反。解决办法是明确的，但问题是模糊的。第三类问题很吸引人，因为它们迫使你思考现有技能的新应用。例如，工程师理查德·詹姆斯在 1943 年利用拉伸弹簧开发了一种监测海军战舰马力的仪表。当时，一个弹簧掉到了地上，为他提供了一个新创意，即用同样的方法在一个不同的市场上完成不同的任务。由此，弹簧玩具 Slinky 诞生了。

有时，现有的解决方案可用于不同的用途，解决另一个问题，开拓新的市场。第三类问题要求你超越解决方案所处的领域，进入更高的人类需求领域。你可以问问自己：你的解决方案可以完成什么新任务？

第二类和第三类问题是迄今为止研究最成熟的问题类别，本书提供的 58 种技能都以解决这类问题为主要目的。

第四类，问题和解决方案都不明晰。没有特定的问题需要解决。我们的目标是简单的探索，因为问题和解决方案都是在未知领域。例如，医学研究人员一直在寻找新的分子——只是为了找到它们。一旦发现了新分子，人们就可以研究和利用它们。

解决第四类问题，是你在不知道自己在做什么的时候所做的事情。基础研究会带来新发现，但其商业化的道路并不明确。因此，如何解决第四类问题并不属于本书的写作范围。尽管趋势预测（技能 16）、刺激与迁移（技能 24）、生物模拟（技能 29）和实验设计（技能 53）都可以帮助到第四类问题的解决者。

这就是本书能够提供给你的东西。希望你能使用书中的技能，写出你自己的创新故事。

PART

1

定义机遇

没有明确的目标或是思想不集中，再多的尝试也不会取得创新的成果。不过，创新的本质似乎恰恰说明目标具有模糊性和隐蔽性。不过这种想法是错误的。那些懂得如何消除模糊性的人会发现，创新并不像它看起来那样难以捉摸——它只是对那些不知道如何去发现它、关注它、利用它的人来说遥不可及而已。

在创新的第一阶段，你应当以有机增长目标为重点，制造可行的创新机遇。识别尚未满足的消费者需求和新市场，并在此基础上，利用待完成任务（Jobs to Be Done）、任务分解（Job Mapping）、结果预期（Outcome Expectation）和价值商数（Value Quotient）来识别有待填补的创新空白和潜力较大的创新项目。同时，还可利用人种志（Ethnography）直接观察消费者在现有的解决方案下所面临的困境，从而理解他们尚未表达的需求。

一旦定义了机遇，你就可以划定创新项目的范围，抓住项目重点。情景规划（Senario Planing）技能可以增进你对未来的了解，为未来的发展奠定基础。启发式重新定义（Heuristic Redefinition）技能可以帮助你做到这一点，方法是找出你目前解决方案中的所有要素以及它们之间的关系。而九窗口（Nine Windows）技能同样也可以帮助你做到这一点，方法是在创新问题中引入时间和规模维度。无论是要缩小还是扩大项目重点，任务范围的划定都是一项简单而又强大的技能。

在第一部分，我们还会介绍管理人员、项目和创新投资回报的技能。确切地说，利益相关者管理（Stakeholder Management）技能有助于使所有相关人员协调一致，共同支持项目的有机增长。认知风格（Cognitive Style）技能可以确保团队人员配置的合理性。项目章程（Project Charter）技能是一个动态文件，用于确保项目的时间和任务安排符合要求。创新财务管理（Innovation Financial Management）技能确保你的财务路线正确，甚至能帮助你在风险过高时中止项目。

技能 1

待完成的任务

标出你试图满足的大众需求

待完成的任务，英文简称 JTBD，是一个革命性概念，它指引你奔向创新，帮助你超越现状，不墨守成规，不只拘泥于改善当前解决方案。待完成的任务并不是产品、服务或具体的解决方案；它是消费者购买产品、服务和解决方案背后的更高层次的目的。

例如，大多数人会说他们买割草机就是为了“割草”，而实际情况的确如此。但是，如果割草机公司在调查出割草背后更高层次的目的之后，比如目的是“保持草坪低矮且美观”，那么该公司可能不会在制造质量更好的割草机方面花费功夫，转而研发一种基因工程草籽，使长出的草坪永远不需要进行修剪。

JTBD 这一理念和技能的强大力量在于，它使创新者明白消费者不是要购买产品和服务，而是在不同时期选用各种解决方案以完成各项任务。为了更好地应用这一技能，你可能需要统计学家帮助你设计调查和选取样本。但在大多数情况下，你并不需要专业的帮助。

➲ 背景

在《斯隆管理评论》(2007 年春季刊)上刊登的一篇文章中，哈佛大学商学院教授克莱顿·克里斯坦森和合著者对 JTBD 的概念明确表述如下:“大多数公司按照消费者的人口特征或产品特征划分市场，通过增加新的特征和功能使其产品与众不同。但是消费者的着眼点不同。他仅仅是有一项任务需要完成，并且试图‘选用’最佳的产品或服务来完成这项任务。”

因此，如果你知道自己的消费者想要完成什么任务，你就会对市场产生新的深刻见解，并制订可行的增长策略。如若应对一项或一系列 JTBD 的良好解决方案尚未诞生，这就说明创新的大好时机就在眼前。

JTBD 的分解

JTBD 分两种类型:

- 主要 JTBD，是指消费者想要完成的任务。
- 相关 JTBD，是指消费者想要与主要 JTBD 一同完成的任务。

那么，每种 JTBD 均包括以下两个方面:

- 功能性任务方面——实际的客观性要求。
- 情感性任务方面——与感情和认知有关的主观性要求。

最后，情感性任务方面可进一步分解为:

- 个人维度——消费者对解决方案的看法。
- 社会维度——消费者在使用解决方案时其他人对消费者的看法。

图 1.1 利用可视化图表展示出不同类型的 JTBD，并将其分解为不同的方面和维度。

举例来说，消费者的主要 JTBD 是牙齿和牙龈的清洁。那么相关任务可能是创造持久的清新口气、洁白牙齿，甚至实现其他形象要求，如洁面或画眉。

我们可以将主要 JTBD 和相关 JTBD 分解为功能方面和情感方面。一位消费者想要消除牙齿上的异物、细菌、异味。这些就是此项 JTBD 的功能性方面。他还想要获得舒适的牙齿和牙龈清洁体验。整个过程的感觉应当是舒服而不是痛苦。应当使消费者感觉舒适（个人维度），同时也帮助他树立良好的个人形象：牙齿洁白、牙龈健康、口气清新。

如果一个解决方案能够更好地满足所有这些任务等级和层次的要求，它在市场上就会有更多的机会。如果一个解决方案能够更好地实现 JTBD，他成功的可能性就会更大。总而言之，JTBD 能够指导你打破自身思维局限性，淘汰你和竞争对手目前的解决方案。

公司为什么要考虑 JTBD？因为其成果不仅要满足消费者的需要，而且要极具创新性。想想在汽车和高层建筑中使用的自清洁玻璃，还有自修复汽车油漆——无须在划痕上喷漆。你可能认为划痕喷漆是一项 JTBD，实际上并不是。划痕喷漆其实是完成

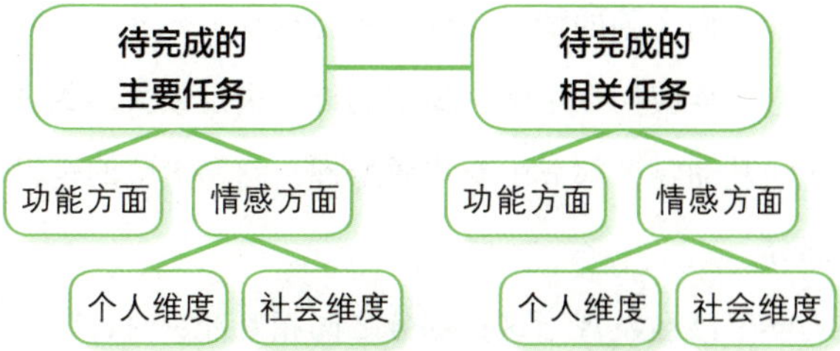

图 1.1　对待完成任务的分解

一项称为保持车辆无瑕的 JTBD 的解决方案。

思考表 1.1 中旧 JTBD 的新解决方案。然后，不要问你如何能使你目前的产品和服务更好，而是要问你是否能够以意想不到的高效方式完成消费者的 JTBD。

三重脑

打个比方，根据三重脑模型，我们的大脑有三个部分：爬行动物部分、情感部分、理性部分。爬行动物部分与我们的基本生存和生物需要相关；我们饥饿时会吃东西，我们遇到威胁时会斗

表 1.1　旧任务的新解决方案

待完成的任务	旧解决方案	新解决方案
摄取药物	丸剂和注射	皮肤贴
为大众市场制造大量产品	许多工匠	生产线
执行老一套的法律功能	律师	legalzoom.com
晚上侦测敌情	照明弹	夜视仪
保持窗户清洁	橡胶擦刷器	自清洁玻璃
清洁牙齿	刷牙	声波自动洁牙
搜索信息	图书馆	互联网

争或逃离。我们大脑的情感（或古哺乳动物）部分由大脑边缘系统指挥，它指导我们在生活中做出的许多决定或大多数决定。理性（或新哺乳动物）部分由新皮质指挥，它是大脑的逻辑、条理和分析部分。

心理学家已经发现当这三部分之间相互冲突时，爬行动物部分比其他两个部分重要。当情感部分和理性部分相互冲突时，情感将战胜理智。这就是人们往往会感情用事，做出愚蠢决定，然而找出一个理智的借口证明自己正确的原因。

那么，这为有志于创新的公司提供了什么启示呢？给出能够同时吸引大脑三个部分的解决方案——尤其是情感部分和理性部分，因为只有一小部分解决方案真正与生死有关（爬行动物部分）。苹果公司在这一方面就做得很好。它的产品功能强大（理性），而且很酷很时髦（情感）。虽然我们知道有个 iPod 消费者出于对功能的质疑曾经返修六次，但是这位消费者之所以愿意忍受这种情况，就是因为该产品具有巨大的吸引力，拥有一部 iPod 是一种情感上的需要。

但是，还有另外一个有趣的启示。如果你从事的行业主要关注 JTBD 的功能方面，那么你更应当以情感方面为重点，让自己的产品与众不同。比如，可以通过优美的造型和便于操作的形状使手术器械看起来很炫酷。或者，在依靠形象和情感发展的典型行业中强调产品的功能方面。例如，美体小铺的许多产品都是有机（非致癌）产品，它们可以改善肤质（抗老化性质）——功能与情感兼具。

简而言之，创新是这样的：一些公司着手制造更好的药物，成为更好的律师事务所，或使它们的照明弹更好更亮，而另一些公司却在打破成规。没有一种新的解决方案可以自动或立即淘汰旧有的解决方案，但是在找到满足消费者需求的新方法之后，事情确实会发生改变。

如果你记住了有关 JTBD 的内容，那么就请记住这一点：相对于你的解决方案（产品和服务）而言，JTBD 完全中立。随着时间的推移，消费者的 JTBD 相当稳定。而由于你努力想要提供不断增长的价值，所以你的产品和服务应当不断改变，而且这种改变的间隔周期应具有战略性。

步骤

1. 确定中心市场

可通过考虑以下任意一个有机增长战略来确定市场：核心增长、颠覆性增长、相关任务增长和新任务增长。

核心增长（Core Growth）是满足与消费者想要完成的任务相关的尚未满足的结果预期的行为。例如，消费者想要更加方便地将果汁倒入杯中（想要的结果预期），而且在倾倒过程中不能洒在外面（不想要的结果预期）。所以，果汁瓶应采用凹陷设计便于握紧。这是大多数公司采用的最简单的创新方式，因为它只需要对当前的模型进行改进。（参见技能 3：结果预期。）

相关任务增长（Related Job Growth）是下一个最简单的创新

方式。它可以产生大量的解决方案，实现不止一项主要 JTBD 或相关 JTBD 的结果预期。星巴克就是一个很好的例子，它的解决方案能够处理多项任务，如饮用含咖啡因的饮料、饮用不含咖啡因的饮料、进行商务会谈、上网或者在轻松的环境中学习和阅读。

关键是要以邻接性为重点：我想要喝咖啡，但是我也想要读书和上网，或者与朋友交际。或者我想要租辆车从一个地方到另一个地方，我也想要简单的路线指引，因此我还想车上配有 GPS。

新任务增长（New Job Growth）是技术演进和变革的产物。它比核心增长或相关任务增长更难实现，因为它扩大了解决方案的服务范围，以完成不同的 JTBD。例如，蜡烛公司已经存在了几十年，在出现了电灯之后，它们不得不寻找新的用途。因此，它们制造了新的产品需求，吸引那些想要装饰住宅或为晚宴营造浪漫气氛的人们。此时，JTBD 不再是照明。

一些医疗公司将其技术的使用者从人类转向动物，尤其是在专利到期后。另一个实例是，一家在应急救援方面相当专业的公司将其业务扩大至医疗救护。

颠覆性增长（Disruptive Growth）以文献和创新专家提到的“非消费”为重点。某些解决方案可能适用于几个社会群体，但并不适用于所有或更多群体。还记得以前想美白牙齿，唯一的选择就是去牙科诊所吗？但现在，牙齿美白的任务几乎可以在任何地方完成。市场上存在一种名为佳洁士美白牙贴的产品，它是一种可直接交易的颠覆性产品，两年内为宝洁公司创造了 3 亿美元的价值。

非消费（Nonconsumption）有四大驱动因素：价格、时间、技能和技术，以及解决方案的可得性。佳洁士美白牙贴满足全部四个标准。在佳洁士美白牙贴问世之前，牙齿美白非常昂贵而且很费时间。个人无法获得这项技术，而且也不具备在家里使用这项技术的能力。

这是最难落实的增长战略，因为它会对整个行业的工作产生巨大冲击。颠覆性增长的其他实例还包括家用验孕棒、在线股票交易所、自动医疗监测和治疗器械。

核心和颠覆性增长战略以现有 JTBD 为重点，而相关任务增长和新任务增长则以新的 JTBD 为重点。核心增长与相关增长战略主要是服务现有消费者，而新增长战略和颠覆性增长战略主要是发展和服务新消费者。

---

2. 确定消费者试图完成的任务

你想要研究消费者，找出他们试图完成什么任务——尤其是在现有的工艺和技术不足以提出解决方案的情况下。什么任务只有临时的解决方案或没有好的解决方案？当你看到消费者在自己拼凑解决方案时，这便是创新的极佳线索。

有几种方法可以帮助创新者研究消费者以及他们使用解决方案完成任务的方式。人种志（技能 5）和文化原型研究在这一方面特别有用。其他技能包括观察、访谈、消费者投诉和焦点小组。

有时候待完成的任务并不像想象的那样直截了当。例如，快餐店老板发现当他的顾客面对无聊的通勤时，会买风味奶昔饮用；他们在早上不仅寻找方便、卫生的食物，也想在早餐的一小会时间自娱自乐。

---

3. JTBD 的分类

任务可以是主要任务，也可以是相关任务。一些任务是其他任务的源头。例如，如果一个人想要自我实现，那么这项任务可以是与一个人的身体、心理、社交、情感、财务和精神幸福相关的低层次任务的源头。

JTBD 的分类没有一个通用的标准化方案——所以我们最好的建议是使用一个对你和你所在行业都有意义的方案。例如，在零售行业，许多主要的 JTBD 与你带给人们的感觉（情感方面）相关，而不是与产品或服务实际用途相关（功能方面）。工程行业中有许多不需要直接面对消费者的任务，它们在本质上属于功能方面而不是情感方面。之前我们也讨论了重点关注与行业惯例不同的功能或情感，有什么潜在价值。

我们之前在个人维度和社会维度层面也提到任务有功能和情感两个方面。比如，用户整理和管理音乐的任务。该项任务的一个重要功能是听音乐，情感（个人维度）方面是以一种恰当的方式整理和管理音乐，情感（社会维度）方面是与朋友分享歌曲。其他相关任务可以是从互联网上下载歌曲、制作播放列表、删除不喜欢的歌曲和消磨时间。

4. 编写任务说明

任务说明用于描述 JTBD。任务说明的关键组成部分包括行为动词、行为对象、环境说明。在家管理个人财务是一项任务说明。如图 1.2 所示，在家洗衣服也是一项任务说明。一边慢跑一边听音乐也是任务说明的一个例子。

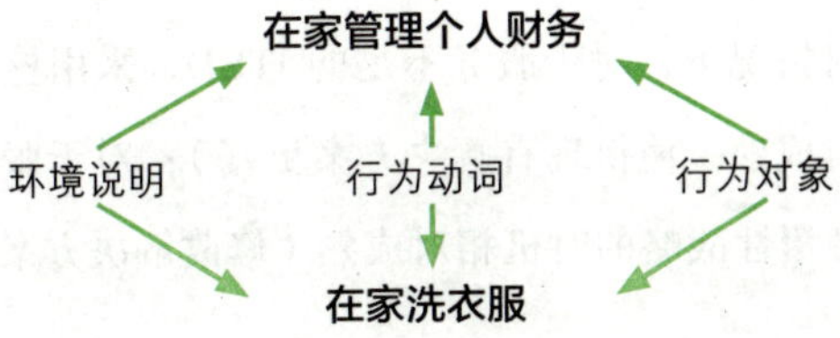

图 1.2 任务说明的结构

BMGI 版权所有，2012。可登录 www.innovatorstoolkit.com 下载空白图表。

5. 排定 JTBD 机遇的优先次序

在每个市场上都有成百上千项有待解决方案的任务。其中哪一项任务能为你提供最好的机遇？又有哪些任务为创造无竞争的市场空间提供机遇？在大多数情况下，消费者之所以想亲自完成任务，是因为当前市场上没有好的解决方案，此类任务为创新提供了大好机遇。

JTBD 的优先次序是各项 JTBD 的重要程度、消费者对现有解决方案的满意程度、开发新的（或更加理想）的解决方案的一般可能性、提供商创造能够更好满足结果预期（参见技能 3）的新解决方案的可能性的函数。如图 1.3 所示，重要性-满意度坐标从消费者的角度确定优先级。当然，我们也可以从提供商的角度考虑新解决方案的可能性。

你可以使用不同的评估和评定方案确定哪些 JTBD 应当是创新的重点。测量一项任务的重要性的一个方法是使用李克特量表（Likert Scale，衡量选项对他们的重要程度）询问消费者，并使用声音采样技术。李克特量表也可以用来评价消费者对当前解决方案的满意度。

在任何情况下，对于服务不足的 JTBD，采用核心增长战略的时机相对成熟（使得现有解决方案更好）；对于服务过度的项目，采用颠覆性战略的时机相对成熟（修改解决方案，使原本负

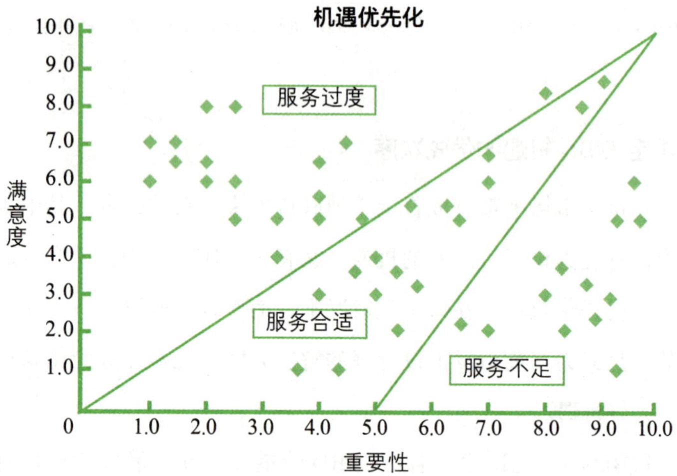

图 1.3 JTBD 优先化

BMGI 版权所有，2012。可登录 www.innovatorstoolkit.com 下载空白图表。

担不起现有解决方案的人们能够用得起现有解决方案）。如果你的评估显示服务较为适中，你应当以相关任务增长为重点。

有时候创新很简单：找到现有的解决方案能够满足的新 JTBD。例如，便利贴是 3M 公司的一个科学家在寻找更好的新型黏合剂的过程中发现的。这位科学家没有达到他的目的，因为他研发的黏合性较弱。十年之后，在另一位 3M 公司的科学家的引领下，人们为这种黏合剂找到了最为合适的用途。

参考资料

如需了解有关 JTBD 概念和技能的更多信息，请参考：

- CHRISTENSEN C M, ANTHONY S D, BERSTELL G, et al. Finding the right job for your product[J]. MIT Sloan Management Review, 2007, 48(3): 38.
- CHRISTENSEN C, RAYNOR M. The innovator's solution: Creating and sustaining successful growth[M]. Harvard Business Review Press, 2013.
- PINEGAR J S.What customers want: using outcome-driven innovation to create breakthrough products and services by Anthony W.Ulwick[J].Journal of Product Innovation Management, 2006, 23(5): 464-466.
- ULWICK, BETTENCOURT. Giving Customers a Fair Hearing[J]. MIT Sloan Management Review, 62-68, 2008.

技能 2

任务分解

确定消费者如何完成任务

任务分解是一项技能，它将消费者待完成的任务（JTBD，技能 1）分解为 8 类活动（定义、定位、准备、确认、执行、监视、修改和完结）。这样做是为了找出消费者选用解决方案的标准（结果预期，技能 3）。使用“选用解决方案”这一表达是为了对解决方案持有一种不偏不倚的态度。不管是什么解决方案，我们都愿意提供，只要它能够完成任务，同时为提供商和消费者创造最大价值。

例如，假设我们想要完成这项 JTBD：从本行自助取款机提取现金。设想一下，我们想要真正明白消费者如何完成这项任务，并且得出他们选用解决方案的直接标准。我们可以将此项 JTBD 分解为多个步骤，然后得出结果预期。

一般在 JTBD 的范围划定到合适的层次之后使用任务图（参见技能 9 划定任务范围）。通过找出消费者完成 JTBD 过程中每一步的相关需要，问题解决者能够快速地发现创新的机遇。这项技能经常与人种志（技能 5）一同使用。

贝当古（Bettencourt）和乌维克（Ulwick）在《哈佛商业评论》（2008 年 4 月刊）上刊登的一篇文章中对任务分解的概念明确解释如下：

> 通过对消费者试图完成的任务进行彻底分解，公司能够发现研发突破性产品和服务的机遇……制作任务分解图并不是为了弄清消费者如何执行一项任务——那样只是画出现有活动和解决方案的图表，而是为了发现消费者在执行一项任务的过程中，在不同的时间点需要完成什么，以及要想完成任务在特定时刻必须发生什么。

因此，如果方案提供商能够仔细分析消费者完成任务试图采取的步骤，并得出消费者对每一步骤的预期，那么它就能发现创新机遇，推进业务的增长。

任务分解图与流程图的不同之处在于它能够确定消费者试图完成的各个步骤（包括认知活动）的根本目标——与消费者执行的实际流程步骤（取决于解决方案）完全不同。

步骤

比如我们想要对赶航班之前在机场归还租赁的车辆这一过程进行创新。现在，租赁车辆的归还过程麻烦、费时、易出错，即便你是这家汽车租赁公司的精英金卡会员。因此，我们的目标是围绕此项 JTBD 发现创新机遇。

1. 确定 JTBD

观察消费者并与其互动，从而确定他们试图完成的任务——尤其是那些以现有的流程和技术得不到足够的解决方案的案例。哪些任务的解决方案是临时性的或不够好？在这个例子中，JTBD 是将租赁车辆开回该汽车租赁公司在机场的指定地点。

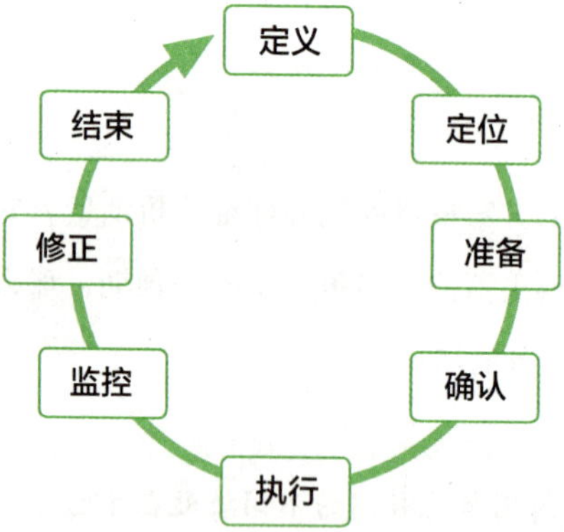

图 2.1　消费者任务分解图

在执行任务之前，确定所采取的认知步骤，找出完成任务所需的各种促进因素，准备这些促进因素以便执行任务，确认已经做好各项决定并准备好所有促进因素，执行 JTBD，监控执行过程，修改流程（实时修改或在未来的任务周期中修改），结束该活动后结束工作，进入下一项 JTBD。

2. 定义 JTBD 的认知部分

消费者必须从认知的角度处理的必要规划步骤有哪些？列出 JTBD 的各个方面，包括目标、方法、所需的资源。

在我们的例子中，目标是将车辆开回机场。其中涉及的问题包括租车人必须在飞机起飞前多长时间开始赶往机场的还车地点、最短路线、将行李放入车辆后备厢、所有同行乘客如何到达还车地点、还车之前如何加油。

通过为消费者简化规划过程，解决方案提供商可以为消费者的生活增添便利，减少烦恼。

3. 找到完成 JTBD 所需的使能因素

列出完成任务需要（配置）的全部物品和信息，包括有形资源和无形资源。例如，在进行肾移植工作前，首先需要手术团队找出进行手术所需的全部器械。同样，在本章案例中，租赁车辆的消费者必须找出还车地址、车辆、钥匙、行李、同行人员、需要携带的个人物品，并确定加油方式。

4. 准备完成 JTBD 所需的使能因素

列出与 JTBD 的初始投入（组织和环境设置）有关的活动。在上例中，租赁的车辆一定载有旅行箱包，同车旅客一定都有座位，并系好了安全带，在还车前必须先加油。解决方案提供商需要最大限度地缩短消费者准备这些事项所花费的时间，简化准备步骤，从而实现创新。

5. 确认所有准备工作已就绪

这一步是为了确认所有必要的过程步骤已经走完，JTBD 的执行已经准备就绪，出错的概率已经降至最低，消费者可以放心了。这是确保将重做的概率降至最低的必要步骤。

在开始进行外科手术前，外科医生必须确保病人已经做好准备，各项投入已经到位。在还车的例子中，租车人必须确保已经做好还车的准备（如，油量表显示油箱已满、合同已经备好、无凹陷或划痕、钥匙放在点火开关位置等），所有箱包都放进了车子、路线准确（确保 GPS 装置指示正确的还车地点）、到达还车地点的时间充分、还车和前往机场的时间充分。

提供商可以预先考虑这些消费者需要，设计更好、更快、更高效的解决方案。

6. 执行 JTBD

这是任务分解最直观和最普遍的一个方面，主要是识别执行 JTBD 所涉及的关键活动。消费者可以在最短时间内轻松地执行任务并且获得最佳效果，这一点至关重要。

显然，将所租赁车辆开回机场这项任务的执行步骤包括驾车至汽车租赁公司、到达时找到确切的还车位置、允许还车交接员评估车辆、进行合同收尾工作、交出收据、将行李运送至机场班车并等待、带上行李上车、前往机场。

对这些步骤的各个方面进行详细深入的了解，并对多个步骤进行简化和自动化，解决方案提供商就能够实现创新。

7. 对执行过程进行监控

这一步是为了验证是否有必要对执行步骤进行调整和修改。如果以正确的方式执行了任务，消费者就会放心。如果是以不正确的方式执行了任务，消费者就会特别注意纠正错误的步骤。解决方案提供商如何使消费者意识到任务得到正确执行呢？

在还车的例子中，任务执行过程中可能出现的错误包括 GPS 未能发现还车地点或指示了错误的方向、司机在驾车前往汽车租赁公司的途中未能找到加油站、还车交接员给出的手势含义不明、司机将车停放在错误的车道。可能出现的错误还包括行李在从车上取下时遭到损坏、等待还车交接员到来的时间太长、还车交接员对车辆进行评估和性能检查的时间过长、收取的费用与预订时的价格不符。

对于消费者（和提供商）而言，这些错误浪费了时间和资源。因此，解决方案提供商可以主动考虑这些问题，提出创新性策略，以减少任务执行过程中的错误。

8. 修正执行过程

以前面的步骤为基础，这一步包括对当前或日后执行该项 JTBD 的过程进行修正所需的各项活动。如未能按照预期执行任务，应当做出什么调整？消费者如何最大限度地减少做出必要的修正所需的时间和精力？

在还车的例子中，可能做出的修正包括当 GPS 发生故障或驾驶员出错时，改变线路前往实际还车地点、绕道寻找加油站、将车辆重新停靠在正确的还车地点、行李箱凹陷修复、等待时间过长时大声呼喊要求解雇还车交接员、走到租车服务台前弄清错误收费。

当然，最好不要进行修正，因为这属于事后补救。根据以上任务分解图中的步骤以及其他技能，如防错措施（技能 45）和稳健设计（技能 42），提供商可以预见许多问题，并采取措施防止此类问题的发生。换句话说，在前期可以做些什么以尽量减少后期对步骤做出修正？

9. 结束任务

在这一步中，消费者专注于开展结束任务所需的各项认知和体力活动。那么，消费者如何在提高产量和质量并缩短结束增值活动所需的时间的同时，最大限度地减少非增值活动？

在本章案例中，与这一步有关的活动包括收到错误收费的退款（如果出错）、领取收据、前往机场、核对信用卡账单确保交易准确性、决定是否再次从该汽车租赁公司租车。在这一步中，解决方案提供商可通过简化部分或全部活动来实现创新。

发现创新机遇

绘制好任务分解图后，找出与任务的每个步骤相关的结果预期。这些就是消费者用于决定选用哪一个解决方案的直接标准。

在我们所举的还车例子中，在定义的过程中，消费者想更容易地记住 JTBD 的所有重要认知方面。在定位过程中，消费者想更容易地找到还车地址。在准备过程中，消费者想最大限度地减少准备使能因素所需时间。在执行过程中，消费者想要最大限度地减少还车的时间。在这一步中，消费者还想最大限度地减少从还车地点到达机场所需的时间。在结束过程中，消费者想要最大限度地减少结束此项 JTBD 所需时间。

当然，这里并未列出任务分解图中每一步的全部结果预期。对于既定的任务分解图，一般识别 50～150 个结果预期。反过来，任务分解图又成了为完成 JTBD 而制定的创新性解决方案的基础。然后，人们可以利用各种发现工具为发现的机遇确定创新性解决方案。

参考资料

如需了解有关任务分解技能的更多信息，请参考：

- BETTENCOURT, ULWICK. The Customer-Centered Innovation Map[J]. Hardvard Business Review. April 2008.

技能 3

结果预期

超出消费者期待

结果预期是需要完成的创新任务的直接产物，它们最终会导向新的解决方案。与现有的产品和服务相比，它们可以创造更多的价值，并实现更高的消费者满意度。例如，衣物清洗任务有许多重要的结果预期，如尽量缩短清洗时间、提高污渍清除率、使清洗更加轻松。

根据 JTBD 进行创新时，定义与 JTBD 相关的结果预期至关重要。了解这些预期并且知道消费者对当前解决方案的满意（或不满意）程度能够帮助你发现潜在的市场空间，从而利用更好的解决方案填补市场空间。你可能需要统计学家帮助你进行抽样调查，以便更好地应用此项技能。但是在大多数情况下，你并不需要专业的帮助。

背景

结果预期有四种类型：

- 消费者想要实现的期望结果；
- 消费者想要避免的非期望结果；
- 提供商想要实现的期望结果；
- 提供商想要避免的非期望结果。

以这种方式对结果预期进行划分，你可以根据消费者和提供商想要什么和不想要什么来考虑 JTBD。双方必须都能从创新中受益，否则产品将永远无法商业化。

我们可以将结果预期作为选用标准，这是哈佛商学院教授克莱顿·克里斯坦森的一个概念，他就是 JTBD 概念的发明者。在 2009 年纽约世界创新论坛上，他说道："购买和使用方面的哪些经验能够完美地完成这项任务？"

消费者一般选用能够带给他们更多期望结果（益处）和更少非期望结果（成本和坏处）的解决方案。作为提供商，你想要的解决方案应能够尽量增加期望结果的数量，并且尽量减少非期望结果的数量。当你实现了这一点时，你就能够制定出高价值（创新性）的解决方案，从而在处理消费者的 JTBD 时比竞争对手更胜一筹。

人们要买的不是 0.25 英寸的钻孔机而是 0.25 英寸的钻孔。而钻孔机恰好是完成此项任务的最佳方法。

——哈佛商学院，泰德·列维特（Ted Leavitt）

我们知道至少有一家公司正在努力创新以期发明更好的洗涤剂，而另一家公司却发明了不需要洗涤剂的洗衣机。哪家的解决方案将会占领更大的市场份额或带来更大的利润？这取决于哪家公司能够更好地实现自身及其消费者的结果预期。

步骤

1. 识别待完成的任务

在待完成的任务（技能 1）这一部分中，我们对如何编写任务说明和如何确定哪些 JTBD 是创新的重点提供了指导。请按照

在家清洗衣物（JTBD）

	消费者	提供商
非期望项目	• 不想要的气味 • 损坏的衣物 • 过敏原或有害化学物质 • 不方便 • 过高的成本	• 产品责任 / 诉讼 • 仿制品 • 环保问题投诉 • 供应短缺
期望项目	• 去除污渍 • 容易清洗 • 快速清洗 • 衣物气味清新 • 衣物外观鲜亮 • 衣物无皱痕	• 收入增长 • 利润稳定 • 消费者忠诚 • 需求稳定 • 新衍生产品 • 制造成本低

图 3.1　结果预期

这些步骤选择 JTBD，之后你就可以为它们制定结果预期。

2. 列出 JTBD 的结果预期

你可以使用一个简单的表格，比如图 3.1，采用头脑风暴法讨论所选 JTBD 的四种类型的结果预期。你需要回答这些问题：“消费者根据什么标准选用解决方案?”考虑时间、成本、潜在错误、质量、可靠性、可用性、易用性、可维护性以及其他满意和不满意维度。

不要将这一练习与功能要求（技能 33）混淆。这些功能要求是针对解决方案的性能特征，如蜡烛燃烧时间（目标 =32 小时）或计算机电池连续使用时间（目标 =6 小时）。结果预期并不与解决方案直接相关，它处在一个更高的层次；它们是对 JTBD 的期望，如增加照明的持续时间，或增加工作时间。

要想在制作结果预期的清单方面获取更多帮助，请参考任务分解（技能 2）中的讨论。为任务分解中的每一步制定一个结果预期清单。

3. 编制结果说明

由于创新任务是为了更好地满足消费者的预期，所以应当使用命令式并采用标准的结构对其进行说明。结构为：

- 行动方向（最小化、增加）
- 测量单位（时间、成本、概率、次品、错误等）
- 控制目标（影响对象）

• 环境（条件）

这是一条消费者预期说明：增加衣服在家洗完后看起来洁净如新的可能性。其中，“增加”表示方向，“可能性”是测量单位，“衣服看起来洁净如新”是控制目标，“在家”是环境。

与在家清洗衣物相关的其他结果说明可能包括：

• 尽可能缩短衣物清洗时间；
• 尽可能降低衣物清洗成本；
• 提高清除污渍的可能性；
• 尽可能降低对衣物的损伤；
• 尽可能减少衣物清洗所需花费的精力；
• 提高衣物看起来光亮如新的可能性；
• 提高衣物散发清香气味的可能性；
• 尽可能减少衣物褶皱；
• 提高清除衣物上所有异物、微生物和细菌的可能性；
• 使衣物清洗更加容易；
• 在衣物清洗过程中尽量减少资源的使用量（水、能源、洗涤剂）。

从提供商的角度来看，结果说明可以是：

• 通过创新增加收入；
• 从创新中获取最大利润；

- 通过解决方案来增加消费者的忠诚度；
- 提高从现有创新中获得新产品的可能性；
- 尽可能降低制定和提供解决方案的成本；
- 尽可能降低产品责任性诉讼的可能性；
- 尽可能降低产品或服务被模仿的可能性；
- 尽可能减少对环境的破坏。

提供商的结果说明往往比较相似，偏差不大，这是公司的共性。所有公司，无论国营还是私营，都是为了提供有价值的产品和服务并从中获利，并且以安全经营无危害为原则。

结果说明能帮你在收集与 JTBD 相关的有用信息时提高一致性和可靠性。按照结果说明的结构增强可重复性并避免含混不清至关重要。

---

4. 确定重点结果预期

你可以使用不同的评价和评分方法确定以哪些结果说明为重点。李克特量表和声音采样技术就属于测量结果说明重要性的方法。

检查消费者和提供商的结果说明列表中每项说明的重要性，以及消费者或提供商对当前解决方案在执行这些说明时的表现的满意度。使用李克特方法求出所有反馈的平均分值（比如说，一个 0～10 的量表），即为每个结果预期的分值，据此可以得出重要度和满意度。如图 3.2 所示，可以将这些反馈绘制成图，并且分为服务过度、服务适当和服务不足三类。

你的分析也应当考察竞争者采用新的解决方案更好地实现重点结果预期的可能性，以及提供商（你）更好地实现重点结果预期的可能性。

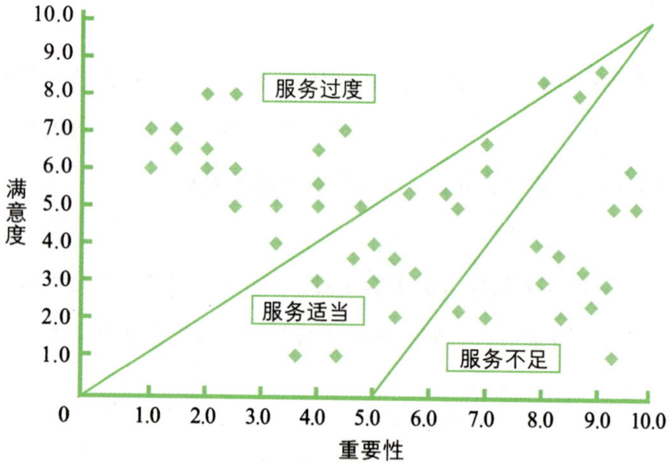

图 3.2　机遇优先化

BMGI 版权所有，2012。可登录 www.innovatorstoolkit.com 下载空白图表。

一般而言，服务不足的结果预期较为重要，可通过改进解决方案的核心增长战略达成预期（技能 1，待完成的任务）。对于服务过度的结果预期，可以考虑使现有的解决方案更加简单、成本更低、覆盖人群（或非消费者）更广——这些可以通过颠覆性增长战略（参考技能 1）达成。如果结果预期的服务是适当的，那么什么都不要做，以其他结果预期为重点。

你可以将结果预期（或 JTBD）绘制在坐标轴上，y 轴表示重要性，x 轴表示满意度。然后，根据图上位置画出各类有机增长：颠覆性增长、核心增长、新任务增长和相关任务增长。

参考资料

- CHRISTENSEN C, RAYNOR M. The innovator's solution: Creating and sustaining successful growth[M]. Harvard Business Review Press, 2013.
- ULWICK A W.Turn customer input into innovation[J]. Harvard business review, 2002, 80(1): 91-7.
- ULWICK A. What customers want[M]. McGraw-Hill Professional Publishing, 2005.
- ULWICK A, Bettencourt LA. Giving Customers a Fair Hearing[J]. MIT Sloan Management Review, 62-68.

技能 4

价值商数

识别市场中的机遇差距

对某项待完成的任务（JTBD）来说，其价值商数就是解决方案的期望结果与其非期望结果之间的比值。例如，如果司机的一个关键期望结果是不断提高能见度，那么具有自清洁功能的车窗比需要手动清洁的车窗具有更高的价值商数——如果能以大致相同的价格买到自清洁车窗，而且自清洁车窗没有别的缺点（非期望结果）。

该项技能的目的，是评估你当前解决方案的价值（相较于竞争对手的解决方案）——将之与理想状态相对照，也就是实现所有期望结果并且避免所有非期望结果的理论上的解决方案。这种理想化的解决方案（理想创新）可以满足各种预期，没有成本，且不会对用户、其他人或环境造成伤害。

了解价值商数技能可使创新者发现机遇（或价值维度）已经成熟，具备探索和开发的条件（图 4.1）。你能够按照这些维度将价值提高到什么程度决定了你在创新中取得成功的程度。

步骤

一家家用电器制造商期待为家庭衣物清洁任务开发更好的解决方案，但是不知道该如何去做或者不知从哪里着手——不确定是否存在真正的创新机遇。在进行深入思考之前，创新团队首先想要利用价值商数技能了解机遇空间。

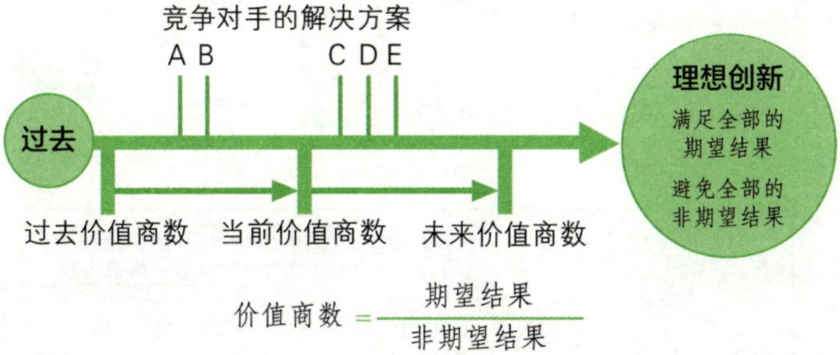

图 4.1　价值连续统一

市场上的每种产品、服务或解决方案都有相对于其他产品、服务或解决方案的价值。其目标是尽可能地实现期望结果，同时尽量避免非期望结果。

1. 认同和记录待完成任务

电器公司确定，待完成任务为在家清洁衣物。请参考待完成的任务（技能 1）、任务分解（技能 2）和划定任务范围（技能 9）以获取更多相关指导，从而更好地规划和按照优先度安排任务，实现创新。

2. 识别期望和非期望结果

对于在家清洁衣物这项任务，图 4.2 同时从提供商和消费者的角度列出了期望结果和非期望结果的实例。参见结果预期（技能 3）以获取更多相关指导，从而更好地识别和记录期望和非期望结果，并确定其相对重要性。

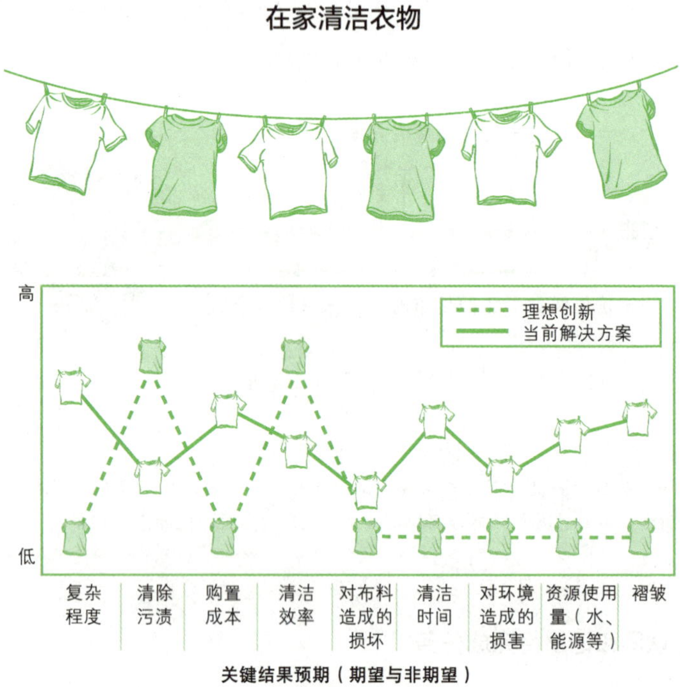

图 4.2　价值分析

3. 将理想中的创新绘制成图

对于每一个重要的结果预期，如图 4.2 中的虚线所示，使用从低到高的量表在价值图上绘制理想中的创新。这个假设练习可以帮助你设想这样一种状态，即满足所有期望结果，避免所有非期望结果。

然后，将该状态设定为创新的起点——从心目中最完美的解决方案着手，倒着向前推进，而不是从你现有的解决方案着手开始考虑。如果要为 JTBD 发现、开发或选用一个完美的解决方案，那么这个完美的解决方案会是什么？

再回到我们的例子中来，一台清洁电器是否可以仅使用一种简单的模式清洗各种类型的衣服？是否每次都可以将所有衣物上的各种污渍全部清除？洗衣服时是否可以不使用清洁剂？是否可以使清洁后的衣物没有褶皱？

甚至还可以比这更简单，为什么要洗衣服呢？中国工程师已经研发了一种工艺，使用二氧化钛（一种非常简单、无毒并且成本低廉的化学品）和其他化学品如碘化银实现衣服的自清洁。将衣服浸泡在一种特制的纳米颗粒混合液中，经过阳光照射会形成一种自清洁机制。

其他科学家已经提出使用可以吞噬污垢的细菌浸渍衣服纤维来实现衣服的自清洁。虽然自清洁衣服还没有大规模商业化，但是不难想象我们离抛弃洗衣粉（液）的时代已经不远了。

从心中的理想模型出发开始创新，和从消费者现在可以买到的产品或服务出发开始创新，两者之间有着很大的区别。思想就像一根橡皮筋，理想创新的概念会帮助你拉伸它。因此，不管你试图完成什么任务或实现什么结果预期，请从最完美的解决方案开始，然后从这里倒推解决问题。

理想创新的概念是从发明问题解决理论（TRIZ）中借用而来的，TRIZ 将这种完美状态称为理想最终结果。价值商数是一个比值，当它接近无穷大的时候，就表示解决方案能够以零成本零伤害实现所有目标。在发明问题解决理论中，所谓"从完美状态出发倒着解决问题"就是要促使创新者突破自身的心理惯性，让思维获得更大的发挥空间。

---

4. 将现有解决方案绘制成图

把理想中的创新绘制成图以后，接下来的任务是按照预期的结果维度以相同的方式将现有的解决方案绘制成图。需要注意的是，绘制图表的方式要尽可能地多样化。你可以将自己的解决方案和理想中的创新或不同的竞争性解决方案绘制成图，或者也可以把不同的结果预期或维度绘制图表。

使用该工具试着（认真）了解一下你真正的竞争对象，直面当前的解决方案如何真正推进这一问题。

对于使用机器和洗衣粉（液）在家洗衣服这个例子，图 4.2 展示了所有解决方案当前的状态。我们对每个结果维度状态的描述很随意，不过是为了进行图解说明。相对于理想解决方案而言，当前解决方案往往在结果维度表现不足。

5. 识别价值差距

虽然现有价值和理想价值之间的每个差距都是创新的机遇，

但是确定哪些结果维度进行创新的条件已经成熟才是明智之举。为此，可以根据重要性-满意度评价匹配以下三种条件中的任意一种。请参考结果预期（技能 3）部分以了解详细信息。

- 条件 1：消费者觉得该维度非常重要，但是满意度较低。这是提高消费者期望或结果标准的机遇。
- 条件 2：消费者觉得该维度不是非常重要，他们也比较满意。这是降低消费者期望或结果标准的机遇。这种方式可以降低成本，使产品服务更多的消费者（低端颠覆）。
- 条件 3：因为没有优秀的解决方案，所以消费者无法说出他们是否满意。这其中蕴藏着这样的机遇：引入新的解决方案，超越消费者预期，令消费者惊叹不已。

在衣物清洁的例子中，清洁时间这一结果维度是条件 1 中的机遇——消费者发现它非常重要，但是在很大程度上并不满意。复杂性维度是条件 2 中的机遇——消费者对当前的洗衣方式比较满意，可接受的其他洗衣方式较少。最终，褶皱维度是条件 3 的一个实例——消费者并未期望洗过的衣服没有褶皱，所以如果你能做到这一点，你将会使他们惊叹不已。

6. 缩小价值差距

缩小价值差距是指通过创新，并应用各种技能和工具构想和开发更好的解决方案。例如，三洋电机的工程师们取得了一种电动洗衣机的专利权，这种洗衣机能产生含有电解液体的水流，在不使用洗衣粉（液）的情况下清洁衣物。这种方法能够缩小几个价值差距，包括降低总成本、减少对环境的危害、减少资源的使用、减少洗涤后残留在衣服上的病毒和细菌。

如果你可以使自己的解决方案更加接近理想创新，并且超越所有竞争对手，你就能在创新方面取得成功。更重要的是，如果你无法使自己的解决方案（或商业模式）在实质上更加接近理想创新，你将无法实现创新。

其他实例

快速考察电影发行业，可以帮助我们了解创新如何将选择、方便和成本的价值维度做到极致。首先，百视达公司（Blockbuster）让人们只需要进入当地的影音租赁商店便可挑选各种影片，这比等待在电影院上映或电视上播放要好得多（成本、方便性和选择范围）。

后来，网飞公司（Netflix）利用其在线商业模式打破了这种固有的模式。消费者即使不离开自己舒适而又方便的家，也可以在数千部电影中进行挑选，而无须花费时间去实体店；消费者也不需要因影片租赁超过规定的期限而支付延期附加费。这种商业模式导致百视达最终破产。

甚至在网飞认识到自己的成功之前，它就已经知道流媒体将会是下一个创新前沿——这很大程度上得益于互联网带宽的迅速发展。此后，流媒体的竞争也很快白热化。

微软和网飞通过 Silverlight 等软件和 Xbox 等硬件在电影和视频的递送方面开展了合作。2011 年 9 月，碟形网络公司（DISH Network）在一次破产拍卖会上以 3.2 亿美元的价格收购了百视达。作为一家流媒体提供商，它计划振兴这个奄奄一息的品牌。亚马逊、谷歌和苹果也加入了这场竞争，更不用说许多其他大型有线电视公司，它们正在竞相获取可以向庞大的消费者群体发行影片的权利。

为什么流媒体的发展会如此迅猛呢？请分别从消费者与提供商的角度列出结果预期，画出它的价值分析图。因为它可以为消费者带来更多的便利、更多的选择和更低的成本。另一方面，即使赢得新消费者需要成本，提供商也可以以几乎为零的增量成本服务新消费者（因为通过网络向更多的消费者推送更多的电影，成本极低）。

技能 5
人种志

观察你的消费者，发现他们尚未表达的需求

人种志是一门科学，它在实地考察和观察的基础上描述人类社会的各种现象，然后将之应用到商业创新中。人种志就是观察消费者如何使用你的产品或服务，以及你的竞争对手的产品或服务或者其他产品或服务如何完成任务的。

例如，在 Quicken 软件发明之前，Intuit 公司[1]观察到人们在组织和管理个人财务方面比较吃力。虽然当时已经存在专业的会计软件，许多人仍然使用计算机制表软件或纸笔来完成这项任务。这些方法都无法像 Quicken 那样很好地满足家庭用户的预期。

在创新过程中使用人种志技能，可能让你发现消费者未能清晰表达的任务或结果，尤其是在现有解决方案失败或达不到要求的情况下。然而，为了达到最好的效果，你需要雇用一位人种志专家，因为这门学问需要收集定性数据，并对发现的结果进行准确的分析。

1 位于硅谷山景城的 Intuit 公司是一家以财务软件为主营业务的科技公司。

你是否曾经完成一项需要手电筒的杂活（比如说修理水槽）？如果你需要双手并用来完成这项任务，那么你最终不得不将手电筒含在嘴里或放在地上。布莱克和德克尔观察到人们的这种困境后，发明了蛇形灯——一种可以自己固定在某个位置的灯。

步骤

1. 规划研究

计划进行人种志研究首先需要明确几个重要的问题：

- 在什么时候对人群进行观察？是在他们购买产品或服务时，还是在他们真正使用产品或服务时？若想发现隐藏的任务或消费者预期，那么你就应当在人们使用产品或服务时对他们进行研究。在购买时进行观察有助于发现哪些方面能够吸引人们，如产品或服务的价格、信誉、包装等。
- 以什么方式对人群进行观察？观察可以隐秘地进行——在人们购买产品或服务时注意观察，但是不要让他们知道。观察也可以公开地进行——站在厨房里看着他们做饭或和他们一起去买车。
- 你会观察哪些人？如有可能，既要观察产品或服务的传统消费者，也要观察产品或服务的非传统消费者。观察某人第一次使用一样东西，或采访使用不同的产品完成同一项任务的人，你将从中学到很多东西。

- 在哪里对人群进行观察？在他们的家里、营业地点还是公共场所？请记住，人种志要求在原始环境中观察，而不是在实验室或会议室中观察，或是小组座谈。
- 人种志研究要持续多长时间？你要观察多少人？为期一周的突击观察和采访是否足够？请记住，你正在努力尝试更好地了解消费者需求，而不是收集统计数据，所以参与者的质量（而非数量）才是最重要的。

人种志不仅揭示意识中的感情需要，也揭示潜意识中的感情需要和生物需要。同样，它也不能被主要提供认知观点的焦点小组（Focus Group）所替代。

---

2. 识别参与者

识别特定的参与者，征得他们的同意，对其进行研究。确保清晰地向他们传达你的研究目的，你将记录哪些类型的信息，怎样利用得出的结果。即使是在商店或饭店隐秘地进行观察，你仍然需要得到业主的允许。

花旗集团的人种志学者就曾花时间观察地铁乘客如何支付交通费。根据他们观察到的人群偏好，花旗集团设计了一种钥匙扣挂件，便于地铁乘客通过十字转门时刷卡，避免乘客在拥挤的车站摸索地铁卡或取出钱包。

---

3. 观察参与者

当你开始进行人种志研究时，你的主要任务是观察并记录人们怎样与你的产品或服务互动以及他们对产品或服务的看法（图 5.1）。在进行这些工作时，考虑以下这些基本问题：

- 这个人为什么使用这种产品或服务？待完成的任务是什么？他们的预期是什么？凯萨医疗机构着手设计一家新的医院时，它首先进行了人种志研究，结果发现去医院的人的需求是多样的。除了最明显的两项需要——得到治疗和看望病人之外，人们有时还需要饮食、儿童护理或心理咨询。
- 人们是按照设计初衷使用产品或服务，还是以其他意想不到的方式使用产品或服务？例如，主动邮寄 CD 的公司是

图 5.1　收集信息进行人种志研究

这是 Flow Interactive 有限责任公司在进行人种志研究时收集的笔记和图片。

否会惊讶于有人将CD用作杯垫?

- 人们对产品或服务的感受如何?是高兴、惊喜、失望、困惑还是漠不关心?他们会对朋友和家人说些什么?
- 如果你观察的是一个过程或一项服务,人们(消费者和员工)是否可以轻易地完成过程中的各个环节。消费者是否会对要去哪里感到困惑?他们是否需要排队等候?员工是否愿意服务消费者?
- 文化需要、障碍或误解是否影响产品或服务的使用?例如,某家用电器制造商发现,一些消费者使用其生产的洗衣机清洗蔬菜,于是发明了一种同时擅长两项工作(洗衣服和洗蔬菜)的电器。

在研究过程中,你必须将观察和解释分开。你就像法庭陪审员一样,在观察时只能以事实为准。之后你会有时间分析收集到的数据并得出结论。

建议现场笔记中包括以下各项:

- 观察的日期、时间和地点。
- 具体事实、数字、现场的详细情况。
- 感觉印象:视觉、声音、质地、气味、味道。
- 个人对记录现场笔记的看法。
- 具体用词、短语、谈话总结和内部语言。
- 记录现场人员或行为的相关问题,以便将来进行调查。
- 标上页码以使观察结果排列有序。

资料来源：Hammersly, "Ethnographic Research", Here We Are Blog, 2006/5/3，http://wearehere.wordpress.com/home/ethnographic-research。

4. 采访参与者

根据你对互动水平的期望，你可以选择在观察结束后采访参与者。虽然人种志的关键是客观公正的观察，通过采访加深对问题的了解，但首先你必须牢记以下几点：

- 问一些无法简单地以"是"或"不是"回答的开放式问题。不要用"1～10 分你会为此产品打多少分？"之类的问题限制受访者的回答。
- 保持对受访者信念、观点和担忧的敏感度。如果某个问题会令人不安，那么不要强迫他给出答案。
- 征得受访者同意后对采访过程进行录音或录像，这样你就能更容易地对受访者的回应进行审核和分类。
- 如果你在采访方面的经验比较欠缺，那么请以你的伙伴、同事或朋友为受访者进行练习。当然，最好是采访一个你不太了解的人，这样你就有一种采访陌生人的感觉。

5. 收集文化制品

人类学家通过有形的文化制品对一种文化做出假设并得出结论，公司同样也可以通过收集行为的文化制品对其产品得出结论。征得同意后可带走与观察相一致的物品或其他信息，包括：

- 人们使用产品或服务的图片或视频；
- 完成同一任务的竞品或自制物品；
- 受访者编制的手册、备忘单、常见问题等；
- 过程图表以及过程中人或物的笔记。

人种志观察通常揭示消费者设计的独创性解决方案，它主要用于替代商业解决方案。在《创新民主化》（*Democratizing Innovation*）一书中，麻省理工学院的教授埃里克·冯·希佩尔（Eric von Hippel）教授鼓励企业学习以用户为中心进行创新。

---

6. 分析数据

对从人种志研究中收集到的数据进行分类，包括观察结果、采访和文化制品。留意那些可以形成一个或更多假设的模式或趋势。如果在开始人种志研究之前，你头脑中已经存在一个理论，那你就需要用这些数据检验该理论。

7. 检验假设

一旦提出了假设，请与焦点小组的受访者共同探讨，或通过调查检验你的理论。或者，你可以对不同的人群重复人种志研究。要确保自己在新数据不支持现有理论的情况下保持开放的心态。

8. 记录结果

最后，撰写一份书面报告记录结论和数据，这会非常有用。

该信息有助于组织中的其他成员现在或将来更加深入地了解你的消费者。

参考资料

如果你想要一本入门书，利用人种志更加深入地了解消费者，那么就请阅读下面这本书：

- MARIAMPOLSKI H. Ethnography for marketers: A guide to consumer immersion[M]. Sage, 2006.

如果你想更深入地了解定性研究，那么就请看看下面这本书：

- DEVEAU J.L.Examining the institutional ethnographer's toolkit[J].Socialist Studies/Études Socialistes, 2009, 4(2).

技能 6

情景规划

描绘可能发生的变化

情景规划（又称之为情景思考）是一种工具，它能帮助你为各种因素（如人口统计学、政治学、经济和行业环境）的变化做好准备。通过识别现状、未来事件、不确定性的影响，情景规划能够更好地指引一个组织的变革和生存。

情景就是一系列的故事，它们帮助我们在头脑中形成一个思维框架，分析未来变化会如何对当前环境造成影响。情景不是对当前趋势的预测或推测——而只是对可能发生的变化的影响的解释。情景不是预测未来，而是帮助创新者明白发生变化的驱动力、如何做好准备以及如何对其加以利用。

情景规划不是公司或个人的待办事项清单，而是一个大纲，指引我们深入思考可能发生的变化以及相关风险。在专业情景规划引导者的帮助下，该项技能可以在团队环境中发挥得淋漓尽致。

情景规划已经在不同的行业中广泛使用，如能源（壳牌公司）和政治（评估后种族隔离时代的南非的未来）领域。

步骤

Healthy Bits 是一家小型软件公司，专注于开发患者护理软件，这款软件可以在医生和护士的 PDA（个人数字助手）上使用。然而，现在受到各种新装备和平台的冲击，Healthy Bits 已经被一些竞争对手赶超，因为这些公司在提供基于最新技术的即时服务方面更加出色。

1. 识别和记录情景规划

首先第一步需要确定情景规划的重点和范围。应澄清项目的目的、合作者以及预期时间框架。对于不同的项目类型，你需要写下具体的期望结果和成功的测量指标。如果你的目标是为更好地理解和描述对象对具体变化的反应，那么写得越准确越好。如果你正在研究可能影响或不会影响业务的宏观经济因素，具体结果就不必明确写出。

Healthy Bits 的软件需要在专用的平台（PDA）上运行，而该平台费用较高。受到现代技术（如苹果、安卓、黑莓和 Windows Phone）的冲击，Healthy Bits 的硬件平台已经过时了。满足消费者需要的特性和功能 Healthy Bits 公司无法提供。随着其他医疗软件公司的不断涌现，该公司的市场空间越来越小。

考虑到这一点，Healthy Bits 需要研究其如何利用自身的核心竞争力，培育新技术，提升自己的竞争地位。

行动越快越好。理解与不熟悉的企业情景相关的现实变化需要时间。人们需要一定的时间接受不断变化的世界并为适应此类变化做好准备。

2. 识别影响情景项目的驱动力

列出影响情景项目的因素，包括事件、趋势、情绪、倾向、时尚。它们可能源于企业或行业的内部，如竞争对手、供应商、贸易伙伴，也可能受到宏观因素的影响，如经济、新的社会力量、政治、环保监管，以及不断变化的技术趋势。

识别这些驱动力和因素，对你所处的世界进行广泛透彻的分析，能够帮助你为公司培养时代精神。这种感觉能够帮助公司把握并建构其所处的时代特征，进入并创造这一时代。

你可以利用一种或多种定义技能，尽可能多地列出与当前形势相关的塑造未来的因素。请参考待完成的任务（技能 1）、任务分解（技能 2）、结果预期（技能 3）和价值商数（技能 4）。

同时，情景规划也可以指导你明确地表达待完成的任务，划定它的范围，按照当前或未来对消费者最为重要的结果预期为创新做好准备。

你也可以使用发现工具［如创造性挑战（技能 17）、SCAMPER（技能 19）、刺激与迁移（技能 24）和六顶思考帽（技能 32）］来挑战当前流行的信念。它们可以帮助你找出更多塑造未来的动力和因素。

情景规划是一项初级战略规划技能，你可以在此基础上更加广泛和深入地把握未来状态。在本书中，我们的视野更加狭小，聚焦于 D4 创新模式的定义阶段（而不是在该阶段之前），明确地描述具体的待完成任务。

3. 排序

按照重要性和不确定性水平，对步骤 2 中识别出的因素进行排序。我们的目标是识别那些影响最大的不确定因素。为实现此目的，可以先从步骤 2 中简单地挑选驱动力、发展和因素，然后分为确定因素和不确定因素两组并分别排序。表 6.1 列出了 Healthy Bits 创新团队所识别的因素。

表 6.1 因素的排序

确定因素	不确定因素
• 采用移动技术—智能手机、平板电脑； • 支持“随时存取”数据； • 消费者对新技术的兴趣； • ……	• 医疗领域的软件竞争者； • 新的平台和移动设备； • 设备功能的一致性； • 医疗软件监管； • ……

4. 制定框架，讨论可能的未来情景

步骤 3 中的因素排序可以作为框架，并以此为背景讨论每一种可能的未来情境。注意，因素的数量和由此产生的情景取决于你所

面临的形势。表 6.2 仅从表 6.1 中的不确定因素中选取了排序最靠前的两种。由于表 6.1 中列出的因素都是匆匆写下的（没有经过充分的讨论），所以并不是所有的因素都是情景规划的最佳素材。

如表 6.2 所示，我们将这两种因素相结合，并对其特征进行详细讨论。

表 6.2　概念情景

市场竞争者较少	市场竞争者较少
新的平台和设备较多 医疗软件的利基本质和支持各种平台所产生的负担，阻碍了竞争者进入市场。	新的平台和设备较少 对新技术的需求增长缓慢。
市场竞争者较多	**市场竞争者较多**
新平台和设备较多 一个充满生机的市场，会吸引更多新的供应商和厂商。	新的平台和设备较少 医疗服务的消费者能够带来巨大利润，吸引供应商进入过度服务市场。

我们有时将许多不确定因素放在一个表内进行分析，而不是将每两个因素放在一个矩阵中进行比较。行和列代表影响方向相反的因素（如，少对多，高对低）。表格中的单元格对应因素的组合，对这些因素组合进行排序，在情景描述中讨论其相对影响和可能包含的内容。

5. 构建单独情景

对于识别出的每一组因素（参考表 6.2），都需要进行明确的描述。具体而言，就是对它们的综合影响做出可信的描述。开放式因素可以激发以结果为重点的描述。例如，以不受监管的环境预期为基础的描述，与以严格监管的环境预期为基础的描述大不相同。表 6.1 中的特定因素描述了未来情景的不同方面。

表 6.3 是 Healthy Bits 的情景描述，它采取因果关系的形式，对原因的描述更加具体，而总结性结果则体现在标题中。这些标题及其相关描述定义了需要面对的未来以及相应的行动计划。

表 6.3　未来可能发生的事

供应商努力满足需要	供应商引领市场
• 市场竞争者较少 • 新平台和设备较多 开放性平台和开源倡议使需要升级的设备越来越多。移动软件操作系统，如安卓和 Windows Phone，易于获得许可并定制供应商软件。消费者希望能在所有平台上找到供应商的软件。	• 新平台和设备较少 • 对新技术的需求增长缓慢 医疗服务软件的吸引力不足。很少有人冒险进入市场。严格的法律和合规要求使得新解决方案的开发和市场投放更加困难和费时。批准流程拖沓导致更新频率低，更新周期长。医院购买的设备都是长期使用，不可能为新技术投资，所以需求量低。
消费者选择众多	**利基产品丰富**
• 市场竞争者较多 • 新平台和设备较多 买方市场：消费者总是正确的，总能得到自己想要的东西。存在大量的硬件和软件平台—每个分块市场都能得到服务，并快速达到饱和。对服务的需要和偏好归属于新的发展和集成选项。	• 市场竞争者较多 • 新平台和设备较少 许多供应商有能力实现类似的性能和结果。为了让自己脱颖而出，供应商往往交付具有利基特征的同质化解决方案。系统之间没有交流，其中常会保留一些对消费者没有吸引力的部分。

6. 评估每种情景意味着什么，并制定行动计划

利用头脑风暴法或任何一种先进的思维技能，评估每种情景意味着什么，并找出能够引领我们走向成功的行动。在特定情景下，这些行动会引发什么回应？例如，哪些资源比较丰富，哪些资源比较稀缺？在此基础上，我们可以采取哪些步骤确保公司做出恰当反应并且占据优势？

表 6.4　含义和行动

供应商努力满足需要	供应商引领市场
• 竞争者较少 • 新平台和服务较多 意味着什么 • 竞争有限 • 需要赶上最前沿科技的发展 • 产品需要在不同平台上线 行动 • 开发时注意让软件便于升级 • 较高的定价支持较高的开发成本 • 促进制订软件交互操作的行业标准	• 新平台和设备较少 • 对新技术的需求较慢 意味着什么 • 同时具备技术和医疗知识的开发人员短缺 • 就业机会较少 • 解决方案的价格更高 • 合规和监管更加严格 行动 • 与现有消费者建立稳固的关系 • 积极地寻找低端颠覆性机遇
消费者选择众多	**利基产品丰富**
• 市场竞争者较多 • 新平台和设备较多 意味着什么 • 竞争激烈 • 前沿发展为差别化提供了机遇 行动 • 扩大核心产品的范围，阻止消费者流失 • 加大投入与竞争对手差别较大的系统	• 市场竞争者较多 • 新平台和设备较少 意味着什么 • 积极竞争 • 专业化的解决方案 • 对新技术的投资有限 行动 • 与其他医疗服务提供商合作，使产品多样化 • 注重生产和开发，以提供低成本或开源解决方案

这些行动往往能识别当前业务和风险控制的缺点。某项行动可以在多种情景中通用，这既可能是一种警示，提醒你企业当前需要进行反思，也可能表明，你在面对变化时已经展示出了必要的敏捷性。

7. 评估可能的结果，制定行动计划

在完成情景规划的各个步骤之后，你会对未来有着更深入的理解，也会明白如何武装自己和企业以应对各种变化。为每种情景起一个通俗的名字，对于快速识别和讨论非常有用。例如，“金发女孩经济”会使人立刻想起一种熟悉的环境，其中的所有条件都是有利的（即，不是太热也不是太冷）。

现实世界不一定是你所想象的那样。对主要指标经常进行评估和识别有助于你发现哪些情景最符合现实世界中正在发生的事情。如果部分因素以前相关度较高，而现在却成为无关因素（想想互联网泡沫对你的经济预期的影响！），那么也有必要重新评估这些情景。

参考资料

如果您想获取更多的阅读材料和知识，请阅读：

- SCHWARTZ P. The art of the long view: planning for the future in an uncertain world[M]. Crown Business, 2012.
- CIOCOIU M, NAU D S, Gruninger M.Ontologies for integrating engineering applications[J].Journal of Computing and Information Science in Engineering, 2001, 1(1): 12-22.
- LINDGREN M, BANDHOLD H. Scenario planning[M]. Palgrave, 2003.

技能 7

启发式重新定义

描绘系统及其组成部分，重点关注思维过程

启发式重新定义是一种视觉方法，它能够以系统的视角关注创新项目并划定其范围。例如，若想制造一款节油车，你会视觉化地识别整个车辆系统中影响燃料效率的各种因素，而不仅仅是影响车辆发动机的那些因素。

如果待完成的创新任务范围不明确，或者范围过大，缺乏针对性，你就可以利用启发式重新定义进行更加具体的说明以便采取有意义的创新行动。此项技能对于那些构建创新项目组合的领导非常有用。

➲ 步骤

让我们以“患者斗士”团队为例。该团队意图使牙科患者在就诊过程中更舒适。其创新任务的总体目标是减少患者的恐惧感并提高他们的舒适度。

1. 系统及其要素的可视化

为了 JTBD，该团队应当对系统中的全部主要因素进行图解。任何功能组合都可以视为一个系统或子系统（无论大小）。牙科诊所的候诊室是一个子系统，牙医的工具托盘也是一个子系统。

其他指导准则：

- 可以以任何方法（非电子）进行图解，但应尽量简单直观。因此，挂图或干擦板或许是最有效的手段。你不需要具备画家的技能！
- 识别的系统要素越多，就越有可能找到可行的创新之路。
- 为了识别系统要素，团队应当询问 JTBD 的内容、时间、地点、人员、原因和方法。将此项技能与功能分析（技能 15）或九窗法（技能 8）相结合，有助于对系统和子系统进行定义。

患者斗士团队提出以下问题，以便找出减少恐惧感和提高舒适度的系统要素：

- 发生了什么事？患者害怕牙科治疗，但只要治疗过程无痛苦就不会紧张和不安。
- 什么时候发生？主要发生在治疗期间，但焦虑在治疗之前就已出现了。
- 在哪里发生？主要是在牙科诊所，其次是治疗前患者的心中。

- 发生在什么人身上，以及谁导致了焦虑的出现？患者和医务人员。
- 为什么发生？患者的恐惧已经显而易见，或者是医务人员使用了让患者不适的治疗方法（或两种情况都有）。有的是客观事实，也有的是患者主观感受。
- 如何发生？经历治疗、想起过去的治疗或听说了其他患者的恐怖经历。

患者斗士团队绘制了一幅图，其中包括各种系统要素。在此过程中，他们绘制图表，经讨论调整了创新思路。

2. 标记系统要素及其与 JTBD 之间的关系

现在我们的任务是标记每个系统要素，描述其对 JTBD 的影响——无论是积极影响还是消极影响。问问自己“该要素如何影响 JTBD 或结果预期”。

提出以下问题，考虑各要素之间的关系、联系和影响：

- 要素之间的相互关系是怎样的？
- 各个要素之间如何相互影响？
- 有适用的自然规律或科学规律吗？

标记过程应当生动具体，包括辩论和讨论——还需要一位得力的协调者。最终形成一份经过修订的图表，标记系统中各要素之间的关系及其对 JTBD 的影响。

患者斗士团队最终形成一个有 10 个要素的系统，它可以减少患者的恐惧感，提高患者舒适度（图 7.1），重点包括以下几个方面：

- 病人在治疗过程中可能感到害怕、焦虑或不安，或是比较平静、感觉良好；
- 希望就诊的潜在患者可能期待治疗，也可能害怕治疗；
- 成功就诊的效果和益处；
- 牙科医师，以及他们是否有技术进行舒适治疗；
- 患者心目中较差的现有过程要素（工具和技能）；
- 患者心目中较好的现有过程要素（工具和技能）；
- 牙科医师和患者在治疗过程中的互动；
- 牙科诊所的候诊区域；
- 牙科诊疗室；
- 疾病预防技术。

应用启发式重新定义时，会出现许多新的问题说明、低级 JTBD 或任务步骤，它们是对高级 JTBD 进行仔细剖析的结果。当你知道自己需要做什么时，启发式重新定义可以帮助你在定义时实现真正的创新突破。

---

3. 每个要素的问题说明

现在，你可以将每个系统要素转化为任务说明或是划定范围

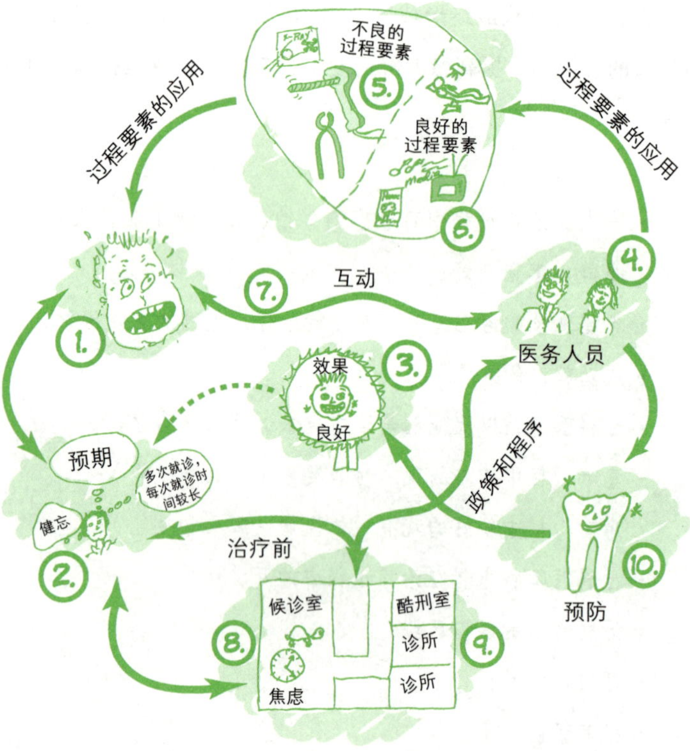

图 7.1 减少牙科诊所的恐惧感并提高患者舒适度

的 JTBD。从要素 1 开始，思考它对实现 JTBD 的作用。对于每个要素，思考“我们如何确保问题说明是对的，进而按照消费者的选择标准实现 JTBD”（参见结果预期，技能 3）。

如果你在编制问题说明或任务说明过程中需要更多的帮助，那么请将此项技能与任务分解（技能 2）和划定任务范围（技能 9）结合起来使用。

本质上讲，你是在扩大或缩小创新项目的范围。做这项工作时，你会认真地研究每个系统要素与 JTBD 之间的关系。

当你进一步探究系统的哪些部分在实现创新方面的条件最为成熟时，这些问题说明（表 7.1）可以为你提供指导。

4. 找出创新的最佳要素

利用经过修订的评级标准进行优先排序。首先，将你的新问题说明输入一个矩阵。然后，对每个问题说明进行评级：

1. 解决问题的可能性
2. 实施的容易度
3. 对 JTBD 的潜在影响

评级方案如下：

良好 / 高 = 3

一般 / 中 = 2

较差 / 低 = 1

将表格中每列的数字进行加总，在此基础上寻找创新重点。如果与公司战略或需要不存在冲突，这些重点就是你通向创新的最佳途径。

你可以提出以下问题：

- 问题说明是否支持公司战略？
- 风险等级太高或太低？

- 是否值得追求?
- 是否存在处理该问题的意愿和共识?

表 7.1 优先排序表

良好 / 高 = 3 平均 / 中 = 2 较差 / 低 = 1 问题说明: **“我们如何保证……”**	解决问题的可能性	实施的难易度	预计对JTBD的影响	总分
1. 患者焦虑减轻、不舒适感最低、治疗时间最短?	2	1	3	6
2. 潜在患者注意到牙科护理的积极效果,并且形成了积极乐观的看法?	1	1	1	3
3. 患者已经意识到了对其治疗的积极效果,感觉比较满意,打消了对下次出诊的恐惧?	1	1	2	4
4. 牙科医师有足够的技术实施手术,并能减轻患者恐惧感、最大限度地提高舒适度?	3	2	3	8
5. 选择和使用的治疗工具、设备和材料考虑了患者的焦虑感和舒适度?	2	2	3	7
6. 利用其他先进方法和设备减少焦虑并提高舒适度?	2	2	3	7
7. 牙科医师与患者的互动有助于消除焦虑、确认舒适度和增进理解?	3	2	3	8
8. 患者等待时间最短,气氛中充满了平静、鼓励和积极引导?	1	1	2	4
9. 治疗时间最短,气氛中充满了平静、舒适和鼓励?	3	2	2	7
10. 预后治疗如何增加疗效、建立患者信心?	2	1	1	4

根据表 7.1 中的优先排序表,患者斗士团队确定分数最高的问题说明 4、5、6 和 7 是提出创新性解决方案最值得探究的几个

问题。该团队的思路如下：

- 说明 1 的确是整项工作的重点，但作为问题说明并不恰当。其他所有说明似乎在向问题说明 1 靠近。
- 团队确定他们无法改变说明 2 和说明 3 中的内容，即患者对即将到来的治疗的期待和对积极治疗结果的认识。
- 说明 8 和说明 10 似乎很难实施，影响最小或者实现 JTBD 的可能性较低。
- 说明 4 和说明 7 分数最高，有趣的是它们都涉及牙科医师。团队强烈感觉到应当努力解决这些问题。进一步的讨论表明可以将这两项说明结合起来，因为它们密切相关。
- 说明 5 和说明 6 也密切相关，分数均较高。问题说明（或划定范围的任务说明）可以参考这两项。这两项说明包括选用更好的临床治疗工具、设备和材料。
- 说明 9 的分数也较高。然而，该团队认为努力实现说明 4、5、6、7 中的目标将会对治疗时间和氛围产生积极的影响。因此，他们选择放弃说明 9 中的目标，转而追求其他目标。

在进一步动作之前，患者斗士团队暂时停了下来，庆祝他们在构建创新问题方面取得的成功。但是，他们的工作尚未结束。他们需要将工作推进至下一个阶段，构想并重新定义他们的观点，直至聚焦于一个创新项目、一组新的技术、一个独特的患者交流系统。参见 KJ 法（技能 30）了解患者斗士团队如何确定自己观点的优先次序。

其他实例

比如说你想让房子更加节能（一项 JTBD）。你可以利用启发式重新定义将该问题直观地分为更小的部分，而不是将该问题作为一个整体来处理。你可以以一个或几个系统要素为重点：房屋本身、隔热材料、户外阳光、周边绿化、窗户、遮帘或百叶窗、窗户上的遮雨棚、主要电器、房间的通风系统。分解可以使你看清整个系统，并且关注那些最重要的因素。利用这些因素，我们可以花费最少的努力、时间和资源制造最多的创新。

参考资料

有关启发式重新定义的更多实例请参考：

- KING B, SCHLICKSUPP H. The idea edge: transforming creative thought into organizational excellence[M]. GOAL/QPC, 1998.

技能 8

九窗法

用 9 种视角审视你的机遇

九窗法是一项技能，它帮助你检视各个时间（过去、现在和未来）和规模（超系统、系统和子系统）维度的创新机遇。假设你正在重新设计飞机上使用的金属用具——只能用作餐具而不能用作武器。创新的重点不在于金属用具本身，而在于用具所使用的原材料（子系统）甚至周围的环境（超系统）。

九窗法的核心是由九个方框或窗口组成的一个简单网格。填写九个窗口可以帮助你发现问题的其他八个视角，从而确定在什么层次上如何创新。在项目早期利用九窗法可以更好地发现创新机遇。

➲ 步骤

假设我们开了一家名为“Git-er-dun”的建筑和农用设备租赁店。由于工作环境的特殊性，消费者自然不可避免地将灰尘、泥土和肥料带到店里。因此，我们的目标或 JTBD 是保持店内地板清洁。如果我们有能力创新，为什么还要以传统的方式去完成这项任务呢？

1. 准备九窗格

在一幅白板或活动挂图上画出 3 行 3 列共 9 个方框。将各列（从左到右）依次标记为：过去、当前和未来。将各行（从上到下）依次标记为：超系统、系统和子系统（图 8.1）。

2. 填写中心方框

我们将中心方框称为当前系统，它是我们的标准，是构建其他窗口的参考点。要识别当前系统，我们必须对保持店内地板清洁（JTBD）的当前解决方案的要素之特征进行描述——因此，我们在中心方框中填写地板、鼓风干燥机和地板清洁剂。

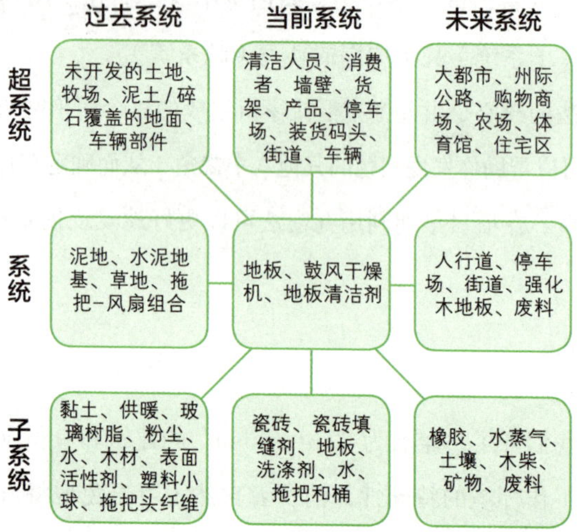

过去系统
当前系统
未来系统
超系统
未开发的土地、牧场、泥土/碎石覆盖的地面、车辆部件
清洁人员、消费者、墙壁、货架、产品、停车场、装货码头、街道、车辆
大都市、州际公路、购物商场、农场、体育馆、住宅区
系统
泥地、水泥地基、草地、拖把-风扇组合
地板、鼓风干燥机、地板清洁剂
人行道、停车场、街道、强化木地板、废料
子系统
黏土、供暖、玻璃树脂、粉尘、水、木材、表面活性剂、塑料小球、拖把头纤维
瓷砖、瓷砖填缝剂、地板、洗涤剂、水、拖把和桶
橡胶、水蒸气、土壤、木柴、矿物、废料

图 8.1 九窗法结构

在这九个窗口中，你可以使用词语、图片或综合利用这两种形式。

3. 识别超系统和子系统

在当前维度中（中间列），填写中心方框上面或下面的超系统和子系统方框。在每个方框中，你可以写（或画）一个以上的项目。

- 超系统涉及系统或对象如何与周围的环境进行互动。想想“哪个更大的系统包含该系统或对象”，然后填写该方框。对于地板而言，超系统包括清洁人员、消费者、墙体、货架、产品、停车场、装货码头、街道和车辆。
- 子系统将当前系统或对象分解为组成部分或特征。想想“是什么构成了当前这种形式的对象”，然后填写方框。在Git-er-dun的案例中，我们有瓷砖、瓷砖填缝剂、地板、洗涤剂、水、拖把和桶。

九窗法又称为系统操作员法，因为它能够使你同时看到一个系统如何在宏观（超系统）和微观（子系统）层面上运行。

4. 确定过去和未来

发动头脑风暴集体讨论或进行观察，然后填写中间方框左右两边的过去和未来方框。不要把思路局限于相邻的过去或未来方框。可以通过以下几个问题尝试采用多种方式定义时间维度：

- 该系统或对象的当前状态形成之前是什么样子？将来又会变成什么样子？
- 该系统或对象之前的状态出现在什么时候？将来的状态又出现在什么时候？答案可能是距现在数秒到数年。
- 系统或对象从其形成到现在发生了什么？在它停止运行后会发生什么？
- 当前系统或对象出现之前，该 JTBD 的解决方案是什么？只考虑当前系统的组成部分和特征而不考虑 JTBD，能够在未来描述和定义解决方案的是什么？

对于规模维度，存在很多疑问。在进行头脑风暴时，是否可以不考虑宇宙或原子粒子？一般而言，答案是肯定的。确定规模维度时，请尽量实事求是，并且要与你试图实现的目标相关；同时也要保有一定的任意性和非主观性。尽情发挥吧！切记，九窗口是创意产生的触发因素，所以你不能出错。

---

5. 完成表格

填写四个角上的方框——超系统和子系统的过去和未来状态，顺序不限。你不必把这四个方框全部填满，但花费几分钟进行尝试绝对是值得的。遇到困难就休息一下，然后重新思考。

6. 重新评估机遇

填完这九个窗口之后，请重新评估创新机遇，确定你该关注系统、子系统还是超系统，应当关注哪个时间维度。重点可能显而易见，也可能毫无头绪。不管怎样，你都想进行到最后一步，即利用九窗口创造真实具体的解决方案，并用它来创造未来。

7. 创造解决方案

制作一张表格，第一列列出这九个窗口的窗口标签，在第二列中填写提示。利用这些词汇触发你的创造性解决方案，并把它们填写在第三列中（表 8.1）。

表 8.1　九窗法解决方案创意

窗口	提示（触发词）	创意
当前系统	地板、鼓风干燥机、地板清洁剂	（1）地板清洁器 （2）消费者在进入商店前先穿上鞋套
当前子系统	瓷砖、瓷砖填缝剂、地板、洗涤剂、水、拖把和桶	（1）使用栅板而不是瓷砖，把泥土刮落到地板下的泥地上 （2）利用静电法清除泥土，无须使用水和洗涤剂，因此也不需要烘干风扇
当前超系统	清洁人员、消费者、墙壁、货架、产品、停车场、装货码头、街道、车辆	（1）消费者无须下车即可交付产品 （2）在屋外陈列产品、在屋内进行交易
过去系统	泥地、水泥地基、草坪、拖把–风扇组合	（1）保持店内泥地或草坪平整 （2）消费者乘车经过时直接交付产品

（续表）

未来系统	人行道、停车场、街道、强化木地板、废料	（1）货架放置在外面（帐篷下），不需要铺地板 （2）在商店入口铺设黏性涂层，进店之前先清除鞋上的泥土
过去子系统	黏土、供热、玻璃树脂、尘粒、水、木材、表面活性剂、塑料托盘、拖把头纤维	（1）瓷砖采用不易沾水/沾泥的材料；强行使泥土留在鞋上；消费者将泥土带走
过去超系统	未开发的土地、草地、泥土/石头覆盖的地面、车辆部件	（1）从停车场到商店入口采用抗磨格栅，在消费者进入商店前就已经将其鞋上的泥土蹭掉
未来子系统	碎石、水蒸气、土壤、柴火、矿物、废料	（1）一次性瓷砖，每日“剥掉”并丢弃 （2）在没有顾客时，向地板喷气以清除泥土
未来超系统	大都市、水蒸气、土壤、柴火、矿物、废料	（1）递送服务。通过在线订单将产品递送至消费者

使用以下问题形成你的解决方案创意：

- 怎样修改系统投入，从而消除、减少或防止有害功能、事件或情况对结果的影响？
- 怎样修改或完全改变系统功能以便更好地实现 JTBD 或相关的结果预期？
- 怎样以补救（问题已经发生）或主动（防止问题发生）的方式修改系统产出？

其他实例

特易购是一家英国跨国百货商品公司，是仅次于沃尔玛和家乐福的世界第三大零售商，但这并不表示它没有或不能创新。特易购的商店已经遍布 14 个国家，但它始终在寻找下一个扩张据点。

研究了韩国市场之后，特易购提出一个有趣的问题：我们能否在不增加商店数量的情况下成为这个国家最大的百货零售商？特易购在韩国最大的竞争对手已经拥有许多商店，而特易购自己在开设新店时则遇到了各种问题和阻力。

韩国人的勤劳程度名列世界第二。他们下班后非常疲惫，没有心情穿过拥挤的人群购买生活必需品和食品。所以，为什么不把商店带到人们的身边呢？何不重新审视超系统，想想它如何在商业模式的创新中发挥作用？

特易购就是这样做的。它用 Homeplus 这个品牌将火车站乏味的墙壁变为虚拟的货架。旅客可以在候车时浏览虚拟货架，它们与真实的货架并没有什么不同。人们可以使用智能手机下单，他们一到家，这些商品就已送到家门口了。

以人口稠密地区的超系统为方向进行创新（让配送更为经济），特易购线上销售额名列行业第一，线下销售额以微弱之差屈居第二。这至少部分是因为虚拟商店提高了品牌认知度。

下面看看超系统创新的另一个案例。有越来越多的家庭在屋顶、停车场和家中种植食品农作物。纽约人使用传统的土培或水培法在屋顶种植庄稼。一些饭店利用这项技术在它们周围的土地上种植水果和蔬菜。

圣迭戈的一家新公司 Home Town Farms 计划在城区一块闲置的学校用地上开设第一家种植零售店。该公司的首席执行官丹·吉布斯说："我们打破了传统的耕作模式（农场）。我们利用水和有机物作为种植技术的基础，只需将这两样东西放在一起（放在人们居住的地方）就能打造高效农场并产出食品。"

Home Town Farms 将其模式称为按需种植——在人们消费的地方种植他们需要的东西。在居住地打造高效的种植系统，可使燃油消耗降低 90%、作物用水降低 85%、肥料使用降低 80%、土地占用减少 70%。这些蔬菜质量高、价格低、本地生长、有机生产且无农药污染。消费者在采摘后几个小时内就能吃到新鲜的农产品，获得最高的营养价值。

技能 9

划定任务范围

扩大或缩小创新重点

划定任务范围可以确保有效地瞄准创新机遇并付诸实践。如果项目范围太大，划定任务范围技能能够帮助你识别前进道路上的各种障碍，在一个更深的层面思考问题。如果范围太小，划定任务范围技能可以帮助你将创新重点向上移动一个层次，探究你为何先解决这个创新问题。无论是哪种情况，划定任务范围将会帮助你以不同的视角看到创新机遇。

划定创新项目的范围非常重要，因为定义机遇或 JTBD 的方式，可以使我们看出普通解决方案和真正的创新方法之间的差别。在此过程中，细心的创新者会注意到划定任务范围与九窗法（技能 8）、启发式重新定义（技能 7）之间的相似性。划定任务范围和启发式重新定义以问题为重点，而九窗法则以解决方案为重点。

➲ 步骤

采访和初步的人种志研究（技能 5）表明，出差者无法在回到公司后方便快捷地报销差旅费（JTBD）。许多人找不到收据，或是没有便于使用的黏合剂把收据粘贴到空白页上，多次商务旅行的票据整理起来也非常费劲。我们怎样才能解决出差者遇到的这些问题？

1. 设定当前的重点

使用标准格式（表 9.1），在中间的方框中填写创新机遇或待完成的任务。参见待完成的任务（技能 1）以获取更多信息。就本章案例而言，任务说明可以描述为："出差后提交费用报告。"

2. 识别任务步骤

你可以通过两个步骤缩小视野，瞄准机遇。首先，使用任务

表 9.1　划定任务范围（费用报告的提交）

更高的目标 1——JTBD 形式	更高的目标 2——JTBD 形式		更高的目标 3——JTBD 形式
按照规定报销	**证明费用的合理性**		**追踪差旅费用**
无指向性描述：待完成的任务（JTBD）			
出差后提交费用报告			
任务步骤"定位"	任务步骤"准备和确认"	任务步骤"执行"	任务步骤"审核和修改"
收集收据、费用报表、模板、登录信息和旅行信息	将收据附在纸张上，登录系统，准备输入数据	将数据录入系统、传真、电子邮件，并将收据附在数据之后	检查系统中是否有错，等待批准。如有需要，进行修改或更改
结果预期"定位"	结果预期"准备和确认"	结果预期"执行"	结果预期"审核"
• 收据易于找到 • 全部收据字迹清晰 • 信息易于归类 • 登录信息便于获取	• 粘贴收据所需的时间较少 • 系统可以轻易登入 • 收据合理合法 • 收据易于粘贴	• 录入数据所需时间较短 • 最大限度地减少重复录入 • 易于将收据发送至系统 • 帮助报销者最大限度地减少错误 • 及时数据提交	• 标记的错误易于理解 • 为修正提供建议 • 提交的报告易于修正 • 及时批准和支付

分解（技能 2）制定独立于解决方案的任务步骤。将任务步骤填入相应的方框。我们的模板展示了几个步骤。例如，我们需要寻找和准备收据、整理收据、掌握登录报销系统所需的信息——这些都是出差者在执行任务（提请报销）之前需要做的。通过任务分解，你会发现收据的查找是以某种特定的方式完成的——因此，你的视野应该集中在这一需要之上。

3. 识别潜在结果预期

请列出任务步骤中未满足的结果预期（技能 3），对其进行更深入的研究。你也可以在模板表格中列出这些项目。在本章的案例中，也许人种志研究显示出差者常常在候机室中打开满是收据的箱子，用牙齿咬断胶带，整理收据并将它们粘到一张纸上。这一系列任务步骤和相应的结果预期为项目范围的划定提供了多种可能。

4. 识别更高的目标

接下来，问问自己“更高的目标是什么”或“为什么人们要完成这项任务”，将创新重点向上移动一个层次。或许你想为项目设定更高的目标，比如“证明费用的合理性”或“追踪差旅费用”，而不是提交费用报告。更高的目标可能是一个，也可能由几个（在我们的模板上最多可以填写三个更高的目标）。

建立在更高目标的基础上的项目，最终会制造颠覆性创新（参见技能 1，JTBD）——尤其是那些能够成功商业化的解决方案，例如可以自行完成某项任务的解决方案（自清洁衣物），以及利用了现有资源的解决方案（参见技能 14）。

即便你不以此为依据划定项目范围，它至少可以使你意识到会有其他人这样去做。

5. 确定项目重点

在范围划定之后，你可以决定改变创新项目的重点，从而使其更易执行，更具影响力。无论你给项目划定什么样的范围，它都可以帮助你明确自己的选择。

技能 10
利益相关者管理

让关键影响者与你一同努力

利益相关者管理帮助你识别关键的利益相关者——那些在你的创新项目中存在利益关系的人，以及每个人支持或反对该项目的程度。无论你是在增强现有的产品或服务，为现有的产品或服务增加新的元素，还是在开创突破性的商业模式，你都是在改变现状。哪里有变革，哪里就有疼痛；哪里有疼痛，哪里就有抵抗。

抵抗有多种形式，从略微反对到全然反对，甚至蓄意破坏。利益相关者管理帮助你识别和了解项目的反对立场，将怀疑者转变为信徒——或者尽量减少他们制造的阻力。利益相关者管理可以先从三种工具着手，而正式的变革领导力培训可以将你的技能提升至更加有效的水平。

➲ 步骤

除了为创新项目赢得支持以外，你还可以在实施重要的组织倡议时使用这项技能。假设你的首席执行官深感创新是公司增长的关键，需要你来领导创新部署。利益相关者管理能够帮助你识别首席执行官以外的支持者，这样你就可以利用他们，同时将批评者引导至正确的方向。

1. 识别关键利益相关者

利益相关者诊断能够识别关键的利益相关者，以及他们目前对项目的支持度（表 10.1）。最重要的是它将记录每位利益相关者能在多大程度上促进项目取得成功。在完成利益相关者诊断之后，请牢记以下几点：

- 关键利益相关者：这些人对项目有直接影响，或者项目对这些人有直接影响，或者他们可以影响其他利益相关者、员工、厂商甚至消费者。
- 他们在组织中的职位：列出利益相关者的头衔。确保涵盖组织的每个方面，包括经常被忽略的方面，比如市场营销和信息技术。
- 项目对利益相关者的影响：评估项目对每位利益相关者的影响。项目会对他们的工作方式产生多大影响？
- 权力 / 影响范围：相对于他们对项目的影响力，这一栏追踪利益相关者在组织中的影响力。
- 当前 / 预期的支持程度：表示你认为利益相关者对项目的支持程度。注意：你将确定步骤 3 中利益相关者的预期支持程度。

表 10.1　利益相关者诊断

利益相关者诊断

序号	关键利益相关者	在组织中的职位	项目对利益相关者的影响（高、中、低）	权力 / 影响范围	强烈反对	反对	中立	支持	大力支持	支持或反对的原因
1	W. 萨泰格	首席执行官	中	A					●○	作为首席执行官，相信创新是公司未来增长的关键。
2	K. 贾奇	首席财务官	低	A		●		○		对当前产品开发流程比较满意，相信大规模的变革会影响短期利润，会引起股东担忧。
3	M. 里杰尔	业务开发副总裁	高	C		●		○		认为组织没有动力执行倡议，管理人员疲于奔命，且存在明显的资源限制。
4	M. 欧文	首席信息官	低	C			●○			没有明确反对，当前 IT 系统稳健，较小的调整就可以支持创新部署。
5	J. 斯特普林顿	研发副总裁	高	A		●			○	持反对态度，认为创新部署是对其多年研发工作的批评，害怕丧失在组织中的权力和尊严。
6	K. 贝尔格	消费者关系副总裁	低	D				●	○	相信任何组织始终可以为消费者做得更多，而创新能够做到这一点。
7	P. 史密斯	营销副总裁	中	B			●	○		对创新部署的未来没有什么概念，拥有稳固的基层团队成员网络。

步骤 3

这是案例中部分利益相关者的名单。创新倡议可能拥有较多的利益相关者，这取决于该组织的大小和结构。BMGI 版权所有，2012。可登录 www.innovatorstoolkit.com 下载空白图表。

- 支持或反对的原因：说明你认为利益相关者支持或反对该项目的原因。如果你不确定某人的立场，可以直接询问他们。

利益相关者管理中的信息属于机密信息。仅限项目领导者和团队使用。

---

2. 确定利益相关者的权力和影响力

明确了利益相关者有谁以及他们对项目的支持程度，你就能发现利益相关者管理的重点。使用影响力图，标出每位利益相关者与其在组织中的权力，以及他们对创新项目的影响。在图 10.1 上，

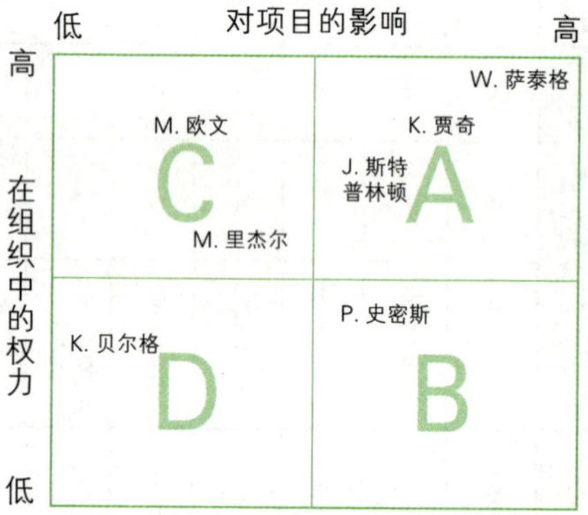

图 10.1 权力和影响力图

象限 A 中的利益相关者在组织中拥有较大的权力，对项目的影响较大，所以他们是最重要的管理对象。BMGI 版权所有，2012。可登录 www.innovatorstoolkit.com 下载空白图表。

每个象限代表一种具体的权力和影响力，如下：

象限 A= 权力大，影响大

象限 B= 权力小，影响大

象限 C= 权力大，影响小

象限 D= 权力小，影响小

本章的案例中，M. 里杰尔在组织中拥有较大的权力，但是与大多数利益相关者相比，他对创新部署的影响力较小（图 10.1）。因此，来自他这一方的抵制重要性也较低。

3. 回到利益相关者诊断

在填写完权力和影响力矩阵后，重新回到利益相关者诊断，填写其余项目：

权力 / 影响力类别：填写每位利益相关者所属象限的字母（来源于步骤 2）。

预期的支持度：在标记利益相关者当前支持度的地方，注明预期的支持度水平（需要标出每位利益相关者对项目的支持程度）。它取决于项目对利益相关者的影响，以及利益相关者的权力和影响力水平（你想要所有位于 A 象限的人员的支持或强烈支持）。

4. 制定计划以减少抵制

既然知道了必须取得哪些人的支持，你可以使用以下几种方法（参见后面的一览表）将最有影响力的拒绝者转变为支持者。引导每位利益相关者步入正轨的方法，建立在多种因素的基础上，其中最重要的就是项目遭到抵制的原因。

- 教育和交流：如果对方对项目及其目标缺乏了解，就应当以真诚交流和宣传教育为重点。在本章案例中，市场营销副总裁可以参加创新课程或者通过更多的阅读了解创新部署的好处。这将提高她对项目的支持度，同时也能够将这些好处传达给其他人。
- 参与和投入：如果反对者权力较大，应尽早采取措施使其自始至终参与到项目中去。这样一来，他们就有机会主动而不是被动地影响项目。在本章案例中，强烈抵制该项目的研发副总裁必须早日参与创新部署，并发挥其关键作用。
- 协助和支持：如果利益相关者由于害怕和焦虑而抵制项目，就应当对他们加以协助和支持。比如，让焦虑的利益相关者与具有类似经历的其他利益相关者接触——这种方法或许可以使首席财务官相信如果创新项目部署得当就会增加而不是减少利润。
- 协商和同意：如果项目会对某个利益相关者或群体造成消极的影响，请尽量协商一个双方都满意的折中方案。例如，你可以与业务开发副总裁共同努力，确定日常工作的优先顺序，还可以减少日常工作量以满足创新部署的资源需求。

项目遭到抵制的一般原因

- 误解：沟通失败和信息不足。
- 对变化的容忍度较低：不安全感或缺乏组织稳定性。
- 对形势的评估不同：对项目及其影响的利弊持有不同的观点。
- 狭隘的利己主义：对项目或变化如何影响个人利益非常担心。

5. 完成影响力矩阵

影响力矩阵用于评定利益相关者之间的相互影响。例如，当你需要将某个利益相关者的态度由反对转变为支持，并且你意识到另一个利益相关者能够帮助这个人步入正轨时，它就能派上用场。

矩阵上每个名字的左边都标出了编号，这个编号也出现在矩阵的上方。从左至右注明每个利益相关者对其他利益相关者的影响程度（H = 高；M = 中；L = 低）。例如，首席执行官（W. 萨泰格）对 #2（首席财务官）和 #4（首席信息官）利益相关者的影响力中等，但是对其他利益相关者的影响程度较高（表 10.2）。

6. 按照需要更新文件

利益相关者管理不是一次性的动作。随着项目的推进，会有新的利益相关者出现，利益相关者支持的程度也会发生变化。因此，更新调整非常重要。

表 10.2　影响力矩阵

		影响对象						
#	关键利益相关者	1	2	3	4	5	6	7
1	W. 萨泰格，首席执行官	X	M	H	M	H	H	H
2	K. 贾奇，首席财务官	M	X	H	M	H	L	L
3	M. 里杰尔，业务开发副总裁	M	M	X	L	M	L	L
4	M. 欧文，首席信息官	M	H	L	X	M	L	L
5	J. 斯特普林顿，研发副总裁	L	L	M	L	X	L	M
6	K. 贝尔格，消费者关系副总裁	L	L	M	L	L	X	M
7	P. 史密斯，市场营销副总裁	L	L	L	L	L	M	X

BMGI 版权所有，2012。可登录 www.innovatorstoolkit.com 下载空白图表。

参考资料

如需了解更多利益相关者管理方面的知识，并提高领导力，请阅读以下材料：

- KOTTER J P. Leading change[M]. Harvard business press, 2012.

技能 11
认知风格

利用开拓者和探索者的多样性

认知风格是指个人解决问题的偏好倾向，它可以在从适应到创新的连续数轴上表示出来。适应者倾向于改进当前系统，创新者对当前系统不满，意图创造全新的产品、流程、模型和解决方案。

想要完整地实施一个项目，你总是同时需要适应者和创新者，而不只是他们中的一种，也不是所有项目的适应者和创新者都要按照固定的比例配置。

如果所有的团队成员都了解自己和其他团队成员的认知风格，他们之间的合作就会变得更加顺利、高效——避免不必要的冲突和延误。例如，一个更倾向于适应的团队成员通常会对一个更具创新精神的团队领导比较失望，但如果他能够理解认知风格的差别，就可以利用这些差别使团队处于有利的地位。

➲ 背景

影响团队气氛和创新成败的因素有很多。积极性便是其中之一，对其进行管理的方法有许多。水平也是其中之一，它是指（a）一个人当前的知识或技能，（b）一个人解决问题的潜力，评价它们的可靠工具包括考试和智商测试。此外，资源也很重要，比如材料、金钱、机器和工具等。

人们一般对认知风格的重要性缺乏认知。认知风格研究者已经证明，倾向于适应的人愿意接受既定的模式并在这个模式中工作。而倾向于创新的人喜欢从新的视角解决问题（见 112 页图 11.3 和 11.4）。

认识到认知风格和行为之间的关系也非常重要。实际行为是认知风格和所习得的应对行为的结合体。如果你更倾向于适应，但又缺乏既定的纲领可以遵循，就需要借助于曾经习得的应对行为来完成工作，而这在长期来看会对你产生压力。反之亦然。

所有创新项目包括适应性步骤和创新性步骤。因此，你需要

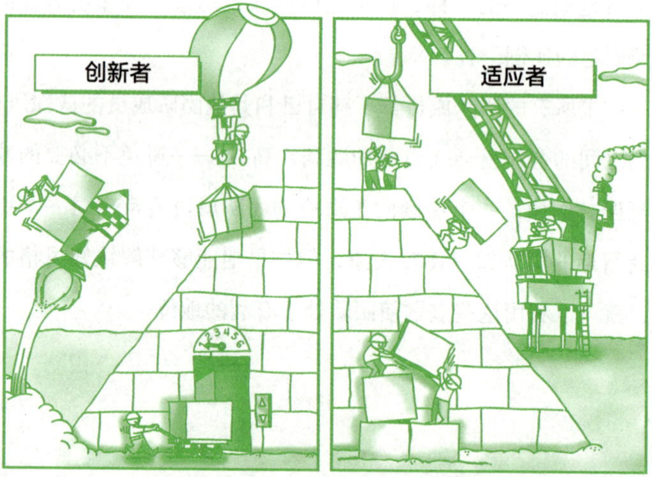

图 11.1　适应者和创新者解决问题的方法不同

一个合作性的团队，具有合适的动机、资源、认知水平，以及多样的认知风格。但研究表明，认知风格不同的人在一起磨合，会出现沟通、信任和效率问题。因此，确保团队成员了解对方的认知风格，他们便能够在创新项目的各个阶段取长补短。

步骤

假设你被分配到一个新的跨职能团队，任务是研发一款轿车，它能够消耗而不是产生一氧化碳。考虑到突破性创新的重要级，建议聘用不同背景、技能和认知风格的团队成员。

1. 识别潜在的团队成员

选择具有与特定工作说明或待完成的任务（参见技能 1）相关的技术和非技术技能、经验和内在动力的团队成员。

2. 探究每位团队成员的认知风格

为确定完成任务的最佳人选，先考虑一批潜在人选，了解每位团队成员在执行任务过程中的认知风格。你可以从以下两种方法中任选一种：

（1）询问团队成员以下问题（与一个参照人员相比）：

- 这个人是否倾向于质疑既定的规则、假设和框架？
- 这个人是否会因细节而感到困扰？
- 这个人是否具有源源不断的观点，而对如何实施不太关心？

如果以上问题的答案是肯定的，那么这个人更倾向于创新；如果答案是否定的，那么这个人更倾向于适应。

（2）确定认知风格还有一种更加成熟的方法，那就是柯顿适应–创新调查表。它是心理学家迈克尔·柯顿博士发明的一种高效可靠的心理测量工具。你也可登录 www.kaicentre.com 了解更多详细情况。柯顿适应–创新调查表的使用过程如下：

- 测试者对 33 条陈述做出回答，答案范围在非常容易和非常困难之间。
- 然后由服务商对柯顿适应–创新调查表进行打分，确定一个基本得分和三个分项得分。在一个正态分布的量表上，基本得分的范围是 32 分（适应性最强）～160 分（创新性最强），平均分为 96 分。不过，全球数据显示，实际的分数范围为 45 分～145 分，平均分为 95 分。分数都是相对的，没有纯粹的适应者，也没有纯粹的创新者，所以我们经常使用“更倾向于适应”和“更倾向于创新”来描述两种人之间的差异（图 11.2）。
- 服务商向个人提供测试结果，并给出深入解读。
- 将团队划分为更小的小组，每个小组由分数接近的参与者构成。每组用 15 分钟针对具体的问题制定解决方案，并将结果提交至团队。
- 每个小组提交一份简单的报告，总结自己提出的方法和解决方案。
- 服务商强调不同小组之间的风格差异，也就是适应性更强的团队提出的方法与创新性更强的团队提出的方法之间的差别。

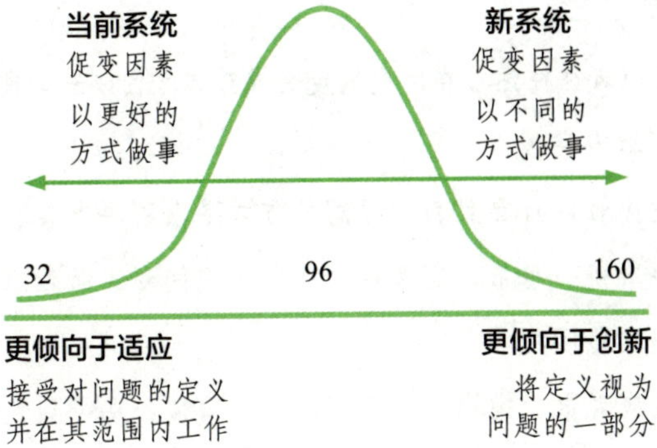

图 11.2　认知风格分布曲线

深入理解认知风格

1. 概述

所有人都具有创造性并且都能解决问题。

认知风格（适应或创新）与认知水平（知识和能力）无关。

不存在最佳的认知风格。

一个人的认知风格由遗传决定，并且终身稳定。

一个团队既需要适应者也需要创新者，这样才能长期高效运转。

强迫某人不按照自己的风格（舒适区）做事会带来压力；短期这样做也许行得通，但是长此以往会导致沟通脱节，效率降低。

不要误以为表现不佳就意味着解决问题的水平不够或缺乏积极性。不要简单地换掉团队成员，而应当考察如何重新分配任务从而更好地与他们的认知风格匹配。

---

2. 适应者

- 适应者往往注重在问题的定义或范式之内改进当前系统，甚至取得突破。
- 适应者以可靠且易于理解的方式寻求解决方案。适应者做事准确、可靠、有条理。他们正视问题，而且想高效地解决这些问题。
- 适应者很少挑战既定规则，他们通常会在得到支持的情况下埋头苦干。
- 适应者很少产生自己的观点，但他们的观点一旦形成，就更有益于管理，更重要、可靠和安全，而且可以立即使用。

图 11.3 托马斯·爱迪生

托马斯·爱迪生借用别人发现的新范例，喜欢有条理地、系统地、准确地完善这些范例。

图 11.4 阿尔伯特·爱因斯坦

阿尔伯特·爱因斯坦质疑现有的牛顿范式，提出了相对论。与其说爱因斯坦是一位适应者，倒不如说他是一位创新者。

在这些观点的指引下，成功率往往较高。

3. 创新者

- 创新者注重以不同的方式做事，通常在定义或当前范式的参数范围以外行事。
- 创新者对问题背后的假设提出质疑，把握并重新定义问题。适应者认为创新者不守纪律，思维天马行空。
- 创新者往往认为规则和结构会限制或阻碍工作进展，他们想要以新的方式解决问题。
- 创新者会形成许多不切实际的观点。他们认为这些观点振奋人心。他们能够忍受较高的失败率。

4. 团队协作和合作

- 适应者按照计划非常认真地执行每个细节。创新者往往在没有实质性计划的情况下前进，不太注重细节。
- 过渡者的认知风格在适应者和创新者之间，他的主要作用是帮助克服沟通问题以及其他障碍。
- 团队成员的认知风格差异越大，就越难于协作、沟通和解决问题。
- 过渡者有助于促进适应者和创新者之间的沟通和协作（图 11.5）。
- 创新团队的人员配备是灵活的，它取决于项目需要做出改变的程度和性质。此外，创新项目的不同阶段也需要具有不同职位、技能、知识和认知风格的成员。

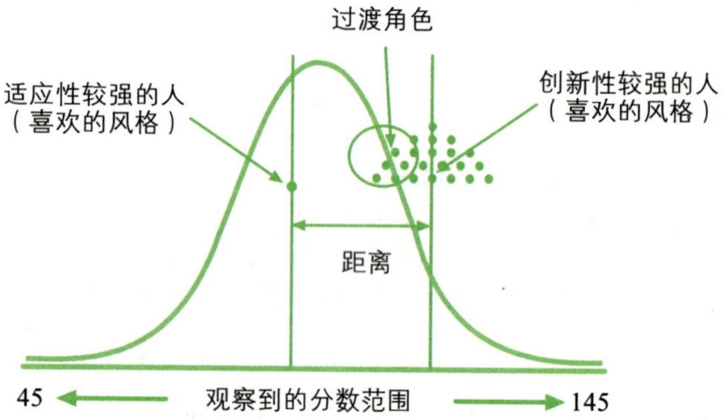

图 11.5 过渡者的角色

参考资料

- KIRTON M J. Adaption-innovation: In the context of diversity and change[M]. Routledge, 2004.

技能 12
项目章程
创新团队目标明确，不偏离正轨

项目章程可以使创新团队目标明确，不偏离正轨，确保你认真高效地管理与创新密切相关的风险。没有经过深思熟虑和认真设计的计划，创业便无从谈起。如果不能清楚地写出你的目标、关键假设、预期投资回报以及许多其他数据，确保你的团队和其他利益相关者达成共识，你就不能冒险去创新。

无论你想要的创新程度如何，你都应当为项目章程腾出时间。注意，项目章程不是一个提前敲定的静态文件。它是一项动态技术，应当在项目的整个生命周期内重新考虑、改善和更新。这一点非常重要。

项目章程和创新财务管理（技能 13）是本书中最重要的两项技能。毕竟，你可能有成千上万个点子，但是如果没人需要或想要你所提供的东西，你所付出的时间和金钱就白费了。因此，在最初阶段和整个项目周期中花费大量时间不断验证创新的市场、可行性和盈利性，是非常有价值的。

➲ 步骤

Pikes Perk 咖啡公司在美国西部三个州拥有 32 家咖啡店。在过去的三个季度，该公司未能实现股东希望看到的增长。为了刺激增长，有人提议在菜单中增添一种健康、新鲜的早餐食品。“疯狂饮食”这个创新项目就是为了确定哪种类型的早餐能够在竞争中脱颖而出。我们将使用这个例子来说明项目章程这项关键技能（图 12.1）。

1. 管理信息

创新项目文件中应该包括的信息有：

- 项目名称：为项目创建名称，让人们能够明确指称。尽量让项目名称有创意并且鼓舞人心，而不只是单纯考虑字面意思。
- 创新类型：将你的创新项目归类为产品、流程或商业模式创新。
- 项目领导：项目领导应当在创新技术应用和团队变革协调方面具有经验。
- 创新拥护者：拥护者（执行发起人）清除组织障碍，并在项目评估期间提供反馈。
- 方法：使用 D^4 方法或其他方法。
- 创新程度：根据结果或变化的大小确定创新的程度（递增、大量或根本）。

- 完成日期：在项目各阶段和可实现的计划的基础上开始最佳估计。

创新项目章程

(1)

项目名称：疯狂饮食
创新类型：产品或服务

项目领导：T. 尼古拉斯
创新拥护者：A. 马洪尼
方法：D^4　　创新程度：较高
完成日期：2013 年 1 月 1 日

(2) **商业案例：**
Pikes Perk 咖啡公司（PPC）自成立以来一直保持着两位数的增长，除了过去的三个季度。增长是重中之重，我们认为该地区的咖啡市场已经饱和。研究表明我们竞争对手约 35% 的销售额来自食品，此类产品有 30% 在早上出售。该项目将探索早餐食品生意中的增长机遇。

(3) **任务说明：**
在忙碌中吃上健康早餐。

(4) **消费者：**
外部：在上班途中喝咖啡的人，
他们想要一份健康的早餐（主要）；
运动员、家长、学生（次要）
内部：无

(5) **未满足的结果预期：**
最大限度地减少在忙碌的早晨获取一份早晨所需的时间。
提高吃上一份健康早餐的可能性。
提高在外吃早餐的便利性。
最大限度地减少吃早餐造成的意外滴落或溅出

(6) **竞争解决方案：**
供应早餐的快餐连锁店
可用微波炉烹调的／自制快餐
半流食（通过一根吸管吃早餐）
提供全面服务和座位的饭店
房费包括早餐的酒店

(7) **需要验证的关键假设：**
营业收入增长 15%。
早餐单价为 4.95 美元。
每家店每日平均售出 80 份早餐。
边际贡献为 40%。
新食品的供应不会使饮料的销售收入减少。
顾客将从咖啡店购买早餐。
资本支出在 6 个月内收回。
供应的新食品不会明显影响咖啡的订单周期。
供应的新食品与竞争者供应的食品不同。

(8) **预期财务影响：**
第 1 季度：营业收入 75 万美元／净利润 300,000 美元。
第 2 季度：营业收入 120 万美元／净利润 480,000 美元。
第 3 季度：营业收入 130 万美元／净利润 520,000 美元。
第 4 季度：营业收入 140 万美元／净利润 560,000 美元。

(9) **里程碑／时间线：预计**　　**实际**
定义：2012 年 6 月 8 日
发现：2012 年 7 月 30 日
开发：2012 年 9 月 15 日
证明：2013 年 1 月 1 日

(10) **项目投资**
定义：5,000 美元
发现：7,000 美元
开发：10,000 美元
证明：30,000 美元
商业化：246,500 美元

(11) **团队：**
M. 齐，A. 琼斯，D. 麦当劳，
A. 佩金斯，D. 罗伯特，E. 罗伯特

图 12.1　创新项目章程

这是创新项目章程的模板。随着项目的进行，你将会不断修改此文件。BMGI 版权所有，2012。可登录 www.innovatorstoolkit.com 下载空白图表。

2. 商业企划案

商业企划案的作用是检验时间、金钱和能源分配的合理性，从而确保创新取得成功。商业企划案应当提供令人信服项目的必要性和成功前景。商业企划案包括以下问题的部分或全部答案：

- 进行该创新项目的商业原因是什么？
- 结果如何符合战略性目标？
- 该创意是否在财务上可行？它将以什么方式促进利润增长？
- 为什么这是一次重要的机遇？它会使哪些顾客受益（内部或外部）？
- 该项目的预期投资回报是什么？
- 为什么该项目是组织的重点？

商业企划案通常以初始假设为基础（消费者将会从我们这里购买创新性的商品，我们将重新对项目进行投资等）。当你进行该项目时，务必验证这些假设的有效性。否则，等发现它们不可靠的时候已经太迟了。

---

3. 任务说明

任务说明就是以特定格式总结的待完成的任务（JTBD）：动词（吃），宾语（健康早餐），背景（忙忙碌碌）。任务说明应当为书面形式，从消费者的视角出发，而不是从供应商的视角出发（如，通过新的食品增加利润）。如需了解有关这一方面的更多情况，请参考待完成的任务（技能 1）。

4. 消费者

为了编制有效的项目章程，识别可以从创新结果中受益的消费者非常重要。应当按照现有和潜在消费者试图完成的任务对其进行分类，而不是按照人口统计数据、产品系列、地理分类。例如，Pikes Perk 咖啡公司新产品的目标市场是在上班途中喝咖啡的人，他们同时也想要一份健康早餐。其他消费者可能包括晨练后的运动员、将孩子送到学校后返家的父母、上学途中的学生等。

5. 未满足的结果预期

为确保你的创新能够为消费者提供实际价值，了解现有解决方案未能满足的主要结果预期非常重要。利用结果预期（技能 3）编制一份与 JTBD 相关的预期一览表。然后，在项目章程中列出关键未满足预期。使用以下格式：方向（最大限度地减少）、计数（所需时间）、行为对象（早餐）和背景（忙碌的早晨）。

考虑使用重点小组或人种志（技能 5）识别未阐明的结果预期。

---

6. 竞争解决方案

了解竞争格局是创新取得成功和盈利的核心。关键是识别 JTBD 的当前解决方案（而不是潜在竞争对手的名单）。列出当前

（较好、较差或一般）执行此项任务的产品、服务或流程。

你可以使用价值商数（技能 4）比较竞争性的解决方案。

---

7. 需要验证的关键假设

大多数经营努力由与功能性、结果、价值、流程、价格相关的一系列假设发展而来。为了识别哪些关键假设需要进行检验，首先需要列出这些假设。你可以使用创新财务管理（技能 13）完成这些任务。做好了综合一览表，你就能够排定假设的优先次序，选择那些对成功影响最大的假设。请在项目章程中列出这些假设。

常见的假设

- 合理解决方案的可用性
- 消费者愿意为创新支付的价格
- 商业模式如何支持创新
- 供应链物流
- 经营能力
- 扩张的速度
- 文化接受
- 其他战略性因素

在创新项目的早期，你掌握的已被证实的知识相较于未被证实的假设来说还很少（还有许多你不知道的东西）。随着项目的

推进，你会发现对假设进行检验非常重要。它扩大了你的知识库，使你做出更加明智的决定——使你有机会在必要时选择放弃，而不是一下子付出全部的投资。

8. 预测财务影响

财务规划是创新项目章程审查最细的一个方面，尤其是当高管们需要选择少数几个项目，并为它们提供资金支持时。几乎所有的财务规划都包括对营业收入的估算。你也可以利用创新财务管理（技能 13）估算盈利能力。无论采用哪种方式，对项目章程上列出的财务规划进行估算，其出发点都应当是你的创新项目将来能够被消费者所使用，并符合公司的会计周期（每月、每季和每年）。

如果检验了自己的假设，摩托罗拉也许就能避免在“铱星”（卫星电话）产品上损失几十亿元，苹果公司也能够避免在牛顿掌上电脑上损失 3.5 亿美元。如果你想避免商业或创新失败，请尽可能严格和频繁地检验你的假设。

---

9. 里程碑 / 时间线

通过识别关键交付物为你的创新项目确立里程碑和时间线。按照创新方法设置里程碑（在特定的阶段结束时进行审核）。这些里程碑也可以是导向最终结果的主要步骤，如商业案例、可行性、初步设计、详细设计、试点或原型、预发布和发布。

10. 投资规划

为了完成初始项目投资估算，需要确定原材料、人员、培训、时间、资本支出以及将创新投放市场所需要的各种成本。你可以使用创新财务管理（技能 13）帮助你确定各假设相应的投资成本。

11. 团队

选择创新项目团队成员，可以从识别创新商品化所需要的技术和变革能力开始。至于团队成员的数量，则要看创新的复杂性和要求。你也可以考察候选人的问题解决风格（参见认知风格，技能 11）以确保有效性和多样性。

技能 13
创新财务管理
持续改善你的知识-假设比

与传统的财务评估相比，创新财务管理具有明显的优势。创新财务管理要求你在创新流程的早期明确表达各种假设，并在投入过多的时间、金钱和资源之前，系统性地评估创新的可行性。

以迪士尼公司为例。该公司打造迪士尼乐园时，一个关键的假设是平均每位游客将在乐园内的酒店住 4 天。实际上，平均每位游客只在酒店住 2 天。当然，这种不现实的假设并不是迪士尼公司投资回报率低的唯一原因。许多未验证的假设拼凑在一起，共同导致公司在该项目的前两年损失将近 10 亿美元。

任何创新都有风险。随着项目的开展，创新财务管理通过增加已验证的知识与未检验的假设之间的比值来降低这一风险。这种干中学的方法可以确保你尽可能地拥有最准确的最新信息，在任何时间自信地继续或放弃该项目。

背景

许多创新项目之所以失败是因为企业缺乏能够用于了解市场、建立品牌、寻找消费者、挑选员工、组织流程和推动战略的正确工具。传统的财务分析工具，如贴现现金流、净现值，往往会歪曲重要性、成功的可能性，以及创新中投资的价值。这些方法建立在某些假设的基础上，而这些假设在首次投资决策之后很少会得到检验。

创新财务管理通过识别、追踪和更新关键假设，并将这些假设的检验与投资决策过程相关联来提供替代性方案。

在项目早期，创新财务管理文件的完成度取决于你希望实现的创新程度。渐进性创新的初始知识-假设比（图 13.1）要比实质创新或根本创新的知识-假设比高。无论是哪种情况，当你在

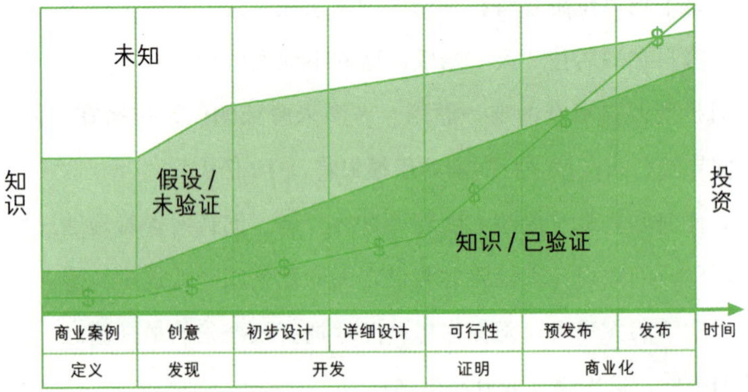

图 13.1 知识 / 投资图

在创新项目早期，与未检验假设和未知信息相比，已知 / 已验证信息的含量较低。在理想状态下，该阶段的投资也应该较低。随着项目的进展，已验证知识的比例会逐渐提升。

项目中披露新数据时，你应当更新相关的财务文件以及项目章程。

步骤

为展示创新财务管理的基本要素，我们将继续讲述项目章程（技能 12）中提到的 Pikes Perk 咖啡的案例。该公司可以使用这种方法确定添加健康便携早餐的盈利能力。

1. 记录初始假设

完成了项目章程的编写，你就为创新构建了商业案例。创新财务管理从这里开始，首先列出你知道的东西（已验证的知识）以及你需要探究的东西（未检验的假设和未知信息）。

例如，Pikes Perk 咖啡公司已知其目前拥有 32 家咖啡店，如果创新早餐可行，就会在每家商店进行供应。公司不知道早餐的详细情况、零售价、需求量和成本（材料、人员和新设备）。不过，创新财务管理鼓励你对于每个假设提出有根据的推测。关键不是展示你所知道的东西，而是在干中学（图 13.2）。

假设是指，尚未得到足够的证据来证明或证伪你的理论的因素。

---

2. 编制反向损益表

你已经清楚地表述了一些基本假设，下一步应当确定你想实

	每家咖啡店	所有咖啡店
咖啡店	1 家	32 家
销售量	29,293	937,376
单价	$4.95	$4.95
营业收入	$145,000	$4,640,000
生产天数	365	11,680
每日生产能力	160	5,120
员工数	1	32
工资	$22,500	$720,000
单位材料成本	$1.63	$1.63
单位纸张成本	$0.17	$0.17
资本成本	$8,500	$272,000
设备使用寿命（年限）	5 年	5 年
可接受的经常性支出	$9,970	$319,040

图 13.2 初始假设

现的利润（不是营业收入），它是创新的直接结果。确定利润率和利润额要达到多少，项目才值得实施。然后，使用反向损益表计算，扣除最初的投资和成本后，你还需要多少的营业收入才能达到该利润。

例如，Pikes Perk 咖啡公司希望在菜单上增添一种独特又健康的早餐新品，从而使其 32 家咖啡店每年的纯利润增加 180 万美元。反向损益表（图 13.3）显示，新品带来的年营业收入（减去成本之前）需要达到 460 万美元才能实现这一目标。

反向损益表在项目利润而不是收入的基础上，模拟了创新的基本经济情况。

需要实现的利润	$1,856,000
需要实现的边际贡献	40%
可接受的成本	$2,784,000
需要实现的营业收入，40%ROS	$4,640,000

营业收入 = 利润 / 边际贡献

图 13.3　反向损益表

为确定需要实现的营业收入（第 4 行），请用需要实现的利润（第 1 行）除以需要实现的边际贡献（第 2 行）。

3. 细化的运营损益

除了投资成本，其他运营成本也会改变创新项目的营业收入。使用细化的运营损益（图 13.4）来识别和估算日常成本，包括工资薪水、原材料和库存成本、制造成本、保险、货运、营销和广告，以及创新可能产生的超出当前经营成本的其他年度成本，还包括年折旧费以及持续影响创新利润率的任何其他因素。

4. 更新损益表

估算运营成本，更新损益表（图 13.5），然后观察初始利润规划是否符合目标。在咖啡店的案例中，总成本可能低于反向损益表上预计的总成本，从而使得规划利润增加。当然，如果细化的运营成本高于初始估计成本，Pikes Perk 咖啡店就需要降低成本或增加营业收入。

	每家店铺	全部店铺
销售		
年销售额	29,293	937,376
日销售额	80	2,560
生产		
年生产能力	58,400	1,868,800
日生产能力	160	5,120
店铺	1	32
花费		
所需员工数量	1	32
工资	22,500	720,000
材料总成本	47,850	1,531,200
纸张总成本	4,980	159,360
营销成本	5%	5%
资本		
总资本成本	8,500	272,000
年折旧费	1,700	54,400

图 13.4 细化的运营损益

细化后的运营损益包括实施创新所需的各种具体和可测量成本。

需要实现的营业收入	$4,640,000
直接成本	
新增员工工资	$720,000
食品成本	$1,531,200
纸张和包装	$159,360
设备折旧费	$54,400
直接成本 ——小计	$2,464,954
可接受的行政管理和营销费用	$232,000
总成本	$2,696,954
预计利润	$1,943,046
需要实现的初始利润	$1,856,000

图 13.5 更新损益表

5. 识别关键假设

列出会在财务方面严重影响创新的关键假设（如未进行检验）。其中许多假设都已经在损益表和细化的运营损益表中出现过。包括以下各项：

- 竞争、市场规模、零售价格、平均订货量、后续销售潜力以及其他与营业收入相关的假设。
- 规划时间线/成本、制作原型/试点、测试时间线及其他研发成本假设。
- 生产计划/时间线、销售周期、材料成本、运输成本、库存成本、薪水、工资以及其他运营成本假设。
- 营销、广告、包装、重新设计以及其他推广成本假设。

避免做出以下危险的隐含假设：

- 消费者总是喜欢技术含量高的产品和服务。
- 消费者不知道如何清楚地表达他们的需要。
- 打造更好的产品，坐等消费者上门。
- 消费者听到我们的新解决方案后，将放弃现有的解决方案，转而支持我们的解决方案。
- 我们的解决方案非常优秀，不需要额外的努力就能卖出去。
- 相对于现有的其他产品和服务，经销渠道会优先推广我们的产品和服务。

- 我们拥有创造解决方案所需的专业知识和资源，并且能够一次到位。
- 竞争对手的能力无法与我们相比。
- 公司所有利益相关者将一致拥护我们的新创意。
- 我们是行业的领导者。

---

6. 将假设与里程碑相关联

里程碑就是检查点，它们可以帮助你确定是继续前进还是改变方向。列出创新的各个里程碑，包括创新项目进行时及项目结束后的重要目标。然后，将每个里程碑与此前必须检验的关键假设相关联。

7. 测试并检验假设

针对每个关键财务假设设计测试，检验其正确性。确定每个里程碑对应的假设。或者采用更加细致的方法，设计测验来检验每种假设。无论采用哪一种方法，应确保假设表述清晰，易于理解，用于检验假设的数据和方法可靠。

不要等到进入试点或原型阶段才检验所有假设。Pikes Perk 咖啡公司的许多假设都在三家店对新早餐进行的三个月试点运营中得到了验证，但也有许多其他关键假设需要在试点之前或之后进行检验（表 13.1）。

表 13.1 里程碑和假设

里程碑	假设	检验计划
商业案例	营业收入增长 15% 早餐单价为 4.95 美元 每家店平均每天售出 80 份早餐 边际贡献为 40%	基准竞争
发现与设计	资本支出在 6 个月内收回 新品与竞争对手提供的早餐不同	探索替代方案
可行性	每家店每日的生产能力 设备的成本 设备使用寿命 生产天数 每家店增加的员工 每家店增加的工资 食品成本 包装成本	确定资本、材料和人员的可用性和成本
试点	单价 销售量 食品成本 包装成本 新品的营业收入 试销成本 新品不会使饮料销售收入减少 顾客会从咖啡店买早餐 新品不会对咖啡订单周期产生明显影响 在试点过程中，增量收入将会抵消运营成本	测量新品的表现
预发布	单价 营业收入 利润率 营销和广告成本	分析收集到的数据，更新商业计划
发布	营销和广告成本 复制试点取得成功 增长率 市场规模	持续改善经营方法

8. 重新考量财务状况

通过一个个里程碑时，你会不断地检验你的假设，你的知识也会随着创新潜能的释放而不断增长。因此，你应当在到达每个里程碑之时重新计算损益表。根据了解到的情况，你也许需要重新考虑运营细节。你会检验初始假设，并在此过程中提出新的假设，你的关键假设清单也会因此发生变化。

如果你在使用 D^4 创新流程，请确认该项目在被纳入全公司的创新组合之前，就检验了所有的假设（可行性得到证明）。

PART

2

发现创意

成功的创新，就是以一种巧妙的方法充分利用机遇实现未满足的消费者预期。但是要找到这种巧妙的方法并不容易，因为大多数机遇的核心都是一个难题。例如，顾客想要无褶皱的衣服，但是目前没有一种解决方案能够很好地满足这种预期。这是一个创新问题，同时也是一个机遇。

在创新过程的第二个阶段，你的目标是缩小结果预期差距，同时在一个巧妙划定的范围内生成实质性创意（或创新机遇）。不过，你首先要利用资源优化、功能分析、趋势预测和创造性挑战等技能来改善机遇。

然后，你需要利用启发式构思技能矩阵、SCAMPER、书面头脑风暴 6-3-5、想象性头脑风暴法、概念树、随机刺激、刺激与行动等技能构想你的最佳创意。这些技能都能帮你利用潜在的聪明才智，突破直接意识或仅仅使用传统头脑风暴得到的表面现象的限制。

团队的集体经验或许尚不足以构想创新。解决办法便是搜索存在于你自身以外的知识库，从中找到线索和方向。其中一个知识库是其他行业和企业解决问题的聪明才智。我们的强迫联想技能，可以帮你突破你和你所寻找的东西之间的障碍。

如果这还不够，就请探索一下所有发明者的集体经验，如结构化抽象、分类原则、物-场分析等技能。另一个知识库是自然和非人类物种的适应性奇迹。这些奇迹已经证明了它们对自然的适应历史比人类要长得多。生物模拟技术应当是你探索如何利用自然奇迹进行创新的来源。

这一阶段最终将通过过滤和缩减筛选出少数创意。这些创意将成为进一步开发和设计优先考虑的最佳创意。请参考 KJ 方法、创意分类和完善，以及六顶思考帽，以最成熟的理念为重点，最终实现创新。

技能 14
资源优化

确保你充分利用各种资源

资源优化是指利用现有资源解决创新问题，从而增加解决方案相对于现有解决方案的价值。例如，制造商为番茄酱、洗发水以及其他液体产品发明了倒置瓶（瓶嘴在底部而不是顶部），他们利用免费的重力资源解决了难题，让顾客毫不费力地倒出最后一滴液体。

当你需要提出能为顾客提供更高价值的解决方案，或是需要改善和优化具体解决方案的设计时，就需要用到资源优化技能。关键是要尽可能多地列出你直接接触到的系统或关注范围之内和之外的资源。然后，你可以就使用一种或多种创意生成技能，找出将现有的可用资源应用到创造性问题中的方法。

➲ 背景

在绝大多数迫切需要创意的问题情境中，人们很少认真地考虑资源优化。在很多时候，它甚至从未进入大家的视线，典型的做法就是投入金钱，通过增加问题的复杂性解决问题。

借助附加途径比利用现有资源解决问题更加容易。

那么，什么才真正称得上资源？机器、人员、设备、金钱？正确。重力、空气、真空甚至垃圾可以看作资源吗？这就是创新开始的地方：利用你从未想到的资源进行大胆创新，超越竞争对手。

想想那些无须花费大量时间、努力或金钱就能解决问题的闲置资源。汽车发动机产生的热量可以在寒冷的天气里为乘客取暖。空的红酒瓶可以用作擀面杖。万有引力为保持卫星在轨道上运行提供了所需的向心力。

你需要识别系统中可直接识别的资源，但是你也将识别系统外的资源（超系统）、系统内的资源（子系统），甚至整个环境中的资源（如湿度）。

创新者也应当考虑过去或未来可用的资源。例如，美国国家航空航天局工程师花费大量资金为登月舱发明了一种前射灯。他们在设计玻璃灯泡和金属舱体之间的接口时遇到了困难。直到他们意识到可以利用一种未来资源，这个问题才得以解决：因为月球表面接近于真空，所以根本不需要玻璃灯泡。

解决创新问题需要考虑的一些资源包括：

- 材料资源，如垃圾、原材料、改性材料和廉价材料。
- 时间资源，如并行操作、运行前和运行后工作。

- 信息资源，如数据使用、计算机网络、公共数据和信息。
- 现场资源，如系统中的能源（机械能、热能、化学能、电能、磁能等）或环境中的能源（重力、真空、光、风、地热等）。
- 空间资源，如空白空间、嵌套组件或维度重新配置。
- 功能资源，如可以转化为有益功能的有害功能或副作用。

> 工程师参与了一系列的活动。这些活动可以使资源造福人类，同时也构建了能够以最佳方式经济地运行的系统。
>
> ——鲍尔特（L.M.K. Boelter，工程师、教育家和创新者）

步骤

一些资源优化专家认为，把泰坦尼克号游轮上的现有资源利用起来就可以挽救船上的所有生命（图 14.1）。这种说法一点也不错，但是，显然当时船上情况紧急，这些资源无法得到充分利用。幸运的是你的创新项目并没有使你陷于危难，你总有时间去探索如何优化当前未使用的资源。

1. 问题表述

什么工作、问题或任务是你在创新中需要重点投入的？与之相关的消费者和供应商的结果预期是什么？你是否已经准备好了项目说明或工作说明？请参考待完成的任务、结果预期和项目章

图 14.1　泰坦尼克号

程（分别为技能 1、技能 3 和技能 12）。

在泰坦尼克号的例子中，待完成的任务是拯救船上全部 2223 人的生命，但是一共只有 1178 个救生艇座位。有一艘救生船大约在 4 小时后到达，但是船将在 2 小时后沉没。而且，人们浸泡在寒冷的大西洋水域中超过 4 分钟就会被冻僵。

2. 编写资源清单

制作一份清单，列出全部资源，不可敷衍了事。首先，列出系统内部的所有资源；然后，列出系统外部的所有资源；接下来，列出内部和外部资源的副产品资源。对于泰坦尼克号，为了便于展示，我们只列出核心资源（图 14.2），因为我们没有足够的地方列出这艘 883 英尺长、93 英尺宽、60 英尺高，重达 46328 吨的船上面的所有可用资源。

日期：1912 年 4 月 10 日	英国皇家邮轮	目的地：纽约
时间资源	**材料资源**	**信息资源**
2 小时后沉没 救援需要 4 小时 4 分钟会冻僵	救生筏 船只 工具 水 斧头 猪油 钢材 煤炭 衣服 厨房用具 乐器 手提箱 绳子 家具 帆布 食物 汽车 汽车轮胎 救生船 床垫 木材 急救箱 救生用具 浴缸 折叠式躺椅 垃圾箱 毯子 地图	知识 / 技能组合 通信设备 / 收音机
自然资源		**现场资源**
盐水 鲸鱼 / 其他鱼类 冰山		化学品（获取自煤炭） 热量（发动机产生的热量）
团队 / 人员资源		**空间资源**
乘客 全体船员 轮机师 医生 游轮轮机长 游轮设计师 游轮船长		甲板 浴缸、手提箱、家具中的空间
		功能资源
		发动机 导航系统 转向系统

图 14.2　泰坦尼克号上的资源

3. 分析资源清单

这一步的关键是进一步缩减资源清单的内容，只保留那些最有潜力改变整个系统的资源，它们能够解决问题，同时又不会产生任何副作用。预期中的改变往往会产生附加的非预期的改变。

因此，创新的沃土，就是那些可以做出改变或更好地利用资源，而又不会在其他方面产生不利影响的地方。

若要寻找可供利用的免费资源，或寻求更好地利用特定资源以实现创新，请完成以下方程：$y=f(x)$，将期望结果代入 y，将提供的资源代入 x。为实现期望结果（y），资源（x）必须发挥作用但又不会引起副作用、额外成本或非预期效果。

对资源的处理方式有以下几种：

- 资源利用：应用发明将现有资源转变为新资源（燃烧燃料产生热量）。
- 资源积累：使用设备或物质增加资源数量，然后释放（使用大坝积累水资源）。
- 资源组合：将一种资源添加到另一种资源中（将盐加入水中以影响浮力）。
- 资源集中：使用发明将一种资源集中到一个有效的水平（微波炉、眼科手术激光）。
- 资源演变：设想系统的演变——什么资源可能演变，如何演变（使用植物产生氧气）。
- 调整比例：改变资源的规模或配比（浓缩疫苗在注射后稀释）。

使用多种方法利用资源，或许能挽救泰坦尼克号上的所有生命。可以将人员组织起来发挥不同的作用，如使用衣服、垃圾、垫子、帆布等堵住漏水孔，延迟海水灌入。也可以组织人员将乘客从游轮运送至冰山，那里相对暖和，可以等待救生船到达。其他人员可以利用游轮上的资源制作漂浮装置。

可以采取以下措施：

- 使用救生船往返多次将人们运送至附近的冰山。
- 使用绳子和厨房用具确保人们安全到达冰山。
- 使用垫子和毯子保暖。
- 使用救生用具作为乘客和冰山之间的缓冲，为人们保暖并保证安全。
- 为人们涂上猪油防止冰冷的海水造成体温过低。
- 使用空手提箱和木质家具作为微型救生船。
- 使用汽车轮胎作为漂浮装置。
- 利用工程经验发明和利用救援系统。

其他实例

- 阿波罗 13 号的地面和机组人员想出了一种方法，克服了电力和氧气的严重不足，将三名宇航员安全地送回至地球。这也许是对可用资源利用得最巧妙的实例。他们使用登月舱作为太空救生船，利用宇宙飞船中的材料装配了一个适配系统。
- 通用电气公司的 Jenbacher 发动机利用专利技术为温室、企业和家庭发电。Jenbacher 可以燃烧利用各种燃气，包括天然气和从煤矿、废弃物和垃圾填埋场中获取的气体。

Jenbacher 的设计就是为了利用这些可能被浪费的资源。

- 吞入或吸入（废弃物）发电厂排放的硒，将对人体造成较大危害。发电厂的工程师设计了一种成本较高的系统把硒分离出来，他们发现了一种现象：豚草和香蒲可以吸收硒。他们以自然为师，建造了一个池塘，将豚草和香蒲移植到池塘中，然后将硒倒入池塘。之后，再将这些植物收割并卖给棉农和烟农作为肥料。

技能 15
功能分析
仔细审查你的创新系统

功能分析是一个评估和提高系统价值的过程——其重点是保持或增加所有有用的功能，减轻或消除所有有害功能，并改进不完善的功能。例如，目前，医疗保健人员在诊所使用注射器和针头系统为病人注射药物。将这些功能分解为部分（活塞、圆筒、药物、护士、针头、病人）和功能（移动、引导、定位、刺入），就有机会重新审视该系统，从而进行创新。

上游功能分析，可以帮助你发现能够提高未来解决方案的价值商数（技能 4）的机遇。简单的功能分析可以在没有工程师或专家的帮助下进行。但是对于复杂系统中的细节问题，如有必要，可以求助于有经验的价值工程师或专家——尤其是要将该项技能与其他强大技能，如公理化设计（技能 34）和功能结构（技能 35）结合使用时。

背景

每个系统都由成百上千（如果不是成千上万）个界面元素组成。任何一个子系统、组成部分，甚至一个流程参数的变化都能引发连锁反应，在整个系统中产生一系列的积极或消极结果。若对所有因果之间如何相互影响没有透彻的了解，任何改变都有可能产生大量的意外后果。

功能分析的内容和价值以信息丰富的功能图（function diagram）为中心。它展示了一个系统中的所有因果关系以及它们是否为预期的、非预期的或不充分的。绘制功能图具有以下优势：

- 能够更加容易地阐明现有或未来系统的各项功能，直接为解决方案的构思和制定提供养料。
- 能够更加容易地弄清可以利用哪些可用资源改进系统或解决问题（也可以使用资源优化，技能 14）
- 能够更加容易地找出并消除物理或技术矛盾。请参考结构化抽象（技能 26）和分类原则（技能 27）以获得更多信息。
- 能够更加容易地整理并标记不需要的要素或功能，从而降低成本，使得系统更加接近理想的创新。

提出问题比问题的解决方案重要得多。解决方案不过是要用到数学或实验技能。

——阿尔伯特·爱因斯坦

步骤

大多数人对房地产交易系统比较熟悉。在这个系统中，两个代理人协调各项功能，包括房地产登记、广告、房地产展示、报价和还价、订立合同、房屋检查、产权保险、房地产交割等。怎样才能使该系统更加注重以价值为导向（创新），从而增加期望结果或减少非期望结果？

1. 收集信息并明确问题

在制作功能图和进行功能分析之前，尽可能多地收集该系统的相关信息。以下问题能够为你提供帮助：

- 该系统的主要功能（设计意图）或待完成的任务是什么？
- 该系统中的要素之间如何相互作用？
- 有哪些可用的资源能够解决该问题？
- 该系统存在哪些限制？这些限制有必要保留吗？
- 过去都尝试过哪些解决方案？它们成功或失败到什么程度？如果未能成功，那又是什么原因？

在这个房地产案例中，我们想要更加高效地完成房地产交易过程，尤其是要提高基于业主数据库（多端交易系统）开展工作的代理人的服务效率。

应用公理化设计（技能 34）将功能要求转化为设计参数时，可以借助该技能评价可能的结果。

2. 系统功能建模（功能图）

什么是功能？我们将功能定义为一项活动、行动、过程或条件，它在两个变量之间运行：（1）投入变量（自变量）；（2）产出变量（因变量）。投入和产出之间存在价值转换，功能所产生的总价值（产出）大于其各个部分（投入）的价值之和。由于功能的存在，价值增加了。

许多功能都在预期之中，但有些则在预期之外——成本较高或有害。而且，系统的功能足够或者不足以履行职责或进行价值转换。此外，功能是由存在于系统内部或外部的实体所执行的，从而得出结果。图 15.1 总结了制作功能图要用到的基本符号和结构。

制作功能图是为了以因果关系描述系统中所有相关功能（用 $y=f(x)$ 来引导思考）。系统中的关键——投入（x）和产出（y）——相互作用（f）以实现系统的目标。

我们从识别系统的主要期望的功能开始，提出以下两个问题：

- 这个功能可以派生出另外一个功能吗？如果是，派生的功能是想要的期望功能（充分的）、不想要的非期望功能（有害的），还是非充分功能（需要这项功能，但它还不够完美）？

- 这项功能是否由另一项功能派生？如果是，那么派生它的功能的影响是预期的，非预期的还是不充分的？

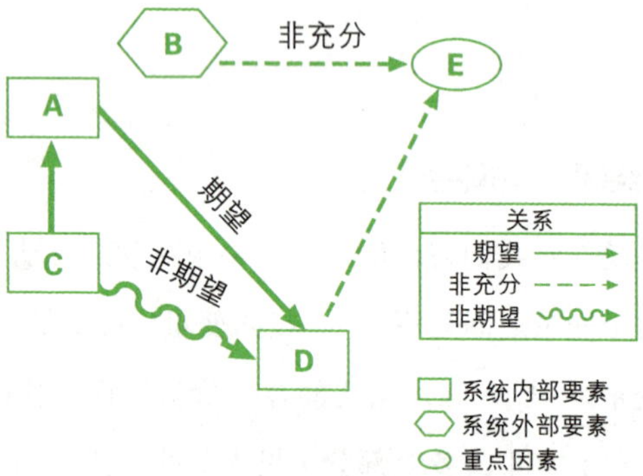

图 15.1 功能图符号

然后，在这些控制问题的基础上，将功能与期望、非期望或非充分箭头相连接，如图 15.1 所示。

我们已经为房地产交易过程绘制了一个粗略的程式化功能图（图 15.2）。该功能图识别了一些功能，但是也省略了一些功能，如估价、产权保险、房屋检查、合同订立、广告、县级登记、抵押贷款、抵押贷款保险、房主保险和房地产交割。

参考图 15.2，我们会发现一些功能为期望功能，一些功能为非充分功能，一些功能为非期望功能。例如，房地产委员会就是一个非期望功能，因为它不代表理想的创新，而且为该过程增加了大量的非必要成本。

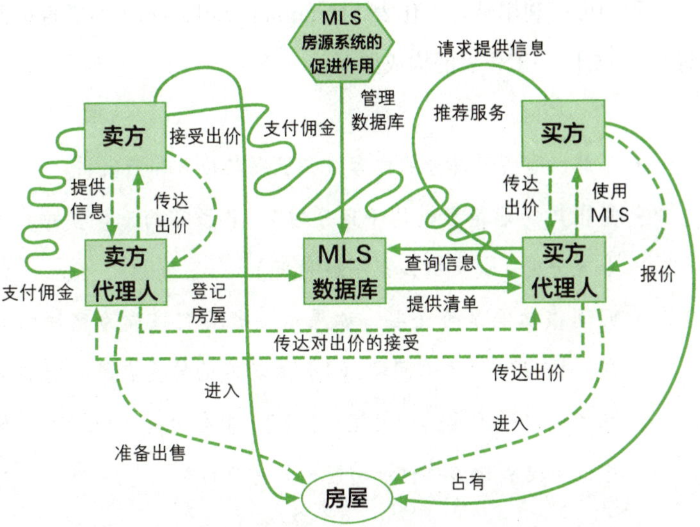

图 15.2 房地产交易简化功能图

3. 进行功能分析

模型分析是功能分析的最佳途径。从本质上说，其主要任务是审核功能图，并进行相应的修改，从而使该系统获得更高的附加值。我们可以新增哪些期望功能？我们可以减少哪些非期望功能？我们可以使哪些非充分功能转变为充分功能？这需要对本书中的多项构思技能进行探索性利用。

利用因果关系图（技能 56）说明该系统中的所有重要因果关系。然后，利用因果关系矩阵（技能 57）确定这些关系的优先顺序。它们是利用整理工作表来整理系统的工作重点。

我们可以利用整理工作表（trimming worksheet）形成直接创意（表 15.1）。工作表的构成如下：

- 了解所有关键功能的内容，并识别其投入和产出。
- 指出该功能是预期的（充分的）、非预期的（有害的）或非充分的（需要的，但不够完美）。
- 问问该功能是否必要。如果是，那么它将成为整理的对象。提出以下两个问题：(1) 该功能的接受者是否能够自己完成这项工作，如何完成？(2) 其他资源（最好为系统中的）是否能够执行该功能，如何执行？

这些问题非常重要，因为它们有助于减少非必要因素，降低系统的复杂性。这降低了系统成本，提高了价值。

如果功能是非必要的，那么它可能会被取消。

缩减房地产交易系统中的某些要素，可以塑造一个更简洁、更简单、更经济的系统，如图 15.3 所示。当然，该创新系统经过了程式化和简化；实际上，功能分析会更详细地展示房地产交易的各个方面，而不只是图中显示的编目、谈判等功能。

在上述无代理系统中，中央登记部门的许多资源卖方和买方都可以利用，不仅仅包括房地产的图片或视频信息。律师、产权公司、估价公司、保险公司和贷款公司可以为他们的服务做广告，同时也可以提供信息，帮助实现功能或完成待完成的任务。

例如，作为自助型消费者，你可以下载多方资料，查询产权

表 15.1 功能分析和整理工作表

房地产交易系统						
					整理问题（简化系统或降低成本）	
提供者	功能	接受者	该功能是预期的、非预期的，还是非充分的？	该功能是否必要？	接受者可以自己完成吗？	可以利用其他资源吗？
卖方代理人	输入数据	MLS 房源系统	预期	是	可能——使用县级部门的记录	可以——卖方可以进入公共中央登记部门
买方代理人	展示房屋	买方	预期	是	可以——买方可以自己看房	可以——买方和卖方可以安排看房
买方	传递报价	买方代理人	非充分	是	不可以	可以——卖方和买方之间可以直接交换报价
买方代理人	传递报价	卖方代理人	非充分	是	可以——可以只有一个代理人	可以——卖方和买方之间可以直接交换报价
卖方代理人	传递报价	卖方	非充分	是	不可以	可以——卖方和买方之间可以直接交换报价
卖方	传递还价	卖方代理人	预期	是	不可以	可以——卖方和买方之间可以直接交换报价
卖方代理人	传递还价	买方代理人	非充分	是	可以——可以只有一个代理人	可以——卖方和买方之间可以直接交换报价
买方代理人	传递还价	买方	非充分	是	可以——买方可以从卖方代理人那里获取	可以——卖方和买方之间可以直接交换报价
卖方	支付佣金	卖方和买方代理人	非预期	否	不可以	不可以——已支付佣金；仅为广告费、合同等

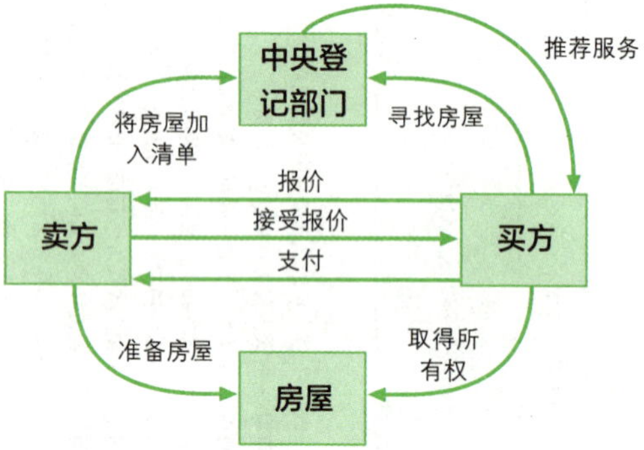

图 15.3 房地产交易创新功能图

或雇用产权公司。也可以下载合同模板，编制自己的合同，用于报价和还价。你甚至可以雇用家庭房地产专家，他可以以较低的费用教你如何完成这一流程。

技能 16
趋势预测
从演变的遗传密码中学习

趋势预测是一种强大的知识型技能，可以推测当前系统在未来如何演变。你可以用它来规划你的创新。例如，所有系统都倾向于减少人员的参与——工厂中的机器人功能、自动信息系统，以及仅需要一个人（消费者）参与的股票交易系统和机票订购系统。

为了应用这项技能，你需要广泛了解约 35 种已知的技术趋势。每种趋势都以不断增加价值和不断接近理想的创新为目标。应用这些技术需要耗费大量的知识和时间，所以这样做能够揭示所有产品和服务创新的趋势，并且可以避免非充分解决方案，或在错误时间推出新产品或服务。

➲ 背景

你可以使用多种方法预测某个行业的趋势，许多趋势专家也可以帮助你做到这一点。根里奇·阿奇舒勒（Genrich Altshuller）的工作令人赞赏，他是最具有实证性的方法——发明问题解决理论（TRIZ）的创始人。英国作家达雷尔·曼恩（Darrell Mann）的工作同样值得赞赏，他对阿奇舒勒的系统创新范式进行了改进。

趋势预测背后的基本理念是：演化不是随机的，而是遵循着某些可以预测的模式和阶段。如果你知道这些模式和阶段是什么，你就能够解决困难的创新问题，锁定与技术相关的战略性机遇。

趋势预测的基础是S曲线的概念——旧有的被新生的所取代。S曲线的运行轨迹是，从概念到诞生缓慢推进，然后快速地从诞生成长到成熟，再缓慢地从成熟演化到退出。之后，系统或解决方案的价值逐渐降低（图16.1）。

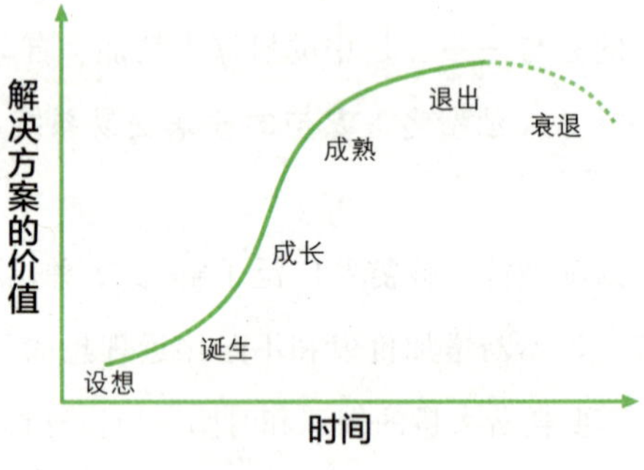

图16.1 经典S曲线

退出/衰退的拐点，是由新开发系统或解决方案所带来的市场力量决定的。新开发系统或解决方案需要突破性的技术、流程和商业模型的支持（图16.2）。如果目标或期望结果是当前系统所不能达到的，就需要进行创新。

正确的趋势预测来源于对世界专利数据库系统动态的研究。明白了系统、产品和服务的变化中的原则，你在构想创新时就拥有了秘密武器。

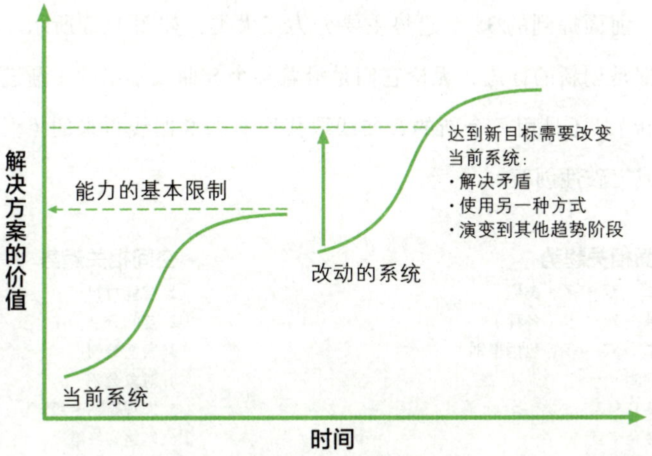

图 16.2　S 曲线的形成

一条 S 曲线取代另一条 S 曲线的例子成千上万。我们一路采用新技术，从马车到火车、汽车、飞机，再到航天运载火箭；从在石头上写字到在纸上写字，到大规模印刷，再到各种形式的数字通信。从宏观系统层面到最小的微观层面，S 曲线的轨迹向我们讲述了一个个不断演化的世界的历史。

利用 35 种已知的通用演化趋势（称为创新的染色体）来检验产品、服务或系统（解决方案）是可能的。它能够让你根据已经确证的历史模型，对你的创意构想做出评价。它也可以帮你：

- 避免代价过高的创新失误，不断地提供良好的消费者体验。
- 防止技术的颠覆性变化对你的组织造成意外打击。
- 确定何时有必要将你的产品策略转移到新的技术平台。
- 保护关键专利，防止他方对你的知识产权进行竞争性攻击。

前面提到的 35 个趋势主要分为三大类，如图 16.3 所示。这些都是创新的标志，无论它们是沿着某个 S 曲线推出的（渐进式创新），还是用一个新的 S 曲线取代旧有的 S 曲线得来的（根本性或突破性创新）。

界面相关趋势

1. 单—双—多（类似）
2. 单—双—多（各种）
3. 单—双—多（包括差别）
4. 抑制
5. 感官交互
6. 颜色交互
7. 透明度
8. 消费者购买焦点
9. 市场演进
10. 设计点
11. 自由度
12. 界限分解
13. 修整
14. 可控制性
15. 人类参与
16. 设计方法
17. 减少能量转换

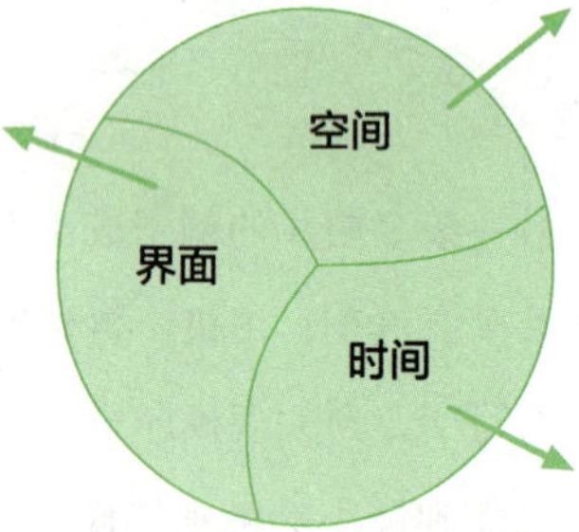

空间相关趋势

1. 智能材料
2. 空间分割
3. 表面分割
4. 对象分割
5. 宏观至纳米级
6. 网络和纤维
7. 减小密度
8. 不对称
9. 界限分解
10. 几何演化（线性）
11. 几何演化（体积）
12. 动态化

时间相关趋势

1. 行动协调
2. 节奏协调
3. 非线性
4. 单—双—多（类似）
5. 单—双—多（各种）
6. 宏观至纳米级

图 16.3 技术趋势

资料来源：MANN D. Hands on systematic innovation[J].2002。

如果一个组织可以在生命周期曲线（S 曲线）上找准自己的位置，知晓曲线的走向和斜率，我们就能说它拥有良好机制来确定自己的技术发展方向和发展速度。了解了这一动态原理，我们自然就会产生独特的见解，并以此指导产品或服务的研发过程，并主动调整核心竞争力使其符合技术必然性。

除了 35 种技术趋势（在产品、服务和解决方案层面发挥作用），阿奇舒勒、曼恩等人还发现了 36 种商业趋势——但是这些趋势还属于较晚近研究的对象，需要进行严格的检验。

步骤

1. 熟悉技术趋势

了解了这 35 种技术趋势，你就准备好了要根据这些已经确立的演化模式去检验你的产品、服务或解决方案。关键是要知道，每种趋势沿着演化潜力向前发展，从一个演化程度较低的状态到一个演化程度较高的状态。一个与空间有关的趋势是动态化，即系统、产品或部分将随着时间的推移从固定的状态演化到灵活的状态，这一过程可分为多个阶段，如图 16.4 所示。

另一个普遍的趋势是系统由宏观向微观演变。我们可以在下面这个例子中看到这种趋势：世界上最早的一批计算机重量约为 27 吨，包含 17468 个电子管、7 万个电阻、1 万个电容器，以及约 500 万个焊接接头。IBM 公司的电子数字积分计算机尺寸为 8.5 英尺 × 3 英尺 × 80 英尺。与之相比，如今的笔记本电脑相当小巧。

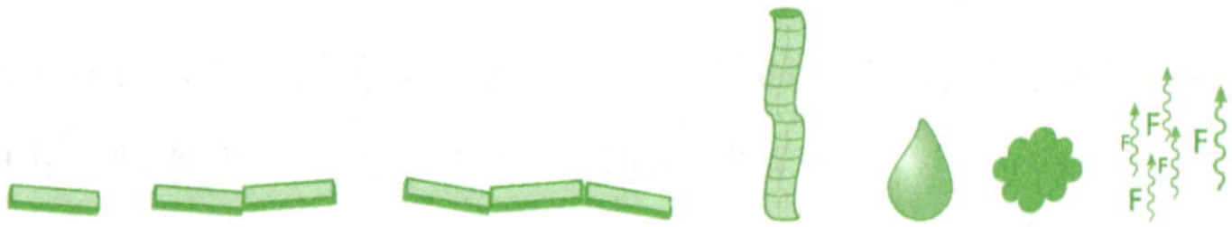

图 16.4 动态化趋势

若想了解每种演化趋势的详细描述和实例，请参考：

MANN D. Hands on systematic innovation[J]. 2002。

2. 确定演化潜能

你可以使用雷达图为构想更好的产品和服务划分阶段。如图 16.5 所示，雷达图是对系统、产品、服务或解决方案状态的可视化描述。现在用 35 种技术趋势中的 15 种制作一张虚拟的雷达图。雷达图中的每条轮辐代表 S 曲线上的各个阶段的从中心点开始的演化运动。阴影区域代表解决方案的演化潜力，它使当前的竞争性方案不断地接近理想的创新（请参考技能 4“价值商数”了解更多相关信息）。

对演化发展趋势的预测需要考虑许多技术和科学因素，以及与可行性、成本、时间和预期的消费者反应相关的因素。这就是其他技术，如创新财务管理（技能 13）和结果预期（技能 3）派上用场的时候。

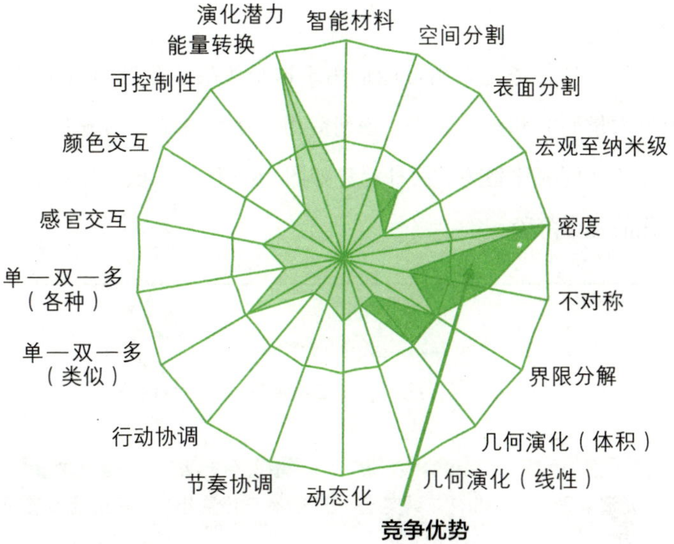

图 16.5 雷达图

3. 缩小演化差距

虽然你可以只使用趋势预测将创新理念转变为可行设计，但是缩小演化差距的任务非常艰巨，只有使用本书中的其他构想技巧，才能更轻松地完成。创新者借此可以确保在花费时间和资源制定新的解决方案之前打样并测试最佳创意。

➲ 实例

顾客不喜欢外卖比萨送到后已经变凉，于是一组科学家开始研究更好的解决方案，使外卖比萨依然又热又脆。在趋势预测的指导下，科学家们实现了他们的目标（参考美国专利号

5472139）。

第一项任务是找出可能适用于这个挑战或问题的演化趋势。经过大量研究和审慎调查，该研究组集中研究了表面分割和线性结构的几何演化趋势。两种趋势如图 16.6 所示，该图显示了标准演化的各个阶段。

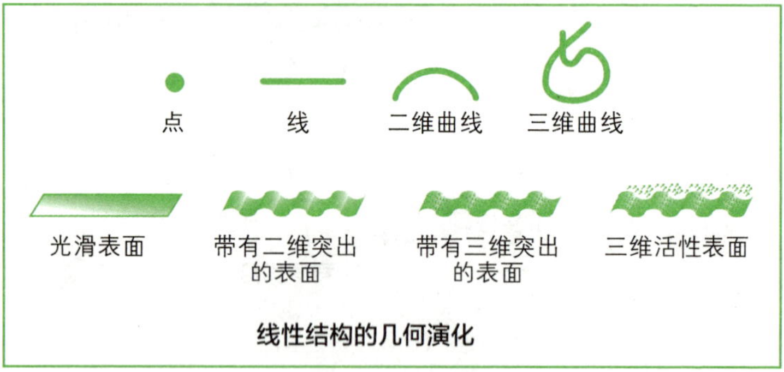

图 16.6　表面分割

为了说明所有相关的演化趋势，该团队用雷达图来描述规划中的创新。团队这样做是为了在同一个演化标尺上标出两种趋势，并让它们分别向上移动一个单位。在表面分割方面，新设计由一条直线变为一条二维曲线。在线性结构的几何演化方面，团队计算得出，可以用带突起的三维包装代替带突起的二维包装。

该方案与现有解决方案的空间示意图的区别，详见图 16.7。阴影部分表示规划的演化扩展。

对于传统的包装，比萨油渗透盒子，往往会使比萨变凉、变软。考虑了这两种趋势后，科学家发明了一种带有气袋的新型拱形盒底。该盒构造了绝热层，令油得以从比萨中排出，从而满足

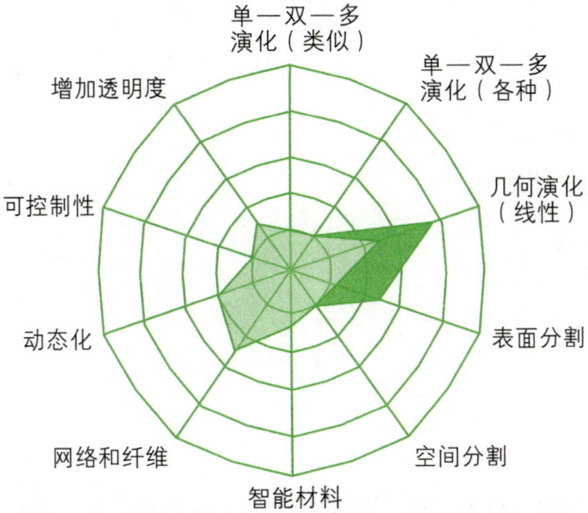

图 16.7　比萨盒的演化

了消费者对美味比萨的渴望。图 16.8 展示了新设计的比萨盒及其创新要素。

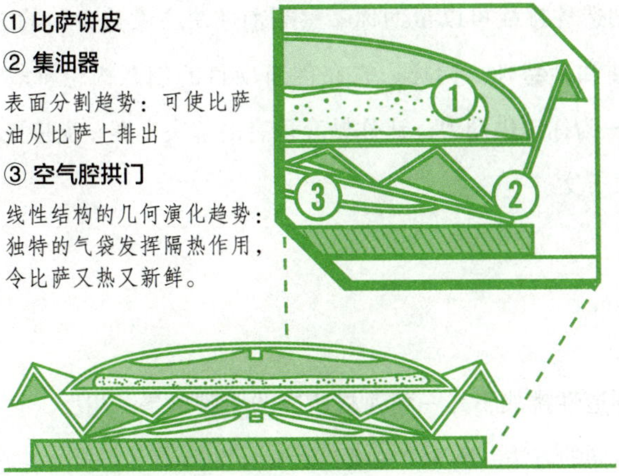

图 16.8　新式比萨盒（美国专利号 5472139）

技能 17
创造性挑战
打破传统

创新性挑战的目标，是对某项待完成的任务（JTBD）的当前解决方案提出质疑。这样想，满世界就都是挑战现状的解决方案。电子机票很快取代了传统的纸质机票。电子邮件和互联网营销正威胁着直邮广告的生存。可下载的 MP3 使得 CD 变得可有可无，就像 CD 淘汰了磁带和唱片一样。

创造性挑战可以帮助你考察当前解决方案或方法的必要性、有效性和独特性。同样，它在创新项目的创意构想阶段非常有用——为你提供动力，让你抛弃现有的解决方案，支持更加理想的解决方案。

背景

创造性挑战不是一项速战速决的头脑风暴。相反，它利用了一种不同的方法，称为 E/R/A：

- E（Eliminate）：我们是否可以去掉当前方法中的某些要素？
- R（Reason）：采用当前方法的理由是什么？
- A（Alternative）：有什么方法可以替代当前方法？

利用 E/R/A，你可以挑战相对于现状而言占有统治地位的信念、假设和限制，列出所有能够增加你的创新价值商数（技能 4）的创意。

你可以利用功能分析（技能 15）继续对创造性挑战进行调查，从而改善不充分的功能或消除非预期功能。

步骤

信用卡比现金携带更方便，使用更安全，但是信用卡仍然会丢失或者被未获授权的人员盗用。因此，信用卡发卡方通过欺诈性收费积累了大量财富，消费者面临着身份盗用的巨大风险。如果信用卡发卡方想要改变现状，寻找新的不存在欺诈的支付方式会怎样呢？让我们看看创造性挑战如何帮助他们完成这项工作。

1. 选择焦点话题

它可以是创新机遇、产品、服务、系统、流程或商业模式。它可以是你想要改变或挑战的任何事物。在本章的案例中，我们的目标是设计一种便于使用又不会被盗用身份的信用卡。

你可以创造性地挑战一个流程或系统的任何部分。例如，一些酒店现在要求客人重复使用毛巾而不是每日更换。这些酒店不是在挑战整个客房清洁服务，而只是挑战使用过多的水和能源的那部分。

2. 研究当前解决方案

制作 SIPOC 图（技能 50）或流程图（技能 51），标出当前解决方案的投入、产出、消费者和供应商以及所有相关流程。利用它们列出与主题相关的流程步骤、系统、子系统或组成部分。例如，使用信用卡的过程包括携带一张实物卡片，它有可能会丢失或者身份被他人盗用。

3. 识别假设

从步骤 2 开始，向一览表中添加当前解决方案的各种隐含假设，包括真实数据、物理特征、支持它的观点或原理，以及它的局限性。对于信用卡的案例来说，这些假设包括：

- 所有信用卡均为塑料卡片，大小为 85.60mm×53.98mm，带有存储数据的磁条和芯片。
- 信用卡可以当面使用、在电话上使用或在互联网上购买商品和服务。
- 消费者期望拥有多张信用卡，并且期望自己的多张信用卡账户上都有余额。

• 提高信用额度必须对信用卡发卡人有利。

创造性挑战绝不是攻击或批评，而是要通过质疑当前思想来发现新创意和方向。

---

4. 应用 E/R/A

对一览表上的每个项目应用 E/R/A 挑战流程（图 17.1）：

• 删除：对每个流程、要素或假设的必要性提出质疑。它是否仍然必要？删除它会产生什么消极影响？

• 推理：如果该步骤、要素或假设是必要的，那么它有什么功能或特征？

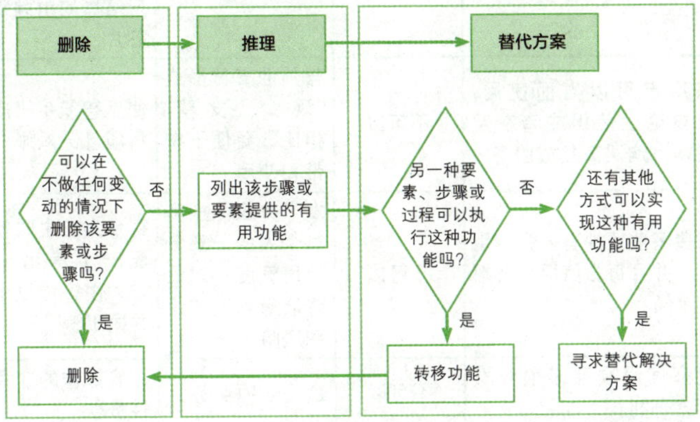

图 17.1　E/R/A 挑战流程

• 替代方案：对解决方案的唯一性提出质疑。这是提供所需的特征或功能的唯一方式，还是存在替代方案？

利用创造性挑战矩阵（表 17.1）追踪你对每个项目的看法和决定。

表 17.1 创造性挑战矩阵

流程步骤、要素或假设	删除 可以在不产生消极影响的情况下删除它吗？	推理 为什么不能删除它？它有什么功能或特征？	替代方案 存在提供这个功能或特征的替代方式吗？
必须随身携带信用卡以便在购物时当面使用	不可以	信用卡持有、签字和收据用于验证信用卡的授权使用	使用视网膜扫描、指纹或智能手机应用程序验证身份以及信用账户中的资金的可用性
信用卡为塑料卡片，大小为85.60mm×53.98mm，带有存储数据的磁条或芯片	不可以	行业标准	钥匙扣或其他小型装置（如智能手机）中带有信用账户信息的射频识别芯片
信用卡可以当面使用，在电话上使用或者在互联网上购买商品或服务	不可以	与其他支付形式（现金、支票）相比，更便于携带和使用	使用智能手机应用将项目记入账户
消费者期望拥有多张信用卡，并且每张信用卡上都有余额	不可以	发卡方仅能提高每个人的一部分信用额度，以此降低借款人的违约风险	每个人出生时就分配一个信用卡账户，由多位发卡方共同出资
提高信用额度必须对发卡方有利	不可以	这是一项业务	政府操作的非营利性贷款

绝不要假设当前方式是唯一方式。否则，你永远不会实现创新。

5. 编制替代性方案一览表

在完成 E/R/A 挑战流程后，列出你想要进一步研究的替代性创意。

技能 18

HIT 矩阵

比较现有解决方案以激发新突破

HIT（Heuristic Ideation Technique），即启发式构思技能，指通过比较两种看似无关的产品或服务来形成新的创意。当你将高速的宽带互联网与高清的视听设备相结合时，你会得到什么？将其他特征考虑进去，如光线、增强的无线信号和高质量的耳机，你可以在家里的任何地方获得极佳的视听体验。

HIT 由营销学教授爱德华·M. 陶伯（Edward M. Tauber）提出。陶伯发现，新产品一般综合了两种或更多现有产品的特征。HIT 矩阵是一个简单而有益的工具，能使你的团队在寻找创新理念的过程中创造性突飞猛进。

➲ 步骤

在竞争非常激烈的旅游业，大多数企业以大量的低收入消费者为目标，向他们提供廉价的基本服务。然而，创意铁路（Innovative Railways）希望通过为中等距离的游客提供奢华体验来吸引少数高收入消费者。HIT 矩阵将帮助创意铁路公司制定能够满足消费者期望的创新解决方案。

1. 选择现有项目

选择两种看似没有明显联系并且联系尚未显现的产品、服务或品牌。它们可以是你的公司、竞争对手或另一个行业提供的东西。应避免内涵太过接近的东西：咖啡杯和玻璃杯能产生的创意比玻璃杯和自行车要少，想想美国驼峰公司［CamelBak］你就明白了。创意铁路团队选择的项目是奢华会议服务和顶级国际旅行。

反向构思与启发式构思相反，它的研究以未成功的产品和品牌为对象，形成新的观点和解决方案。如需了解更多信息，请搜索：Mascarenhas O A. Backward ideation technique for generating new product ideas[J].Vikalpa, 1983, 8(2): 95-114.

---

2. 列出项目特征

通过集体讨论列出步骤 1 中你所选择的两个项目的特征。问问自己，哪些是构成这两者的特征或元件，以及使用该项目的方式、时间和原因。为每个项目找出相同数量的特征（一般每个项目 5～7 个特征）。如果列出了太多特征，可使用普氏矩阵（技能 40）进行缩减。

特征不要分得太细。例如，头等舱座位的特征，应该是宽敞的伸腿空间或后靠躺下。比起直接写明头等舱座位比经济舱座位多出 10 英寸的伸腿空间或者座位可以 160 度倚靠，这样描述能为创新提供更多机遇。

你不必是所选项目方面的专家。然而，了解与每个项目相关的消费者预期非常重要。如需了解更多信息，请参考结果预期（技能 3）。

3.HIT 矩阵构成

在 HIT 矩阵（表 18.1）中，分别列出顶部和边栏项目的特征。然后，对每个项目的特征逐一匹配直至填完整个表格。在本章的案例中，项目是奢华会议服务和顶级国际旅行。

表 18.1　HIT 矩阵

HIT 矩阵		奢华会议座位				
		无线接入	温泉疗养服务	私人厨师	专用礼宾	行政贵宾酒廊
顶级国际旅行	可躺座椅	无线接入 可躺座椅	温泉疗养服务 可躺座椅	私人厨师 可躺座椅	专用礼宾 可躺座椅	行政贵宾酒廊 可躺座椅
	座椅充电器	无线接入 座椅充电器	温泉疗养服务 座椅充电器	私人厨师 座椅充电器	专用礼宾 座椅充电器	行政贵宾酒廊 座椅充电器
	美味菜肴	无线接入 美味菜肴	温泉疗养服务 美味菜肴	私人厨师 美味菜肴	专用礼宾 美味菜肴	行政贵宾酒廊 美味菜肴
	个人照料	无线接入 个人照料	温泉疗养服务 个人照料	私人厨师 个人照料	专用礼宾 个人照料	行政贵宾酒廊 个人照料
	快速服务	无线接入 快速服务	温泉疗养服务 快速服务	私人厨师 快速服务	专用礼宾 快速服务	行政贵宾酒廊 快速服务

请登录 www.innovatorstoolkit.com 下载空白图表。

4. 审视创意

审视矩阵的每个单元格，讨论将两个特征结合起来有何种优点。删除那些意义不大的单元格（如温泉水疗服务和座椅充电器）。不过，不要立即抛弃那些在技术或物理方面存在矛盾的创意。你或许可以利用结构化抽象（技能 26）或分类原则（技能 27）使这些矛盾被大家所接受。

5. 选择创意

识别可能成为潜在解决方案的所有特征组合。例如，私人厨师和美食就有可能成为潜在的解决方案，专用礼宾和个人服务同样如此。寻找综合多个特征的创意，如总裁休息室、无线接入、座椅充电器和个人服务。列出所有创意以便进一步考察。

技能 19

SCAMPER

8 个重要问题

SCAMPER[1] 技能利用一组直接问题帮助你将现有产品、服务或解决方案提升为更好（更加理想）的产品、服务或解决方案。例如，SCAMPER 技能可以将两个剃须解决方案要素——剃须刀和剃须膏——合为一体，研发出一种新型剃须刀，剃须膏贮存在手柄中并在剃须时自动挤出。当你获得一个创意或一组创意，并且需要使这些创意变得更好时，SCAMPER 的作用最明显。SCAMPER 在存在许多竞争性解决方案的成熟市场中最为奏效。

步骤

一个团队的任务是对拥有 50 家店铺的公司的销售方式进行创新，使每家店铺都能及时了解公司的最新产品、技术、政策和

1 缩略词 SCAMPER 代表：替代（Substitute）、结合（Combine）、适应（Adapt）、修改 / 反映 / 曲解（Modify/Mirror/Distort）、用于其他用途（Put to other purposes）、删除（Eliminate）、重新安排 / 逆向（Rearrange/Reverse）。

程序。现有方式是每个季度调用数位培训师为每家店铺进行现场培训。该团队利用 SCAMPER 技能形成创意，以改进知识的转移过程。

1. 定义待完成的任务

在使用该工具之前，最好先确保自己已经了解了如何利用当前流程或产品完成待完成的任务（JTBD）。请清晰表述 JTBD 和实现其解决方案的当前方法。提醒团队以 JTBD 为重点形成创新解决方案（具有更高的价值商数），而不只是对当前解决方案进行渐进式改进。如需更多信息，请分别参考待完成的任务（技能 1）、结果预期（技能 3）和价值商数（技能 4）。

SCAMPER 的另一个变体是 SCAMMPERR（其中，两个 M 分别表示增大和缩小，两个 R 分别表示颠倒和重新安排）。

---

2. 应用 SCAMPER

讨论 SCAMPER 提出的问题，列出团队的创意。牢记以下技巧：

- 使团队成员都积极参与，规则很简单：每人针对每个问题提出一个创意。
- 利用问题激发创意，不要在回答问题时陷入停滞，任何人都不能在练习时对创意进行批评或评价。

- 创意是否与激发创意的问题直接相关并不重要。
- 与多个问题匹配的创意有可能重复提及。

表 19.1 展示了该团队提出的改进销售培训流程的创意。

3. 审核创意

团队完成了所有提问后的构思，然后应审视一览表是否存在重复。将相似的创意结合起来，但不要抛弃任何创意。你可以使用 KJ 方法（技能 30）或创意分类和完善（技能 31）等技能来筛选值得进一步发展的最佳创意。

表 19.1　SCAMPER 准则和实例（销售方法创新）

S	替代	考虑以其他东西替代部分产品、服务或流程。寻找可以被替代的东西，你往往能够提出新创意。 典型问题：为了实现改善，能替代的东西是什么？该如何替代地点、时间、材料或人员？ 实例：在线培训、与培训师聊天、会议（视频或音频）、利用计算机进行培训、图书馆（电子图书馆、实体图书馆）、员工自学、在职培训、录课教室（7 天 × 24 小时，分为多个单元，任何人都可以重复学习任意单元）、小组讨论、邮件培训。
C	结合	考虑将两部分或更多部分相结合，形成一个不同的产品或流程，或增强协同作用。 典型问题：我可以结合哪些材料、特征、流程、人员、产品或元件？在哪里可以形成协同作用？ 实例：将课堂培训与在职培训、图书馆学习、培训会议、自学、在线培训会议相结合，合并店铺（减少店铺数量），尽可能地将引导与培训相结合，将工作与培训相结合，把经过培训的人员和未经培训的人员安排在一处，并让经过培训的人员对未经培训的人员进行培训。

（续表）

A	适应	考虑可以改变产品或服务的哪些部分来解决问题，或者可以怎样改变产品或流程的性质。 典型问题：我可以改变产品的哪一部分？能够换来什么？改变一个元件的特征会怎样？ 实例：注意参与者的变化，将培训材料转化为图纸或活动挂图，将经过培训的人员和未经培训的人员安排在一处，然后经过培训的人员对未经培训的人员进行培训，一次培训可以由一个培训师拍摄一个视频，然后复制并分享（反复使用）。
M	修改	考虑完全改变当前解决方案，或以一种不寻常的方式改变其中的一部分。强迫自己构想出新的工作方式，这往往会激发你创造出替代性产品、服务或流程。 典型问题：如果歪曲或夸大一个特征或组成部分将会怎样？如果以某种方式修改流程将会怎样？ 实例：改变培训媒介，由教室变为计算机培训、音频或视频培训、在职培训；改变培训模式，由使用纸笔学习变为网络学习，减少培训点，增加每批受训人员的人数，集中培训，随时培训。
P	用于其他用途	考虑如何将当前解决方案用于其他用途，或者可以重复使用什么来解决创新问题。你可能会考虑能够完成待完成任务的另一种方法，或者为产品找到另一个市场。 典型问题：我还可以在其他什么市场使用该产品？谁可能会使用该产品？ 实例：参考图书馆中的培训、在礼堂中培训、以电影或戏剧的形式培训、以游戏或迷宫的形式培训、先培训一组人员再让他们成为内部培训师对其他人进行培训。
E	删除	考虑如果去掉产品、服务或流程中的每个组成部分将会怎样？考虑在这种情况下你会怎么做。这往往会激发你构思处理问题的不同方法。 典型问题：如果去掉其中一个组成部分将会发生什么？如果没有常规方法，还可以用什么方法实现该解决方案？ 实例：培训没有教室、没有培训师、虚拟培训师、消除时间限制、随时培训、一个培训师一次培训拍摄一个视频、视频不可以重复播放和复制。
R	反向	考虑如果把问题、产品或流程中的某一部分颠倒过来或采用不同的顺序，该怎么做？如果必须以相反的顺序去做呢？ 典型问题：倒过来做将会怎样？如果将完成顺序或使用顺序倒过来会怎样？如何取得相反的效果？ 实例：学习者就是培训师、培养培训师、建设图书馆、准备内部培训和培训师。

参考资料

- MICHALKO M. Thinkertoys: A handbook of creative-thinking techniques[M]. Ten Speed Press, 2010.

技能 20

书面头脑风暴 6-3-5

鼓励机会均等的构想

书面头脑风暴 6-3-5 是经典头脑风暴法的一种改良形式。它鼓励所有团队成员平等参与集体讨论，以书面的形式表述创意，而不是像经典头脑风暴那样口述。例如，如果你的团队中有一半成员支持发布一个新的产品系列，而另一半成员反对，那么书面头脑风暴将会使团队成员有机会表达他们的创意，而不受任何评论或批评的影响。

当团队有被特定参与者控制的风险，或者团队成员因团队构成不愿说出自己的观点时，此项技能尤其有效。不过，如果你正在寻找更具创造性的观点，刺激与迁移（技能 24）或创造性挑战（技能 17）等技能可能效果更好。

书面头脑风暴 6-3-5 这一名称的意思是 6 个人在 5 分钟内写下 3 个创意。实际上，人数略多或略少时，该工具同样效果良好。

步骤

你建立了一个网站，消费者注册后可以学习公司的在线培训课程。但你发现一个问题：进入注册流程的人中有 35% 未完成注册就离开了网站。你的团队可以使用书面头脑风暴 6–3–5 列出可能的原因，并找出能够缓解这种现象的创意。

1. 选择参与者

如果参与人数超过 8 人，请将他们分组。如果参与人数不到 4 人，则应采用其他的创意技巧，如想象性头脑风暴法（技能 21）或随机刺激（技能 23）。无论采取哪种方式，参与者团队既要包括对当前问题比较熟悉的人员，又要包括能够催生新观点的局外人。

如果组内气氛比较紧张，你可以使用书面头脑风暴 6–3–5 化解这种情绪，鼓励大家积极参与。

---

2. 形成创意——第 1 轮

向每位参与者分发一份书面头脑风暴 6–3–5 工作表（参考表 20.1）。在工作表的第一行，参与者需要写下 3 个可能完成待完成的任务（JTBD）的潜在创意。每人有 5 分钟的时间默默地写下他们的创意（虽然最初的几轮可能需要的时间较短）。提醒团队成员书写时应注意字迹工整，便于他人阅读。

切记，书面头脑风暴需要安静，因此在记下所有创意之前不允许说话。仅允许参与者对工作表上记录的其他创意进行解释。

3. 形成创意——第 2 轮

每个人填写完全部三个创意后，将工作表传递至下一个人，

表 20.1 书面头脑风暴 6-3-5

待完成的任务： 减少网站上未完成预订的用户数量		日期：2013 年 10 月 30 日 团队：1 成员：伊丽莎白
1	2	3
在开始预订流程之前弹出登录页面，消费者可以在登录后重新开始预订流程。	提供带有快捷代码的纸质目录来识别课程，预订时与消费者资料一同使用。	发送自动邮件找出交易未完成的原因，并提供帮助。
将用户详细情况存储在本地，便于系统自动识别。	使网站的搜索功能更加准确，对用户更友好。	对未完成的交易进行电话跟进。
允许多个消费者同时预订相同的课程。	允许消费者修改他们选择的课程，而无须重新开始。	在支付前，将订单保留 24 小时。
减少必填项目。	使网站更加易于使用。	为消费者提供奖励。
允许消费者在同一笔交易中预订多门课程。	简化在线预订流程。	对单笔订单预订多门课程给予折扣。
为消费者提供预订历史记录，在他们登录时列出未完成的交易。	增加一个弹出窗口，当他们未完成交易而关闭浏览器时，发出警告。	根据用户资料推荐课程。

让他继续添加三个新创意或对已经列出的创意进行修改。无论采用哪一种方式，新的回应应当写在第二行。同样，规定时间为5分钟。

不要将工作表传递一圈。参与者可以将填完的表格放在桌子中间，团队成员可以根据自己的实际情况决定填写工作表的节奏。

4. 继续形成创意

重复这个循环，直至每位参与者都在所有的工作表上写下三个创意。如果你的团队有6个人，就会产生108个创意。你现在可以花些时间讨论、澄清、重新定义和合并类似的创意，然后列出各种创意以便利用其他发现技能进一步分析。

技能 21

想象性头脑风暴

大智若愚，创新思维

想象性头脑风暴帮助你远离那些可能阻碍你发挥创造力的实践行为。比如说你正在为获取东南亚市场份额而努力。利用想象性头脑风暴，你可以用奇珍异兽来取代市场份额，专注于获取东南亚的奇珍异兽。完成一次想象性集体头脑风暴之后，你兜了个圈子又回到了原点，根据原来的问题对创意进行改进。

当你努力围绕某个特定的领域形成创意时，想象性头脑风暴鼓励创造有趣的氛围、提出疯狂的想法，人们可以在对问题的技术方面没有深入了解的情况下参与讨论。

如果你在进行想象性头脑风暴之前进行了经典头脑风暴，你就会找到最亮眼和最平庸的创意。在想象性头脑风暴中，你可以鼓励团队超越这些创意。

步骤

假设你是本地一所院校的历史系教授。你和同事在让学生按时交作业方面遇到了困难。这个话题每周例会都会提及，但每次想出的办法都是一样的，并且从不奏效。看看创造性头脑风暴如何帮助你的团队形成新创意，摆脱困境。

1. 识别真正的问题要素

审视问题或待完成的任务（JTBD），识别以下关键要素：

- 发生了什么？（动作）
- 动作的接受者是谁或什么？（宾语）
- 行动发生在什么地方？范围是什么？（语境）
- 谁执行该动作？（主语）

说服学生按时交作业，我们可以识别动作（说服）、宾语（学生）和语境（按时交作业）。主语（教授）未直接表达。在想象性头脑风暴工作表上写下你的答案（表 21.1）。

2. 头脑风暴的想象性要素

对于步骤 1 中识别出的每个要素，想象几个替代者。例如，我们可以使用大猩猩、骑自行车的人或外国人来替代学生。按时交作业可以变为带走垃圾或清洁耳朵。

表 21.1 想象性头脑风暴工作表

1. 真实的 JTBD			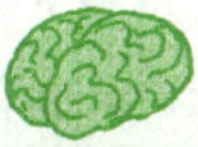	
说服学生按时交作业。				
2. 真实的问题要素			**5. 想象性问题创意**	**6. 在实际问题中的应用**
动作	正在发生什么？	说服	公开检查耳朵	大声点名，要求点到名字的学生在全班同学的面前交作业
宾语	动作的接受者是谁或什么？	学生	每位学生检查另外一位学生的耳朵是否干净	要求学生分组完成作业；要求学生相互评分
语境	动作发生在什么地方？范围是什么？	按时交作业	提供有吸引力的清洁剂	下课后在学校咖啡厅做作业，茶点免费；减少作业量
主语	谁在执行动作？	教授	开展耳朵清洁比赛	在学校杂志上对最优秀的作业进行特别报道；举办与作业内容一致的竞赛；用考试替代作业
3. 想象性要素			向定期清洁耳朵的学生提供奖励	按时交作业加分
动作	正在发生什么？	娱乐、贿赂、阻止	展示脏耳朵的照片	向学生说明不完成作业的后果（课程不及格、名字公布在大厅的差生表上）
宾语	动作的接受者是谁或什么？	大猩猩、骑自行车者、外国人	展示脏耳朵异味和外观的综合案例	邀请演讲者说明大学教育的价值
语境	动作发生在什么地方？范围是什么？	带走垃圾、清洁耳朵		
主语	谁在执行动作？	歌手、猫、足球运动员		
4. 想象性 JTBD				
说服学生按时清洁耳朵				

经典头脑风暴一般揭示的是位于意识表面的观点。想象性头脑风暴则利用虚幻的情景进行更深层次的研究，从而激发潜意识的创造性。

3. 给出想象性问题说明（或 JTBD）

选择一个对你来说最为棘手的要素，将其替换为想象性说明。在我们所举例子中，我们可以使用想象性要素替代按时交作业，把问题变为要求学生们按时清洁耳朵。

一次只替换一个要素，这样你就能更加容易地将你的创意转化为问题说明或 JTBD。

4. 解决想象性问题

现在，通过集体头脑风暴，提出解决想象性问题的方法。例如，如果脏耳朵是校园中真实存在的问题，你可以公开检查耳朵，在卫生间提供清洁剂或对耳朵最干净的学生给予奖励。

5. 将想象性创意应用到实际问题中

想出了尽可能多的创意后，应当尝试将每个创意与原问题关联起来。将创意分为三类或许有所帮助：

- 不用更改就可以直接应用于原问题的创意。
- 在应用于原问题之前需要进行修改的创意。
- 无法使用或修改的创意，但包含能够激发新创意的要素。

在每个创意上花费几分钟，无论它看起来有多么不可能。

如果你最终未能获得足够多的可行创意，可以考虑替换另一个要素，提出另一种想象性说明，然后重来一次。或者，尝试其他的创意形成方法，如创造性挑战（技能 17）或随机刺激（技能 23）。

技能 22
概念树
利用当前创意产生更多创意

概念树技能，即：从一个创意出发，利用该创意识别概念或关联见解，从而获得替代性创意。例如，香水设计师可以探索某个新香水创意背后的概念，然后创造一种能够自然增强个人信息素（pheromone）的方法。

将现有创意作为未开发创意的启发来源，概念树可以帮你为旧的问题想出新的方法。如果你原来的创意太平庸，存在太多的限制或者难以付诸实践，概念树同样非常有用。

一些人将这项技能称为概念扇，或概念抽象和替代选择。如需了解更多信息，请参考 De Bono E, Zimbalist E. *Lateral thinking*[M]. London, UK: Penguin, 1970.

步骤

我们想要提升公司的形象。现在有几个一般性的创意，我们可以利用概念树技能形成多个可付诸实践的创意。

1. 就待完成的任务达成共识

在白板或活动挂图上，写下待完成的任务（JTBD）。在我们所举例子中，我们有一项相当泛泛的任务，那就是提高公司形象。我们可以利用划定任务范围（技能 9）或九窗法（技能 8）更好地定义它，不过既然我们拥有数项满足该 JTBD 的一般创意，不妨看看概念树能够将我们带到哪里。

2. 列出创意

然后，列出执行 JTBD 的创意。目前，对于上面的案例来说，创意包括：降低环境影响、回馈社会和发起公关活动（图 22.1）。

虽然创意和概念这两个词语常常可以互换使用，但在概念树技能中，它们具有不同的含义。概念是指实现目标的一般做法，而创意则更加具体，实践性更强。

---

3. 形成概念

对于每个原始创意，利用头脑风暴讨论相关但又非特定的概念。确保没有一个概念与原始创意相同。例如，如果你试图降低

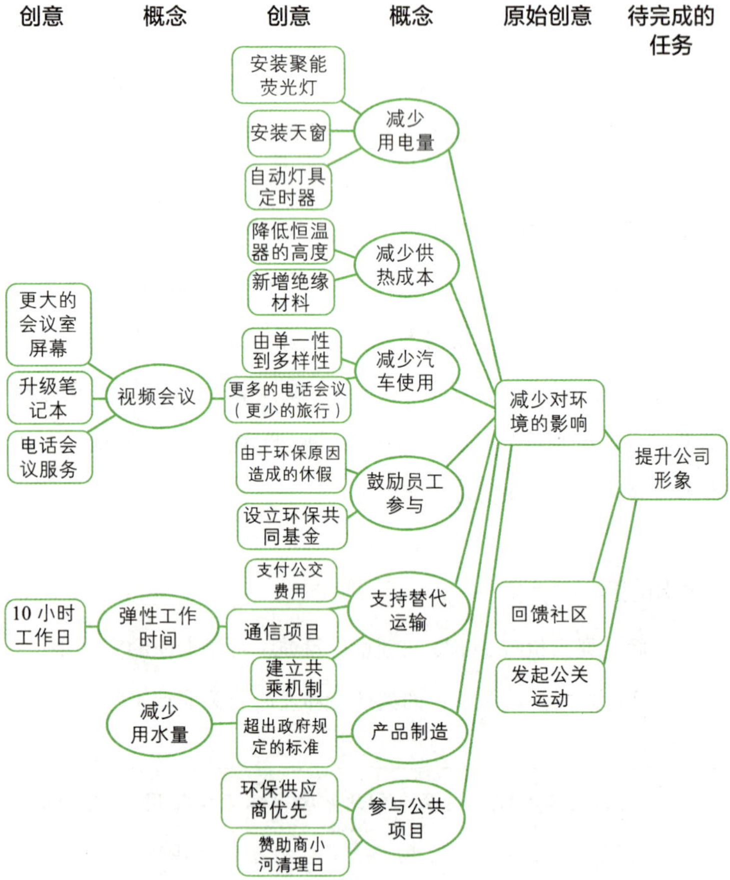

图 22.1 概念树格式

在此例中，我们从提高公司形象的三个一般创意开始。通过仅对其中一个创意应用概念树（降低环境影响），形成了 19 个更加具体的创意，而且这些创意的实践性更强。

对环境的影响，有人可能会提出绿色环保的概念，但它实际上只是对该创意的重述。

4. 形成替代性创意

对于头脑风暴得到的每个概念，列出你想到的新创意。这可以通过典型的头脑风暴法完成，但是每个创意必须与概念相关。如果你还需要添加更多的概念，尽管添加。这些概念可能会产生新的创意。

概念就是你的原始创意与概念树帮助你形成的替代性创意之间的连接点。

5. 继续推进

重复步骤 3 和步骤 4 直至团队用完概念和创意。如果你有一个以上的原始创意（正如在此例中），不要忘了将概念树应用到你的其他创意中。完成后，你可以列出可以利用某项技能如 KJ 方法（技能 30）整理创意清单。

技能 23
随机刺激
利用无关图片或词语产生新创意

在随机刺激的过程中，参与者利用自由联想和任意图片或词语形成新创意。例如，观看赛车的图片可能会联想到赛车场，但它可以帮助你想出一种除去水中盐分的新方法。

各项技能，如随机刺激，一眼望去可能与新创意的形成关系不大，但是像这样摆脱心理惯性正是形成创意所需要的。随着时间的推移，人类在处理信息的过程中自然而然地建立起了逻辑模式，创造性思维渐渐显得不同寻常。激发创造性的唯一方式是跳出这些固定的模式，随机刺激便是实现该目的的一种方法。

随机刺激可以是任何类型的信号——词语或图片，甚至声音或气味——它迫使你将自己的思想转移至当前焦点和联想以外的其他地方。

步骤

发展中国家各阶层的可支配收入都在增加，汽车公司开始用新产品对此做出回应。其中许多产品专为低收入的消费者而设计。这些新的驾驶者为市场创造了另一个机遇——对汽车保险的需求。

1. 识别待完成的任务和结果预期

团队全体对待完成的任务（技能 1）和相关的结果预期（技能 3）取得一致意见。在本例中，待完成的任务是为发展中国家新出现的低收入驾驶者投保。对于这项工作而言，消费者想要实现的期望结果可能包括：快速购买和生效、使用简单（索赔和服务）、成本尽可能低、政策符合法律标准。消费者想要避免的非期望结果可能包括：保费过高、套路过多、从购买到生效的时间过长。

对于提供商，他们想要实现的期望结果包括获取新消费者的保险费，提高消费者满意度。想要避免的非期望结果可能包括：事故与索赔数量的增长不成比例、大量消费者危险驾驶习惯、大量消费者不缴纳保险费。

这些结果划定了随机刺激所形成创意的范围。

你可以利用随机刺激技能为一项 JTBD 或者结果预期形成解决方案创意（参考图 23.2 中的实例）。

2. 选择随机刺激

随机选择与 JTBD 不存在直接关系的一个词语或一幅图片。

如果你选择的是一个词语，那么就利用以下这些常用方法（或者你自己的方法）中的一种选择一个名词：

- 使用词典或同义词词典，随机选择一个页码和条目编号（如：把 169 页第 10 条作为你随机选取的词语）。或者使用杂志或报纸，随机选择一个页码、词语编号或段落。
- 参考随机词语列表（表 23.1），选择一个编号，然后数到该列表上的那个单词。
- 你也可以使用随机词语生成器，如 www.randomwordgenerator.com。

利用表 23.1 中的 150 个单词激发新的创意。但是不要只选择你喜欢的单词或图片——随机性最关键。随机刺激与 JTBD 相差越远，形成创意的可能性越大。

如果你想使用一张图片，就选择能够清晰展示一个动作并激发积极情感的图片。另外，还要牢记以下几点：

- 使用真实的照片，彩色照片最好，彩色能够激发更丰富的情感。不要使用剪贴画或漫画，因为它们描绘了人或事物的特征，可能会限制自由联想和创造性。
- 避免使用可能产生争议、引起冒犯，或令人沮丧的内容（如表示战争、裸体、葬礼的图片）。不要使用令参与者感到尴尬的图片。

- 有关旅行、电影、运动、时事、自然的杂志和书籍都是寻找照片的好地方。

表 23.1 随机词语列表（示例）

舌头、塑料、扳手、星星、美食家、金钱、手电筒、骰子、帆板、丝带、照相机、罐头、铅笔、别针、西瓜、汽水、胶带、项链、模子、排水沟、宝石、房子、水沟、燃料、音乐、废纸篓、X 射线、杯子、油漆、灯、肚子、雨、望远镜、膝盖、柱子、香槟、顶端、豆子、天使、学生、嘴唇、鲑鱼、肺、汽油、浴盆、狐狸、烟囱、比基尼、监狱、税收、圆顶建筑、壁炉、斧子、吸烟、裁判、瓶塞、小溪、星球、金鱼、藤、原子弹、雨伞、圆锥体、洪水、青蛙、肋骨、桌子、椅子、毛巾、窗户、锁柜、玩具、讲台、茶碟、彩虹、阿米巴虫、磁盘、指甲、大米、草、篱笆、马、棚屋、叶子、小鸟、拖拉机、奥林匹克运动会、吸管、镜子、章节、真空、面包、旋风、肉汁、翡翠、团伙、钳子、双筒望远镜、工作室、长尾小鹦鹉、指甲、草地、球棒、勒马绳、拉链、排水沟、排水孔、肘、杂草、纸张、假发、道路、桑拿、绳索、鸭子、地板、书籍、广播员、尿布、蛋糕、鲜花、三明治、湖泊、闪电、蜡烛、王冠、果酱、化石、宠物、尺子、马戏、插头、教练、壁纸、火腿、信封、演员、骚乱、黏土、列车、电视、车库、体育馆、模子、侦探、杂志、奖章、冰箱、声呐、汽车

如需了解自动随机图表生成工具的有关信息，请登录 www.brainstorming.co.uk/onlinetools/randompicture.html.

3. 利用头脑风暴法进行联想

挑选好一个随机单词或一幅随机图片后，问问团队这个随机刺激让他们联想到什么。我们选择了仓库一词激发联想，这个单词来源于某天的《华尔街日报》的头版。这个词又可以与汽笛声、库存、叉车、安全、无线射频识别、分配、货架等词语相关联。

以随机单词或图片（图 23.1）为起点，呈放射状引出若干条

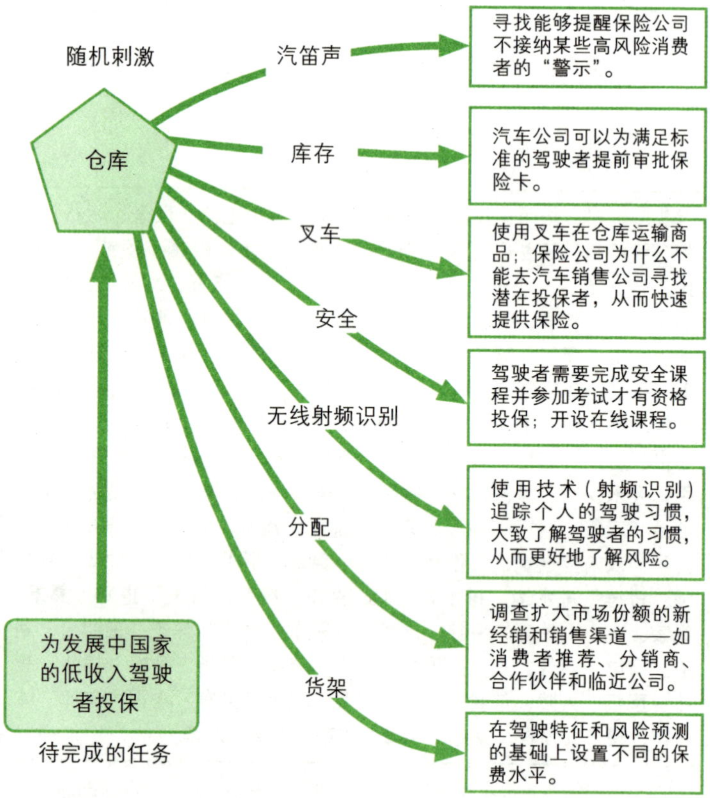
随机刺激
仓库
汽笛声
库存
叉车
安全
无线射频识别
分配
货架
为发展中国家的低收入驾驶者投保
待完成的任务
寻找能够提醒保险公司不接纳某些高风险消费者的“警示”。
汽车公司可以为满足标准的驾驶者提前审批保险卡。
使用叉车在仓库运输商品；保险公司为什么不能去汽车销售公司寻找潜在投保者，从而快速提供保险。
驾驶者需要完成安全课程并参加考试才有资格投保；开设在线课程。
使用技术（射频识别）追踪个人的驾驶习惯，大致了解驾驶者的习惯，从而更好地了解风险。
调查扩大市场份额的新经销和销售渠道——如消费者推荐、分销商、合作伙伴和临近公司。
在驾驶特征和风险预测的基础上设置不同的保费水平。

图 23.1　使用单词进行的随机刺激

线，在每条线上记录一个联想。任何答案都可以，不要进行评价，也不要进一步探索创意。

如果你使用的是图片，就问问参与者该图片讲述的内容、人物、时间、地点、原因和方式。

---

4. 形成创意

讨论每个联想，确定如何将其转变为与 JTBD 有关的有形创意（记住相关的结果预期）。例如，对叉车的联想可能形成这样一个创意：将保险公司带给消费者，满足期望的消费者结果预期，快速购买快速生效。汽笛声、安全和货架可能会告诉供应商如何避免非期望的结果预期（被有危险驾驶习惯的消费者纠缠）。

要看到联想和 JTBD 之间的关系似乎比较困难。其诀窍便是一直尝试。在大多数情况下，会有人进行联想循环，并最终形成创意。如果不行，就选择另一个随机刺激重试。

在利用随机刺激的创意之时，当然是创造性和创新性越高越好。平淡的、过时的、没有创造性的、不能与时俱进的想法必然会使你难圆创新之梦。

---

5. 审核创意

形成创意后，请审视创意一览表。如果还需要更多的创意，请利用另一个随机刺激重复这些步骤。或者尝试另一种创意形成技能，如刺激与迁移（技能 24）。

图 23.2 是另一个将图片用作随机刺激的案例。在该案例中，提高员工士气这项任务的结果预期是最大限度地降低与活动相关的成本。

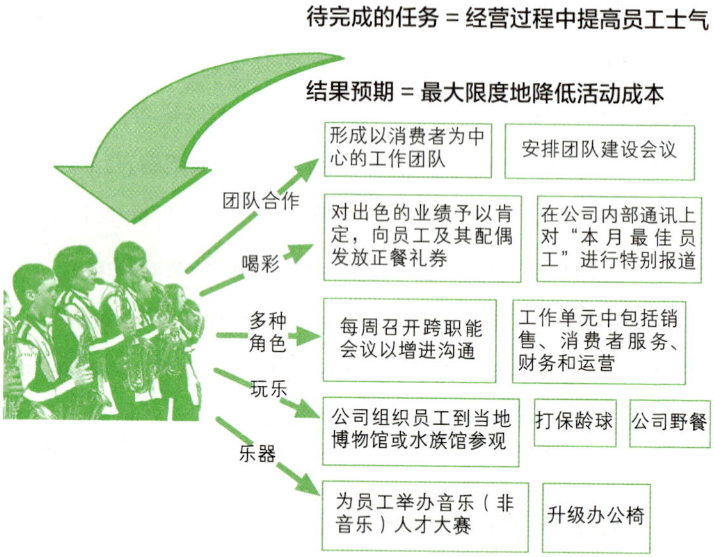
待完成的任务 = 经营过程中提高员工士气
结果预期 = 最大限度地降低活动成本
团队合作
形成以消费者为中心的工作团队
安排团队建设会议
喝彩
对出色的业绩予以肯定，向员工及其配偶发放正餐礼券
在公司内部通讯上对“本月最佳员工”进行特别报道
多种角色
每周召开跨职能会议以增进沟通
工作单元中包括销售、消费者服务、财务和运营
玩乐
公司组织员工到当地博物馆或水族馆参观
打保龄球
公司野餐
乐器
为员工举办音乐（非音乐）人才大赛
升级办公椅

图 23.2　利用图片进行随机刺激

技能 24

刺激与迁移

打破思维障碍

刺激与迁移的总体理念是创造一条令人震惊的陈述，它足够强大，可以使人们摆脱心理惯性——自身惯常的思维方式。例如,“我们需要获取消费者来创收”是一条陈述，有人会觉得这条陈述理所当然。然而，如果我们说“我们不需要获取消费者来创收”，这种刺激必然会引起讨论，指引我们看到另一个方向，产生新的创意。

同样，刺激与迁移是产生创意的最佳工具之一——质疑现状，想象“如果……将会怎样”，你就会在震惊中发现一个全新的世界。

通常，失望是形成刺激，并向更好的产品、服务或解决方案迈进的原始动力。大来卡（Diner’s Club Card）是所有信用卡的先驱。每次吃饭总要用现金支付，会令人觉得很不方便，大来卡便应运而生了。如今人们从使用信用卡交易

变为使用智能手机和平板电脑进行交易，这是另一个巨大演变，没有人对此惊奇。

步骤

Private Tools 公司按照奥运会场馆的标准为私人房主设计和建造游泳池。最近，公司发现自己的利润骤然下降，部分原因是住房市场销售额的下滑。一个跨职能团队希望利用刺激与迁移发现扩大公司市场份额的新方法。

刺激与迁移的目标是提高结果的满意度，或者形成解决方案，使你更好地完成任务。

1. 选择一个焦点

选择一个聚焦点——你需要发现独具创意的产品、服务、流程或经营模式。列出该焦点当前的特点、特征和其他特性。你可以使用头脑风暴或创造性挑战等方法制作一览表。

如果创意起初看上去不荒谬，也就没什么前景了。

——阿尔伯特·爱因斯坦

2. 提出现实陈述

从特征一览表中选择一个项目，给出一条能够代表当前现实情况的陈述。通常情况下，该陈述能够反映出消费者预期满足度较低，或者解决方案难以完成任务。这个陈述也可以是被认为理所当然的或很少被质疑的事物。例如，Private Tools 团队选择了这样的陈述：私人游泳池需要较大的户外面积。忽略这一传统观念就能够扩大公司产品的影响范围，将消费者群体扩大到那些没有大院子或居住在寒冷地区的人。

刺激就是一块垫脚石，它使你从不合逻辑的思维中获取有用的观点，同时需要注意创新的价值商数（参考价值商数技能以了解有关此概念的更多信息）。

---

3. 制造刺激

在当前现实陈述的基础上，形成几个刺激思维（PT）陈述，以不寻常、异想天开、荒谬或者不合逻辑的方式背离当前的现实情况（表 24.1）。将对刺激的认知停留在表面，不要急于做出判断。现在还不是质疑这些说法有效性的时候，也不是阻止自由创新的时候。刺激思维一般分为四类：

- 否定：以相反的立场对抗当前的现实。
- 逆向：逆转对当前现实的看法。
- 夸大：将当前的现实情况夸大到一种难以置信或者极端的

状态（无论哪种方向）。

- 想象：想象“如果……”，当前的现实情况会有什么不同。

在心理学领域，否定妄想（科塔尔氏综合征）被视为精神错乱的一种。不过，在创新的世界里，有一点精神错乱倒是一件好事，只要它能够引导你为待完成的任务找到之前从未想到的解决方案。

表 24.1 刺激与迁移

<table>
<tr><th>当前现实情况</th><th colspan="2">刺激</th><th colspan="2">迁移</th><th>创意</th></tr>
<tr><td rowspan="4">私人游泳池需要较大的室外区域。</td><td>否定</td><td>私人游泳池不需要较大的室外区域。</td><td>引出一个理念</td><td>游泳池不一定要占用地面面积。</td><td rowspan="4">开发一个具有大游泳池功能的小游泳池。
创造一种可以游泳的水“管”。
有一系列工具将游泳池在冬季变为溜冰场。
设计一种可以练习游泳姿势的浴缸。
设计屋顶游泳池。</td></tr>
<tr><td>逆向</td><td>较大的室外区域需要一个私人游泳池。</td><td>引出一个理念</td><td>在较大的户外区域建设游泳池，如前院、屋顶和公园。</td></tr>
<tr><td>夸大</td><td>私人游泳池只需要浴缸一样大的地方。</td><td>注重差别</td><td>室外和室内、大面积和小面积、深和浅、静止的水和流动的水。</td></tr>
<tr><td>想象</td><td>如果美国每家每户都有一个私人游泳池会怎样？</td><td>一环接一环</td><td>游泳池市场急剧扩大；价格明显降低；对公共游泳池的使用减少。</td></tr>
</table>

BMGI 版权所有，2012。请登录 www.innovatorstoolkit.com 下载空白图表。

4. 从迁移中生发创意

步骤 3 形成的刺激思维需要团队跳出其一般框架或参考范围。下一步，应用一个或多个迁移技能，使这些刺激性思维陈述更加现实和可行。迁移技能分类如下：

- 一环接一环：刺激思维发挥作用时，设想一下将会发生什么情形。例如，美国每家每户都有一个游泳池（想象型刺激思维），游泳池的市场将会急剧扩大，价格会明显降低。对公共游泳池的使用也会相应地减少。
- 引出一个观念：找出刺激思维背后隐藏的概念，在此基础上形成新的创意。例如，团队可以利用逆向型刺激思维（较大的室外区域需要一个游泳池）引出一个观念，即在较大的室外区域如前院、屋顶和花园建造一个游泳池。
- 关注差别：列出刺激性思维和当前现实情况之间的诸多差别。例如，私人游泳池和浴缸（夸大型刺激性思维）之间的差别包括室外和室内、面积大和面积小、深和浅、静止的水和流动的水。一个或多个的这样的差别能够使团队以一种全新的方式思考游泳池。

刺激思维如果离开了可以实现激进创意的有效行动，就会显得不可能、愚蠢、疯狂或者可笑。

---

5. 审核创意

在对刺激思维进行迁移后，请列出需要进一步探索的创意。你的创意可能是现成的解决方案，不过，刺激和迁移可以将你推向可能性的边界。在这种情况下，你可能需要利用结构化抽象

（技能 26）或分类原则（技能 27）帮助你克服创意中固有的物理或技术矛盾。

现实生活实例

文卡塔斯万尼（G. Venkataswanmy）博士（1918—2006）是一位眼科医师。他的一生漫长而又富有传奇色彩，把毕生的精力用于在祖国印度消除失明和失聪。文卡塔斯万尼博士只使用了一种方法便使自己的梦想变为现实——一种白内障手术的新方法。他利用大量生产和商品化原理让此项手术在印度的成本由 300 美元降至 50 美元（在美国白内障手术的成本约为 2500 美元）。

为了实现这个颠覆性的突破并完善自己的系统和方法，文卡塔斯万尼博士不断批判和挑战当时的假设、设备和程序。只有一个问题指引他的行动：怎样才能使数以百万计的贫困人群（他们中的大多数人每天收入不足 2 美元）享受重要的眼部护理？

多年来受到该现状的刺激和影响，这位医生在 1977 年开办了他的第一家医院（Aravind 眼科诊所），设有床位 30 张。自从 2011 年起，Aravind 旗下的眼睛护理机构已经服务了 3200 万病人，完成了 400 万台手术，其中包括 8 家医院（总共 4000 个床位）、农村地区的 40 个视力中心和 7 个社区眼科诊所。

仅在 2011 财政年度，Aravind 医疗系统就接待了 260 多万次门诊，大约完成了 30 万台手术。

无疑 Aravind 模式是全世界的医疗机构和医疗系统的考查目标。如果我们能够类似地将一部分、大多数或全部医疗和手术商品化将会怎样？先行者已经为一些复杂的高成本手术如心脏搭桥手术找到了替代品。在美国该手术的成本一般约为 50000 美元，而在印度类似的手术只需要 2000 美元。

参考资料

如需了解更多有关刺激和迁移方法的信息，请参考：

- DE BONO E. Serious creativity: Using the power of lateral thinking to create new ideas[M]. New York: HarperCollins, 1992.

技能 25

强迫联想

关注其他行业的解决方案

强迫联想鼓励你避开当前的范例——无论是产品、你所在的行业或自身问题的解决方法，从看似无关的领域发现解决方案。

历史上一些重大进步就是对其他行业的解决方案进行学习和应用的结果。例如，在 15 世纪中期，大型印刷机最新的关键部件——将图片由金属活字转移到纸张上，就是由酿酒业中的酿酒压榨机改装而成。

为了拓宽思路，你可以钻研不同行业、学科、兴趣爱好和文化（例如在医院当志愿者或者出国在一种新文化中工作）。你可以组建一个团队，利用集体的力量接触多种行业和观点。或者，你可以利用强迫联想主动让团队脱离当前范式，找到此前解决该问题的实例。

开放创新社区如 NineSigma、InnoCentive 和 AlliedMindStorm.com 的成功证明了走出你当前所在的行业去寻找解决创新问题所缺少的环节具有重要价值。

步骤

加利福尼亚州东谷市的一家乳牛场的第二大产品为肥料，其市场需求正在不断增长。唯一的问题是未处理的肥料含有大量的水分，过重因而不便于运输，无法吸引到买家，施肥也不方便。农场主需要找到一种方法，去除肥料中过多的水分。

图 25.1　东谷市一家乳牛场上的霍斯坦乳牛

它们白天吃专用饲料，这种专用饲料可以让乳牛保持健康，产出更优质的牛奶。乳牛的粪便用作农场肥料，或者在市场上出售，以满足其他农业需要。

1. 发现问题

首先第一步是对待解决的问题达成一致。在乳牛场案例中，农场主需要去除肥料中过多的水分。

2. 提取核心功能

要进行强迫联想，你必须从问题中提取核心功能。换句话说，你必须简化和去掉问题陈述中的行业术语，这样你就能将注意力放在功能上。例如，农场主可以去掉“过量”和“水分”这两个词，并使用“物质”来代替“肥料”从而使问题变得更加通用。因此，简化后的问题陈述为“去除物质中的水分”。

其他实例包括：

- 具体问题：防止喷墨盒中的墨水变干。
  通用问题：防止液体蒸发。
- 具体问题：生产一种耐用、便宜、轻便、舒适的布料（不易磨损、破洞、裂缝、钩破等）。
  通用问题：生产一种即轻便又结实的物质。
- 具体问题：设计一种自动感应的喷洒系统，地面干燥时会自动打开。
  通用问题：测量水分含量，打开或关闭系统。
- 具体问题：降低个人电脑散热风扇的噪声。
  通用问题：降低工作部件的噪声。

3. 参考功能数据库或功能基准

如果问题为非技术性问题，就问问谁对该通用工艺比较擅长。如果问题为技术性问题，就可以使用功能数据库，如 http://function.creax.com 上的功能数据库，找到该技术问题的已知解决方案。为了便于查询，你可能需要进一步简化问题陈述。

农场主选择的功能是“去除”、形态是“液体”，数据库返回了十几种可以去除物质中水分的方法——包括离心机、蒸馏、静电学、亲水化合物、渗透和共振。可以将每种方法应用到问题中以确定其是否有助于找到解决方案。

4. 研究其他行业的解决方案

强迫联想的目标是研究其他行业用于解决类似问题的方法。如果问题为技术性问题，并且功能数据库（步骤 3）提供了一些可能的方法，你可以关注使用这些方法的行业。当提到去除物质中的水分时，已经解决该问题的其他行业包括：

- 雨天进行棒球比赛时，地面工作人员不得不清除场地上的积水。有两种方式可以实现这一目的：其一，可使用油布遮盖场地，防止积水；其二，添加吸水黏土并在外场使用挤水胶辊去除多余水分。
- 戴森烘手机使用两个非常小的开口，以每小时 400 英里的速度向手喷射气流，12 秒可以将手烘干。
- 果汁生产商为低温浓缩果汁发明了去除果汁中的大部分水分的方法——使用亲水化合物。
- 吉娃娃在从浴缸中出来或被雨淋湿后会立即使劲地将身上的水分抖干。

与结构化抽象相同，强迫联想技能试图在熟悉的知识领域之外寻找解决方案。如果你的问题本身技术性不是很强，请先尝试一下强迫联想。如果你的问题的技术性较强，那么你最好从结构化抽象开始。或者，以性质为切入点寻找解决方案（参考生物模拟，技能 29）。

5. 探索类似解决方案的适用性

在完成步骤 3 和步骤 4 之后，你可以列出潜在解决方案的综合一览表。现在，问题解决团队能够依靠他们的专业知识，确定每个解决方案的可行性。

在本例中，奶农发现其他行业的几个创意可能帮助他们去除肥料中多余的水分：

- 用油布覆盖遮挡
- 使用吸水黏土
- 使用挤水胶辊
- 高速气流
- 添加亲水化合物
- 猛烈抖动

油布法不适用于本案例，因为肥料本身含有水分，用黏土喂食奶牛也是一种不可能的解决方案。对着肥料高速吹气会把粪便弄得到处都是，在某种容器中抖动肥料或许可行，但后续需要较多资金投入。

挤水胶辊和亲水化合物的创意相对简单，成本较低。最终，农场主选取了橙汁行业中的亲水化合物作为解决方案，结果令人满意。

➲ 其他实例

在 20 世纪 90 年代晚期，通用汽车管理人员有一项任务是将保修成本削减 10 亿美元。通用公司发现，在新车发布阶段如果车辆出现偶发性故障，就会产生大量的保修成本。通用公司花费了 70 天的时间来找出偶发性故障。为找出突破性的解决方案，通用公司提出了这样一个问题：谁最擅长发现偶发性故障？他们注意到疾病控制和预防中心（CDC）一般能在 72 小时内找出食物中毒的根源。参考亚特兰大疾病控制和预防中心的流程，通用汽车公司提出多个类似创意解决了这个问题。

技能 26
结构化抽象
用 40 项可靠的原则指导创新

结构化抽象用于解决技术矛盾，这个矛盾由两个相互矛盾的变量构成。例如，你要生产一辆马力更大的汽车（A），但是这样做会降低燃油效率（B）。你想要改善关键系统因素 A，但是改善 A 的行动会影响因素 B，你不想顾此失彼。

当你已经发现妨碍创新的功能性矛盾，而其他思考技能不起作用时，结构化抽象技能就能派上用场。由于结构化抽象以科学、工程学和发明问题解决理论（TRIZ）为基础，所以运用这一技能时，最好求助于专家。

这项技能已经使用了 50 多年，但没有一位发明者给它一个正式的名称。发明问题解决理论领域中的大多数人将这项技能称为矛盾矩阵，因为矩阵就是将所有研究综合在一起，供发明者使用。结构化抽象这个名称反映了发明者应用这项技能时的重点：在一个结构化框架和流程中参与抽象思维。

➲ 背景

发明问题解决理论由俄罗斯科学家和工程师从 1946 年开始构想和开发，至今仍在商业界更新迭代并发挥影响力。发明问题解决理论以经验研究（全球专利数据库）为基础，其忠实实践者希望焦虑的发明者能够放松下来。工程师所面对的 90% 以上的创新问题至少已经在某些行业、某个地方、某个时间得到了解决。

然而，最大的困难在于对数百万发明和创新进行筛选，以发现过去哪些人的问题与你的问题相似（世界上有数百万的注册专利）。然而，即使你能够找到可以解决与你的问题类似问题的专利发明，如何才能将这些解决方案进行个性化处理，使它们能够适用于特定领域的特定问题?

发明问题解决理论的来源和结构化抽象

这些相同的问题在俄罗斯激起了广泛的研究。根里奇·阿奇舒勒（发明问题解决理论之父）在其他俄罗斯同事的协助下，耗费了约 30 年，对 20 世纪 40 年代晚期至 20 世纪 70 年代晚期，世界上约 200 万项专利的数据库进行了筛选、分析和分类。这项巨大的努力能够帮助创新者利用结构化抽象和其他发明问题解决理论工具更好地理解创新，并推进创新进程。

读者应当知道，我们本章讲述的是发明问题解决理论的升级版，它偏离了拥有几十年历史的经典发明问题解决理论，建立在英国的达雷尔·曼恩（Darrell Mann）和他的研

究团队大量辛勤工作的基础上。这项改进将会改变某些问题参数的表述、矛盾矩阵中问题参数的分组和序列，并新增了九个问题参数。（请参考步骤部分，了解术语、问题参数和矛盾矩阵的完整说明。）

此项技能开发和开始的过程如下。早期研究者对世界上的专利进行了筛选，检查它们解决的技术矛盾。通过这种方式，他们找出了39种问题参数或矛盾参数，分析它们对于解决当前的技术矛盾有害或有利。

完成这项工作后，早期的研究者提出了40项发明原则。它们非常简洁但又非常强大，在此技术上，世界上数以百万计技术矛盾得以解决。创新者很快就申请了专利来保护这些解决方案。

图26.1展示了结构化抽象这一问题解决流程的概况。应用这一流程，我们可以从一个具体的技术矛盾（创新问题）出发转换到一个一般矛盾上；然后，创新者可以利用矛盾矩阵找出可能解

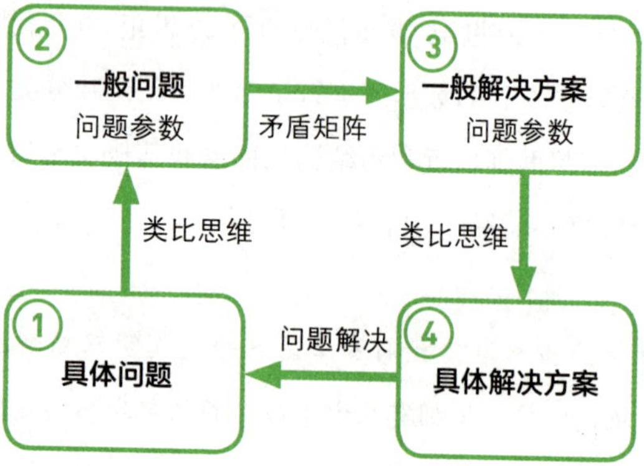

图26.1　问题解决算法

决具体问题的一般发明原则；进而利用创造性头脑风暴、开发工作和试错，为具体的技术矛盾找到具体的创新性解决方案。

最近的发展

虽然在过去的 50 年中，结构化抽象已经鼓舞和帮助了无数的创新者，但是该系统仍然不完善。在矛盾矩阵（一个很大的电子表格）中有许多单元格（1482 个中有 200 多个）并没有可靠有用的发明原则出现，这令创新者摸不到头脑。如果这一段的内容对你而言难以理解，阅读后文的步骤部分你就会明白了。

努力满足创新的简单性原则并提高问题的解决效率，可以帮助结构性抽象从一般原则具体化到针对某个特定行业，例如软件开发。一些公司制定了自己的个性化一览表，列出了问题参数，从本质上去掉与公司的经营环境无关的某些参数。（想想法律事务所、银行、化工企业的研发部门。）

2000—2003 年，英国的达雷尔·曼恩带领的一组研究人员检视了 1985 年后通过的 15 万项专利。他们解决了经典矛盾矩阵中空白单元格的问题（电子表格中某些出现交叉引用问题的单元格没有对应的发明原则）。

曼恩对此类空白的解释如下：

根据原始矛盾矩阵，特别是信息量参数（矩阵包含许多空白条目），矩阵的增长源自创新世界的不断展开，在这个

世界中新的参数在设计的过程中非常重要。例如，安全、噪音和环境因素现在比 20 世纪 70 年代重要得多。[1]

本质上，曼恩等人的工作已经使结构化抽象技能比以前更加强大和有用。曼恩的团队在 2003 年扩大了他们的分析范围，这充分体现在了“矩阵 2010 中”。我们这里使用“矩阵 2003”是因为该矩阵在公共领域可以免费下载，而“矩阵 2010”则需要购买。

如果没有阿奇舒勒和他的同事，今天这项强大的工具是否存在还是个疑问。阿奇舒勒发现，创新的初始愿景可以以一种类比的方式被系统化，而他的工作就只是将创新者的愿景变为现实。

➲ 步骤

1. 识别矛盾

如何识别一个技术矛盾？通常情况下，在任何技术领域，技术矛盾通常一望而知。对系统熟悉的工程师和技术员了解产生技术矛盾的冲突动力学。

为了识别和找出技术矛盾的特征，需要考虑两个相关的变量，系统或流程的两个部分。改善其中一个变量时，比如说提高汽车的速度，会导致另一个变量变差，如燃油里程数降低。无论你的创新挑战是什么，至少存在一个技术矛盾。

1. MANN D, DEWULF S.Updating the contradiction matrix[J].TRIZCON12003, Philadelphia, March, 2003.

2. 问题抽象化

找出矛盾及两个升高或降低的变量之后，下一步就是将每个要素转换为相关的问题参数，使问题变为一般性的问题。升级后的发明问题解决理论系统中有 48 个参数，如表 26.1 所示。

在转换的过程中，问这样一个问题：矛盾双方的根本性质是什么？这是一种抽象思维训练，因为你不得不根据 48 个问题参数中的一个重新表达矛盾的每个要素。

例如，比如说你需要在一个系统中拥有更多的热量，但是更

表 26.1　48 个问题参数

1. 运动物体的重量	25. 物质损失
2. 静止物体的重量	26. 时间损失
3. 运动物体的长度 / 角度	27. 能量损失
4. 静止物体的长度 / 角度	28. 信息损失
5. 运动物体的面积	29. 噪音
6. 静止物体的面积	30. 有害排放
7. 运动物体的体积	31. 系统产生的其他不利影响
8. 静止物体的体积	32. 适应性 / 通用性
9. 形状	33. 兼容性 / 连接性
10. 物质的量	34. 可培养性 / 可操作性 / 可控制性
11. 信息量	35. 可靠性 / 稳健性
12. 运动物体的行动时间	36. 可修复性
13. 静止物体的行动时间	37. 安全性
14. 速度	38. 脆弱性
15. 力 / 力矩	39. 美学 / 外观
16. 运动物体使用的能量	40. 对系统的其他不利影响
17. 静止物体使用的能量	41. 可制造性
18. 功率	42. 制造精度 / 一致性
19. 压力	43. 自动化
20. 强度	44. 生产率
21. 稳定性	45. 系统复杂性
22. 温度	46. 控制复杂性
23. 光照强度	47. 检测 / 测量的能力
24. 功能效率	48. 测量精度

多的热量会使系统的安全性降低。通过参考48个问题参数，你可以将对热量的需要转换为温度（参数22），你可以将对安全的负面影响转换为系统产生的其他不利影响（参数31）。

或者你的系统可能需要更多的气流，但是更多的气流会使表面冷却，这不符合要求。对更多气流的需要参考移动物体的量（参数7），而表面冷却可参考温度（参数22）。

你可以在任何有关发明问题解决理论的文本、大多数发明问题解决理论课程和无数的网页中得到39个经典问题参数的总结和解释。不过，如果你把关注放在发明问题解决理论未来的发展方向上，那么请参考达雷尔·曼恩在www.systematic-innovation.com上的著作。

---

3. 聚焦发明原则

使用矛盾矩阵（图26.2），交叉引用48个问题参数，在矩阵中总共产生2304个单元格（48×48），或2304种不同类型的矛盾。在去掉问题参数存在冲突的48个例子后，该矩阵中还剩下2256个可用的单元格。

你需要做的只是识别一般的有利或有害特征（参数），然后找到它们在矛盾矩阵中相交的单元格。在这个单元格中，你将会找到40项发明原则中的任何一项（表26.2），来解决你的矛盾。

40项发明原则是对数以百万计的专利发明进行广泛的分析和分类得出的结果。无论如何，至少运用40项发明原则中的一种来

有利特征 \ 有害特征	17 静止物体使用的能量	22 温度	26 时间损失
7 运动物体的体积	35,38,33,19	10,39,18,31	10,19,2,6,34
20 强度	35,14,17,4	35,40,9,31	19,3,10,5
32 适应性或通用性	35,16,1,19,3	35,5,19,36	28,15,29,35

列：问题参数（共 48 个）；行：问题参数（共 48 个）；单元格：发明原则（共 40 个）

图 26.2　矛盾矩阵实例

解决技术矛盾，这就是一些人将这 40 项原则称为创新的通用法则的原因。发明问题解决理论专家会告诉你，另外一个领域的另一个人在另外一个时间已经解决了你的矛盾。

如需了解这 40 项发明原则的具体实例，请访问 www.trizjournal.com/archivers/contradiction_matrix。你将会发现更多详细信息，在考虑如何应用发明原则解决具体的创新问题时，你就可以把更多的东西纳入考量。该网站还有一系列的文章阐明发明原则在各个领域的意义和应用，包括建筑、化学、教育、金融、微电子、服务运营管理等。

矛盾矩阵的单元格展示了 4～5 个发明原则，可以帮助你解决矛盾。例如，如果你从事消费品行业，那么航空业、农业或其他领域可能已经发现并应用了你所需要的解决方案。你只需要按照

发明原则应用技术矛盾算法。

例如，如果要在增加气流的同时保持表面温度恒定，你该怎么做？根据矛盾矩阵（图 26.2），交叉参考这些参数，你可以利用发明原则 10、39、18 和 31（参考表 26.2）。

当你查询原则 10、39、18 和 31 时（参考表 26.2），你会依次得到：初步行动、惰性气体、机械振动和多孔材料。现在，对于解决气流和表面温度的矛盾得到了 4 条重要线索。

4. 应用发明原则

下面是关键的——将发明原则实际应用到你的技术矛盾中。这需要强大的类比思考技能，因为你必须以找到的发明原则为指

表 26.2　40 项发明原则

1. 分割	21. 跳跃
2. 取出	22. 因祸得福
3. 局部质量	23. 反馈
4. 不对称	24. 中间性
5. 合并	25. 自助服务
6. 普遍性	26. 复制
7. 套娃式	27. 便宜的一次性物品
8. 抗权重	28. 机械学替代
9. 初步反作用	29. 气动和液压
10. 初步行动	30. 柔性壳和薄膜
11. 预先缓冲	31. 多孔材料
12. 等位性	32. 颜色变化
13. 相反	33. 同质性
14. 球状	34. 丢弃和回收
15. 动态	35. 参数变化
16. 部分过度行动	36. 阶段过渡
17. 另一个规格	37. 热膨胀
18. 机械振动	38. 强氧化剂
19. 周期性行动	39. 惰性气体
20. 有用行动的持续	40. 复合材料

导，为你最初的技术问题或技术矛盾提出具体的解决方案。

当然，仅有类比思维是不够的，你还需要在主题方面具备较深的专业知识。像往常一样不经过认真考虑就排除一些“荒谬”的发明原则，你就有可能成为思维惯性的受害者。如果你能够熟练地进行抽象思维，并能将现有的思维模式放在一边，你就会发现你所寻找的创新解决方案。

参考资料

- MANN D, DEWULF S, ZLOTIN B, et al. Matrix 2003: Updating the TRIZ contradiction matrix[M].CREAX press, 2003.

如需了解对更新矛盾矩阵的原因和方式的直接说明，请参考：

- MANN D, DEWULF S. Updating the contradiction matrix[J]. TRIZCON12003, Philadelphia, March, 2003.

本技能中的部分材料已经再版：

- SILVERSTEIN D, DECARLO N, SLOCUM M. Insourcing innovation: how to achieve competitive excellence using TRIZ[M]. Auerbach Publications, 2007.

如果你需要发明问题解决理论专家的帮助，请通过以下方式联系：

- BMGI（www.bmgi.com）

你也可以通过以下方式查找其他文章、博客、资源：

- 真正创新（www.realinnovation.com）
- 发明问题解决理论杂志（www.triz-journal.com）
- 阿奇舒勒研究所（www.aitriz.org）

技能 27

分类原则

通过四种方式分类创新问题

当某个物理矛盾阻碍了创新的步伐，而为了解决这种冲突你不想付出或只想付出最小的代价时，分类原则就能派上用场。例如，为了实现某些功能，你需要系统中的水维持在较高的温度，然而要实现另外一些功能，则需要让水保持低温。或者你想获取全部信息来做出明智的管理决定，但你又不想掌握全部信息，因为没有时间筛选。

当你发现了物理矛盾而其他思考技能无法解决该矛盾时，可以使用分类原则。你可能需要专家帮助你应用分类原则，这取决于创新项目的性质及难度。

分类原则来源于发明问题解决理论（TRIZ），不同的专家对其定义略有不同。为了简便起见，我们通过划分时间、空间、规模和条件方面的矛盾特性描述分类原则的特性。

步骤

1. 识别物理矛盾

关键的一步是弄清楚哪些变量、系统或部分与其本身矛盾。如果这一点尚不明显，请找出你想要最小化什么，以及你想要最小化或消除它的原因。以下是物理矛盾的实例：

- 我们需要旋转轮胎来调整行驶方向，避免车辆在结冰和湿滑的路面紧急刹车时打滑。但是我们不想停车时轮胎位置不正。
- 飞机需要安装起落架以便起飞和着陆，但起落架会增加飞行阻力。
- 工程师想要宇宙飞船上有较大的窗户能够看到外面，但较大的窗户又会增加宇宙飞船的重量。
- 在线搜索航班时我们想有多种选择，但同时又不想要太多选择，因为需要耗费太多的时间。

2. 考虑分类启发法

四项分类原则：时间、空间、规模和条件，它们适用于多种情况。为确定哪项原则能够解决你的物理矛盾，你可以考虑以下原则：

- 按时间分类：这项原则适用于如下情况，在时点 1，变量特性为（+P），在时点 2，变量特性为（–P）。例如，一架现代战斗机必须在着陆和作战过程中都易于操作，两种情况对机翼的几何形状的要求完全不同。在低速下（时点1），机翼最佳几何形状是无后掠翼（+P）；在高速下（时点2），机翼最佳几何形状是有后掠翼（−P）。这些矛盾的要求可通过发明可变翼来解决（图27.1）。

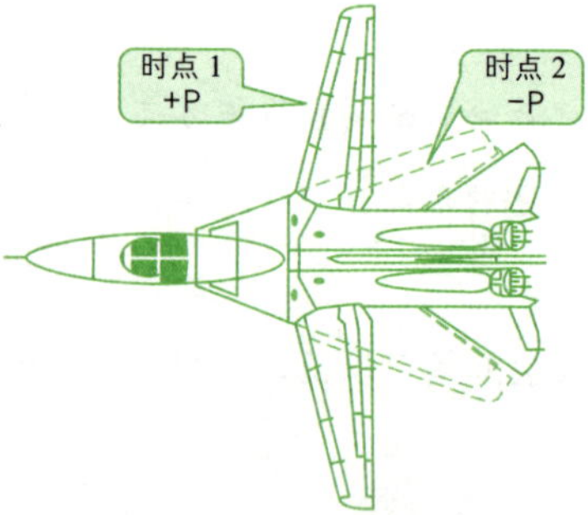

图27.1　按时间分类（系统和部件之间）

按空间分类：该项原则适用于如下情况，在位置1，变量具有特性（+P）；在位置2，变量具有特性（−P）。该项原则的经典实例包括咖啡壶、茶壶和保温瓶。该项功能是全息视频会议技术的核心。例如，利用该项技术，印度班加罗尔一位执行官的全息影像可以被在加利福尼亚州圣何塞与另一位执行官交谈的观众看到。两个人在一个空间具有人类特性，在另一个空间具有全息特性。

按规模分类：该项原则适用于系统的整体与部分，系统整体具有特性（+P），其组成部分具有特性（−P），如图27.2所示。比如链条，就整个系统而言，它具有柔性，而链条中的每一环都具有刚性。

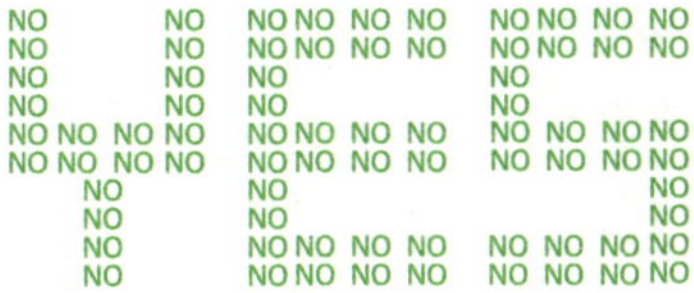

图 27.2　按规模分类

按条件分类：该项原则适用于如下情况，系统在条件 1 下表现出特性（+P），在条件 2 下表现出特性（–P）。一个很好的例子是带有光敏变色涂层的镜片。镜片的明与暗取决于紫外线辐射量（图 27.3）。

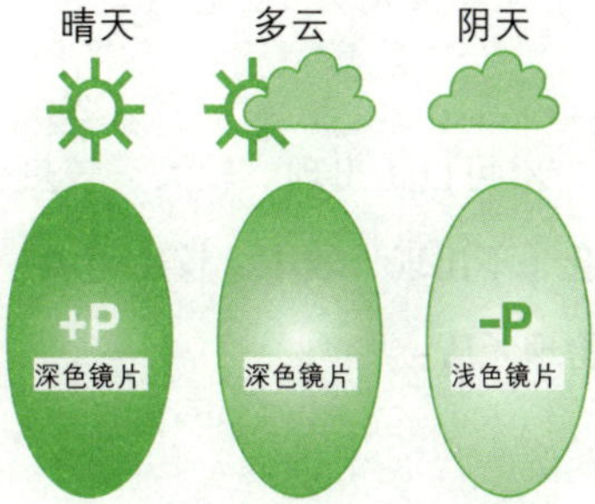

图 27.3　按条件分类

3. 解决物理矛盾

首先，将物理矛盾的矛盾元素或特性向前推进。这个特性 X 必须自身存在矛盾。

接下来，将物理矛盾的时间段定义为：

- T1：事件发生前。

- T2：事件进行中。
- T3：事件发生后。

然后，完成逻辑陈述 A 和 B：

A：为了（改善，保持）有利的行动（说明行动的具体情况），在 T（1、2 或 3）时间段 X 必须（出现、较大、较热等）。

B：为了消除有害行动（说明行动的具体情况），在 T（1、2 或 3）时间段 X 必须（不出现、较小、较冷等）。

在陈述 A 中，X 可以（出现、较大、较热等），这意味着在陈述 B 中，X 将会（不出现、较小、较冷等）。

现在，写下物理矛盾：

在 T________ 时间段，X 必须 ________________

在 T________ 时间段，X 必须 ________________

然后，选择分类原则（时间、空间、规模或条件）以应用和解决矛盾。

➲ 案例一：电镀液的温度

在电镀领域中，如果电镀液温度较高，金属的沉淀率就会增加。然而，电镀液的存放时间随着温度的增加显著缩短。我们需要提高沉淀率，但要使溶液分解得最少。怎样才能实现这一目标呢？

1. 问题

- 电镀液槽既需要高温又需要低温。
- 特性是电镀液槽的温度。
- 时间段是 T1、T2 和 T3。

- A. 为提高沉淀率，在 T2 时间段中，电镀液槽必须温度较高（实际电镀）。
- B. 为加长保质期，电镀液槽在 T1（电镀前）时间段、T2 和 T3 时间段（电镀后）应保持低温。

2. 物理矛盾

- 在 T2 时间段，电镀液槽应温度较高（电镀）。
- 在 T1、T2 和 T3 时间段，电镀液槽应温度较低。

3. 分类

- 按照空间对相反的要求进行分类。

4. 资源

- 热量、空间和设备。

5. 解决方案

- 部分加热——通电时温度较高，其他时间温度较低。

➲ 案例二：办公室经理

- 贝斯经理想要获得信息，以便取得控制权，但是她又不想获得信息，因为她已经掌握了太多信息。解决方案：管理评论，将信息按照时间分类。
- 贝斯需要完成一个关键项目，但又不能做这个关键项目，因为办公室总有人在和他交谈。解决方案：她可以在其他地点工作 2 天，这样就可以实现空间上的分类。
- 贝斯仍然忙不过来，所以她指派了几个同事去执行特定的任务。她按照规模进行分类从而解决了这个问题。这一过程被一些人称为授权。
- 减少问题的数量，降低问题的复杂性，贝斯要求任何影响范围不超过 20 个人的项目不要向她汇报——这就是按照条件分类。

参考资料

发明问题解决理论杂志网站的内容包括资源、论文和评论。在其网站上按照分类原则快速搜索可以获得一些有用的信息。

- 发明问题解决理论杂志网站（www.triz-journal.com）

技能 28

物-场分析

学习物质和场之间如何相互影响以形成解决方案

物-场分析（SFA）是对现有系统建模的一种方式，目的是找出缺陷，并利用创新策略处理这些缺陷。可用于解决系统缺陷的策略有5种。例如，其中一种物-场分析策略启发工程师向制冷系统中的制冷剂添加荧光剂，使我们能够清楚地看到原本不易觉察的泄露。

当创新机遇定义明确，并且系统中至少存在一个缺陷时，这项技能就能派上用场。在某些情况下，你可能需要在一位专家的帮助下使用该工具。当然，如果你掌握了适用的知识和技能也可以独立使用该工具。或者，如果你的问题足够简单，我们这里提供的知识也是足够的。

➲ 背景

发明问题解决理论的实践者通常将物-场分析与76个标准解决方案相结合。76个标准方案分为5类。但是，这种经典分类方案比较麻烦，而且难以理解和应用——因为大多数人不是工程师，他们不精通发明问题解决理论。甚至连工程师也承认这项功能比较复杂。况且，实践者所使用的物-场分析建模惯例也各不相同。

尤里·贝尔斯基（Iouri Belski）是皇家墨尔本理工大学思维和问题解决方向的教授，发明问题解决理论专家。他在关注物-场（子物-场）建模的惯例和规则的标准化问题时，认真思考过这一难题。他制定了 5 个基础策略来解决系统缺陷。

任何系统都可以模型化为一组相互作用的物质和场。通过认真研究物质（客体-S1；主体-S2）通过能量场相互作用的方式，我们能够找到机会完善系统。分析导致矛盾或损害的相互作用，以及不足以实现待完成任务的相互作用，我们可以找到新的改善方法。

一个运行良好的系统，最基础的相互作用可通过一个简单的三要素图来表示（参考图 28.1）。

客体 S1（如钉子）是被动的，它通过场 F1（如机械能）受到主体 S2（如锤子）动作的影响。物质可以指任何部分、材料、元件、个人或环境。系统中的能源就属于物-场，如机械场、热场、化学场、电场、磁场和重力场，此外还有光场、声场、嗅觉场等。在三要素图中，利用可以表明相互作用性质的箭头描述物质间的相互作用。

S1、S2 和 F1 及其相互作用共同构成代表一个完整系统所需的最少信息（图 28.1）。钉钉子的行动阐明了一个最小的子物-场的三要素图。你的手将能量传递到锤子（S2），从而将机械场

（F1 机械）传递到钉子（S1）。如图所示，箭头从 S2 指向 F1 机械，又从 F1 机械指向 S1。模型底部从 S2 指向 S1 的箭头是我们对结果的看法。图 28.2 中所示的虚线箭头代表非充分结果。如，锤子导致钉子弯曲或破碎。

如图 28.3 所示，另一种典型的结果是有害影响（弯曲箭头所示）。

更加复杂的系统一般要使用更多的物质和场之间的相互作用来表示。在这种情况下，我们就要对每个三要素图进行独立分析，

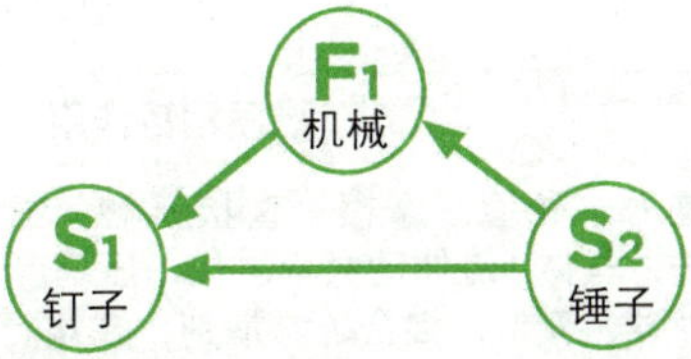

图 28.1　运作良好的基本三要素图

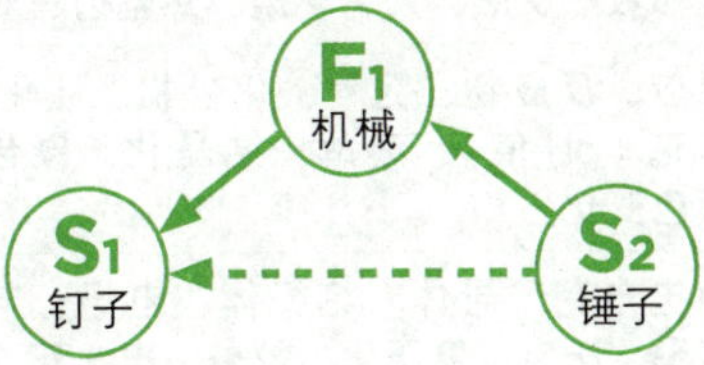

图 28.2　非充分系统的物–场模型

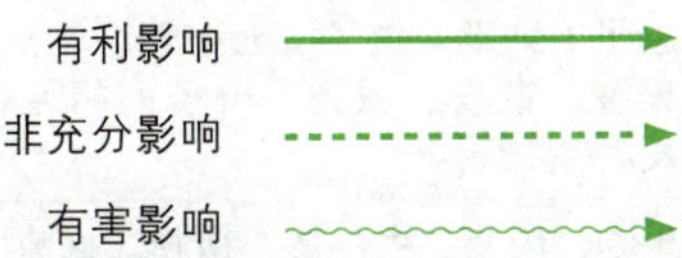

图 28.3　物–场能量传递选择

并将它们结合起来以改进系统整体。

贝尔斯基教授编制的表 28.1 展示了许多不同的场以及这些场与物质相互作用所产生的结果。

> 解决过的每个问题都要成为一个规则，用于以后解决其他问题。
>
> ——勒内·笛卡尔

表 28.1 场能源

场	物质相互作用
机械场	重力、碰撞、摩擦、直接接触、振动、声呐、冲击、波、气体 / 流体动力学、风、压缩、真空、机械加工和处理、变形、混合、添加剂、爆炸。
声场	声音、超声、次声、空穴作用。
热场	加热、制冷、绝热、热膨胀、阶段 / 状态变化、吸热反应和放热反应、火、燃烧、热辐射、对流
化学场	反应、反应物、元素、化合物、催化剂、抑制剂、指示剂（pH 值）、溶解、结晶化、聚合、气味、味道、颜色变化。
电场	静电电荷、导体、绝缘体、电场、电流、超导电性、电解、压电、离子化、放电、电火花
磁场	磁场、磁力、磁性粒子、磁感应、电磁波（X 射线、微波等）、光学、视野、颜色 / 半透明性变化、图像。
分子作用场	亚原子（纳米）粒子、毛细管、气孔、核反应、辐射、核聚变、散发、激光、分子间相互作用、表面效应、蒸发。
生物-场	微生物、细菌、生物体、植物、真菌、细胞、酶。

资料来源：Iouri Belski，TRIZ4U，www.triz4u.com。

在识别物-场相互作用场景方面，物-场分析显然是非常成功的。在这些场景中，S1 → F1 → S2 的相互作用可以是充分的、非充分的或有害的。分析过程如下：

- 列出此冲突场景中涉及的所有物质。很多情况下，并不是列出的所有物质都会与新的解决方案相关。寻找新的解决方案时，你应当引入新的物质或场来完成期望的功能，或对现有功能进行改进或创新。
- 画出完整的物-场模型。模型反映了所有物质与场之间的相互作用，阐明了这些相互作用的性质（如有利的、有害的等）。该流程可以画出多个三要素图。
- 利用解决方案策略对问题三要素图进行转换，从而建立模型解决方案。
- 利用表 28.1 中的场能量信息找出解决方案创意。虽然这不见得总是重要的，但你确实应当考虑所有场的类型以确保不会忽略新颖的创意。
- 考虑所有创意，为你的创新问题（技术或物理矛盾）找到最适用的解决方案。

5 种解决方案策略

这 5 种解决方案策略的每种都会提供一项建议，围绕问题三要素的潜在解决方案引导你的思维。请将这些策略应用到你找到的每个三要素模型。请考虑这项家务：清除地板上的灰尘。

与前一小节相同，我们首先列出涉及的所有物质。在此案例中，我们要影响的唯一物质是灰尘。最初的物–场模型相当简单（参考图 28.4）。

图 28.4 最初的物–场模型

写出矛盾三要素模型，确保大家能够清楚地理解它。

解决方案策略一

增加一种物质（S2），形成一种场（F1），影响 S1。一般解决方案如图 28.5 所示。

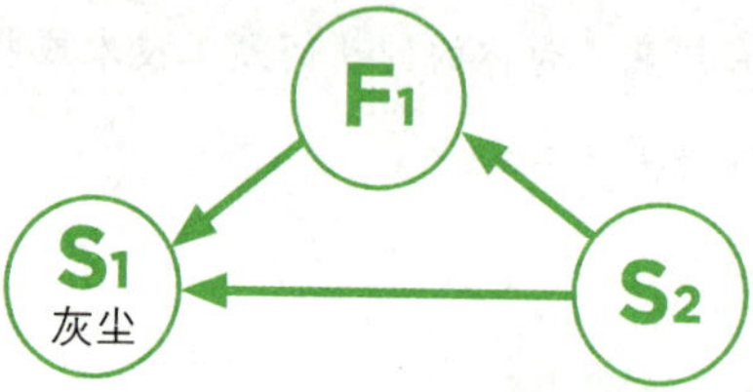

图 28.5 解决方案策略 1：模型解决方案

接下来，思考表 28.1 中的每个场以激发灵感，寻找解决方案。

机械场：通过与扫帚（S2）的直接接触，机械动作（F 机械）

收集指定位置的所有灰尘。使用真空场，可以收集所有灰尘。

声学场：可以制作一种装置（S2），它能够产生声波（F 声学），从地板上吹走或吸起灰尘。

热场：热反应（F 热）可以燃烧或消耗地板上的灰尘。另一种可能是综合使用多种热机械装置用真空将灰尘吸掉，然后进行热分解。

化学场：使用一种易于收集灰尘的液体来溶解（F 化学）灰尘。将这种物质与灰尘混合起来，可以使灰尘结晶化，从而易于收集。拖把就是将机械工具与化学作用相结合的案例。

电场：应用电场可以将灰尘粒离子化，然后用带有异性电荷的装置收集起来。宝洁公司的产品 Swiffer 就是基于这一创意，利用静电来吸收灰尘的，而没有使用洗涤剂或水清洁地板上的灰尘。

磁场：理论上，可以利用灰尘的磁学性质创造一个系统，将地板上的灰尘吸掉。这需要进一步的研究和检验。

分子间作用场：可利用尘粒的分子间作用特性构想一种工具来清除地板上的灰尘。

生物场：引入一种可以吃掉灰尘的微生物（但是要确保它不吃其他东西！）。

由于篇幅有限，这里并没有对所有可能的创意进行探索，但是一个完整的分析应当包括所有可能的创意。新颖的解决方案往往潜伏在最意想不到的地方。

解决方案策略 1 引入了一种新物质（S2）和新场（F1）。如果我们已经有 S2 和 F1，那么该规则也同样适用，比如其中出现了冲突，如不能清除所有灰尘的扫帚（参考图 28.6）。提出类似的问题可以促使我们去寻找一个新物质与新场互动的解决方案。

图 28.6　解决方案策略 1

下面的解决方案策略，都是要帮助实践者探索现有冲突三要素模型的改进方式，同时保持主体（S1）和客体（S2）在场。

解决方案策略二

可通过引入额外的物质（S3）提高客体（S2）形成场（F1）的能力，额外的物质可以形成一个场（F2），并改造 S2（图 28.7）。

实际上，这意味着增加一种新的物质，它将会产生一个场来影响扫帚，提高其机械集尘的能力。为了形成创意，请考虑表 28.1 中列出的各种类型的场。

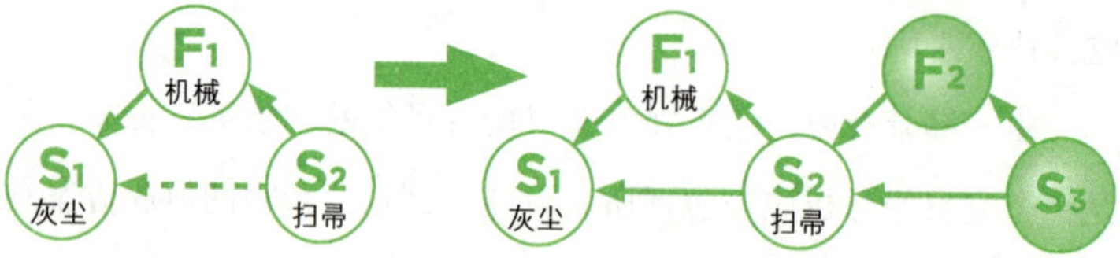

图 28.7　解决方案策略 2

某些建议可能不一定有道理。例如，给扫帚添加一个热源可能最初看上去并不实际。这样做真的能够提高集尘能力吗？或许热源可以使顽固的灰尘更加容易地脱离地板或者直接将灰尘燃尽。带静电荷的扫帚可以吸引尘粒（这种场不得不引入一种新的物质），因此需要在扫帚头部增加一种吸纳尘粒的化学物质（化学场也一样）。

解决方案策略三

可以通过添加一种新的物质（S3）提高客体（S2）与主体（S1）的互动能力，这种新物质产生一个场（F2），影响 S1（参考图 28.8）。

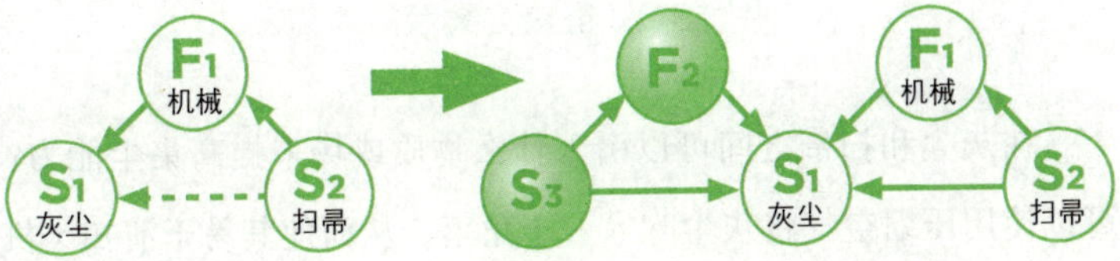

图 28.8　解决方案策略 3

在策略 2 中，我们对扫帚（S2，主体）应用了第 3 种物质和第 2 种场。在策略 3 中，我们对灰尘（S1，客体）应用第 3 种物质和第 2 种场。

那么，可以增加什么场和物质从而使灰尘更易于收集？你可以利用重力（机械场）和新物质使较湿的灰尘更加易于清扫，或者引入一种物质和一个新场（磁场）改变灰尘的颜色，使其更易收集——打扫者更容易看到灰尘。

解决方案策略四

在主体（S2）和客体（S1）之间引入一种新物质（S3）和一种新场（F2），对S1或S2施加影响。S2受到新场（F2）的影响，S3受到F1影响，S1受到F1的影响，于是矛盾就消除了。当S1受到新场（F2）的影响时，F1的作用增强，矛盾因此得以消除（参考图28.9）。

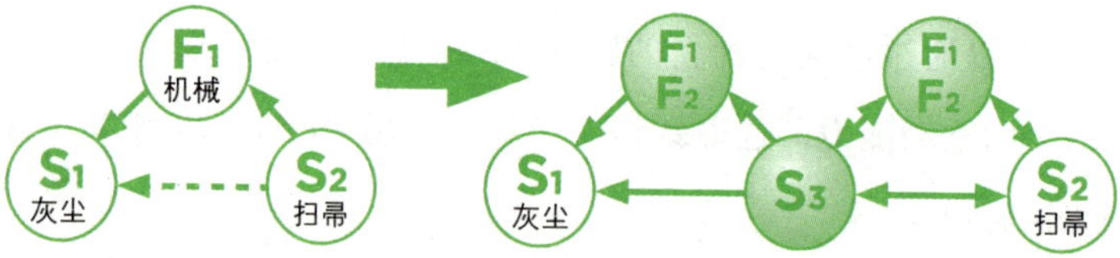

图28.9　解决方案策略4

在灰尘和扫帚之间可以引入什么物质或场来提高集尘能力？可以使用压缩空气将灰尘吹入一个角落，从而使其易于清扫（机械场）。由于尘粒较小，用扫帚清扫时尘粒很容易地从扫帚的间隙通过。用布料覆盖扫帚可以提高集尘率（机械场）。另一个创意是使用真空或气流将灰尘导向扫帚，从而提高集尘效率。

解决方案策略五

解决方案策略5需要引入一个同时与客体S1和主体S2相互作用的新场（F2），从而改进问题三要素模型，如图28.10所示。

新场（F2）会同时或先后影响S1和S2。这两种情况都应纳入考量，确保创新机遇未被忽视。例如利用电场使尘粒带有静电，使扫帚材料带有相反电荷，这样扫帚就能够将灰尘吸走。

图 28.10　解决方案策略 5

上述方案说明，策略 5 似乎还能推导出与策略 1 到策略 4 相重合的建议。不过，它也会提出之前未曾考虑过的观点，因此不可忽视。任何创意都可能改变游戏规则！

应用这 5 种简单的策略可以使物-场分析的实践者发现更多新创意，解决顽固问题，即便他们并不了解 76 个标准解决方案的差别。

参考资料

如需了解对这 5 项解决方案策略的更加完整的处理信息，请参考：

- Belski I.*Improve your thinking: substance-field analysis*[C] Linköping University Electronic Press, 2008 (021).

其他可能为您提供帮助的组织包括：

- 阿奇舒勒研究所（www.aitriz.org）
- 国际突破管理咨询集团（BMGI，www.bmgi.com）
- 欧洲发明问题解决理论协会（www.etria.net）
- 发明问题解决理论杂志（www.triz-journal.com）
- TRIZ4U（www.triz4u.com）

技能 29

生物模拟

在大自然中寻找答案

生物模拟（或仿生学）就是学习和模仿大自然对复杂问题的独创性解决方案的过程。高端音响的发明就是以蟋蟀利用洞穴来扩大叫声的原理为基础的。一种概念车受到箱鲀的启发，减少了60%阻力。自我装配纤维受到了蜘蛛吐丝的启发，其强度是钢筋强度的5倍。

这些实际应用还只是生物模拟法的皮毛而已。大自然花费了几十亿年的时间不断地设计和完善系统和程序，擅长在相互矛盾的限制条件和较为苛刻的要求下寻找最优解决方案。科学和工程学有着类似的目标：以最少的投入和最少的资源投入获得最优的结果。对于你需要解决的问题，大自然有可能已经把它解决了。

生物模拟通常是专业人员用来观察自然的一种根本方法，它不一定要花费高昂成本和大量时间。这方面有很多实例可供非正式研究者使用。篇幅所限，这里不提供生物模拟的综合教育，但是我们可以为如何向大自然学习并利用其巨大的知识宝库提供一般指南。

步骤

1. 改变你的观点

通过利用本书中的其他技能，你已经划定了待完成的任务（请参考待完成的任务，技能 1）的范围，并识别了相关的结果预期（技能 3）。现在问这样一个问题："大自然会如何解决这个问题?" 你会意识到，你的设计所处的外在环境并不是大自然，但它们建立在大自然模型的基础之上。如果你想从大自然中获取灵感，牢记这些原则非常重要：

- 大自然离不开阳光。
- 大自然只利用它所需要的能量。
- 大自然使形式适应功能。
- 大自然中一切都在循环。
- 大自然奖励合作。
- 大自然依赖多样性。
- 大自然需要专业性。
- 大自然从内部抑制过剩。
- 大自然利用极限的力量。

大自然的设计是有机的。它对现有资源和能量进行最好的利用，只产生可循环的废物，并与当前的自然生命周期相吻合。

---

2. 探索现有知识

生物模拟研究有丰富的文献资源，它们由各个领域的专家撰写。许多这类信息都可以在网上找到。有什么问题可以直接联系专家。与不同领域的专业人士合作能够产生有启发的解决方案。

探索性计算机科学，现在统称为计算群体智能，通过模仿鸟类的群集和蚂蚁的觅食行为解决复杂的优化问题。（Engelbrecht A P. Fundamentals of Computational Swarm Intelligence, 2006[J]. Hoboken: John Wiley & Sons, Ltd.）

---

3. 计划开展实地考察

如果你在现有的知识库中找不到问题的解决方案，就需要安排一场（或几场）实地考察。这样的生物模拟经历能够为你指引正确的方向。至少，你需要找到一种有机体、生态系统或过程，它们已经解决了类似的问题，然后再研究大自然中的解决方案。切记，解决方案的创意可能会藏身于不为人知的环境中。如果你需要寻找一种将湿发变干的方法，你就可以去热带或者沙漠考察，那里的蟑螂会吸收空气中的水分。

如果你将地球的历史压缩到1年，那么细菌在3月出现，接着是其他物种。人类在12月31日晚上11:45出现。显然，我们有很多东西要学，学习自然物种为了应对它们所面临的独特挑战和问题而进行演化、适应和创新的方法。

---

4. 观察和学习

一旦来到了现场，许多方法都可以用于收集灵感。记住，大自然的解决方案往往错综复杂而且深藏不露，功能也比较简单。你需要花时间刻苦钻研。耐心的研究将会揭示你之前从未考虑过的功能。在观察时牢记以下几点：

- 寻找象征：大自然提供了许多象征，这些象征可以应用到各种人造的系统。例如，白蚁通过巢穴调控气流，使内部温度和湿度保持恒定（图 29.1）。哈拉雷（津巴布韦首都）和伦敦的高层建筑设计已经利用了这一原理，环境控制成本显著下降。

图 29.1　白蚁巢穴

白蚁巢穴外观很像摩天大楼，尤其是当你思考它对空气流动、温度和湿度的高效调节时。

- 找出相反的解决方案：当你考虑大自然如何解决问题时，也不妨思考一下大自然为何不用解决它。例如，军用防护屏需要在高温下铸模，而这需要消耗大量的能量。相反，珍珠母非常顽强，它以有机的方式生长，不需要消耗额外的资源。
- 思考极端案例：探索大自然如何通过走向一个极端或另一个极端解决你的问题。例如，沙漠甲虫利用亲水性（吸水）外壳将水输送至它需要的地方。相反，荷叶使用疏水（去水）设计防止水分积聚（图 29.2）。

图 29.2 荷叶

荷叶疏水，这一特性在人造物品中经常使用。

- 考察相互作用：大自然中的每样东西都在与其所处环境相互作用。当你找到了一个灵感来源时，请思考它对大自然中其他要素的影响。例如，动物们会分享水洼之类的资源，但会在不同的时间使用这一资源避免冲突。人造物品也可以发挥互动和重复使用的优势。例如许多混合动力车通过电池供电，并在制动过程中为电池充电。

你正在从生物体、过程或生态系统中寻找灵感吗？无论是哪一种情况，你都需要详细地了解系统，从而才能成功地模仿它，避免消极的结果。

5. 解决方案创意

探索大自然的伟大天赋，你可以找到一个或更多的创意，并进一步进行研究。

➲ 其他实例

《连线》英国版作者马克·布朗撰写过一篇有关麻省理工学院研究者的博客文章（2012 年 4 月 27 日），他们设计了一种新型玻璃，其特性为不刺眼、不反射、不起雾、能使水滴像皮球一样反弹出去。布朗说道，对这种玻璃的表面结构的灵感来源于荷叶和飞蛾的眼睛。如今，制造这种新型玻璃的工艺成本较高，但是这种奇特的纳米结构玻璃总有一天会突然出现在智能手机、电视机、太阳能板、汽车挡风玻璃甚至建筑物的窗户上。

布朗说，这种玻璃的应用范围完全取决于现实生活中的进一步检验，取决于这种新型玻璃在倾盆大雨中弹回雨滴的能力，以及弹回花粉、砂砾、汗水、尘雾和热衷于智能手机的用户的手指的能力。迄今为止，这种玻璃的前景还只停留在“计算”层面，尚未进行试验。

参考资料

以下是仿生学中有关案例研究、资源和专家帮助的几个最好的网站：

- 生物灵感和生物模仿学期刊网站（http://stacks.iop.org/bio-insp）

- 生物模仿数据库（http://database.portal.modwest.com）
- 生物模仿研究所（www.biomimicryinstitute.org）

有关生物模仿的趣味性介绍，请参考：

- BENYUS J.12 sustainable design ideas from nature[M].TED, 2007，www.ted.com/index.php/talks/view/id/18.

技能 30

KJ 方法

按照自然亲和力对创意进行分组和整理

KJ 方法能够整理和改善创意，激发进一步的意见交换，并帮助创意者在确定值得开发的创意方面取得共识。KJ 方法又称为亲和图（affinity diagram），当你所拥有的创意比你头脑可以处理的创意更多时，这种方法的效果最好。

KJ 方法通常引导参与者通过经典头脑风暴产生创意。然而，本书也介绍了许多其他强大的构思工具，我们建议您使用 KJ 方法对构想出的优质创意进行整理，并确定其优先顺序。

KJ 方法以川喜田二郎的名字命名，他是日本一位才华横溢的文化人类学教授。20 世纪 70 年代，川喜田二郎在尼泊尔进行了广泛的实地研究后，发明了 KJ 方法改善环境、人口、关系、等级制度和宗教等因素的定性数据的整合和分类。

步骤

让我们看看 KJ 方法如何帮助“患者斗士团队”整理创意并确定创意的优先顺序，让牙科病人在治疗过程中多一份舒适，少一份惊恐（另请参考启发式重新定义，技能 7）。

KJ 方法最适合 6～8 人的小组。如果少于 6 人，确定的优先次序就会太过主观；多于 8 人，则很难达成共识。

---

1. 创意准备

将你构想的每个创意写在便利贴上，随机将它们贴在白板或墙面上。将待完成的任务（技能 1）和相关结果预期（技能 3）贴上去，便于团队记住它们。

2. 创意分类

作为一个团队，将创意按照功能、特征、实施、结果或其他有意义的方面（不存在正误之分）进行分组。不属于特定类别的创意可以先放到一边。将相似的创意放在一起，这样你就能看到其中有多少独特的创意。

在进行第 4 步“创意投票”之前，不鼓励参与者对创意进行讨论，除非是对创意进行说明。否则，你有可能会在最终被淘汰的创意上浪费时间。

---

3. 类别命名

审核创意分组，就每组创意的名称达成共识，该名称应能代表该组创意的主题或理念。名称应当简短，比如牙医技术或患者沟通。不同类别不可使用相同或类似的名称——如果出现这种情况，就对它们合并处理。命名完成后，你可能需要将一些组别进一步细分，或者对创意所属类别进行调整，从而使其更加符合分类逻辑（图 30.1）。

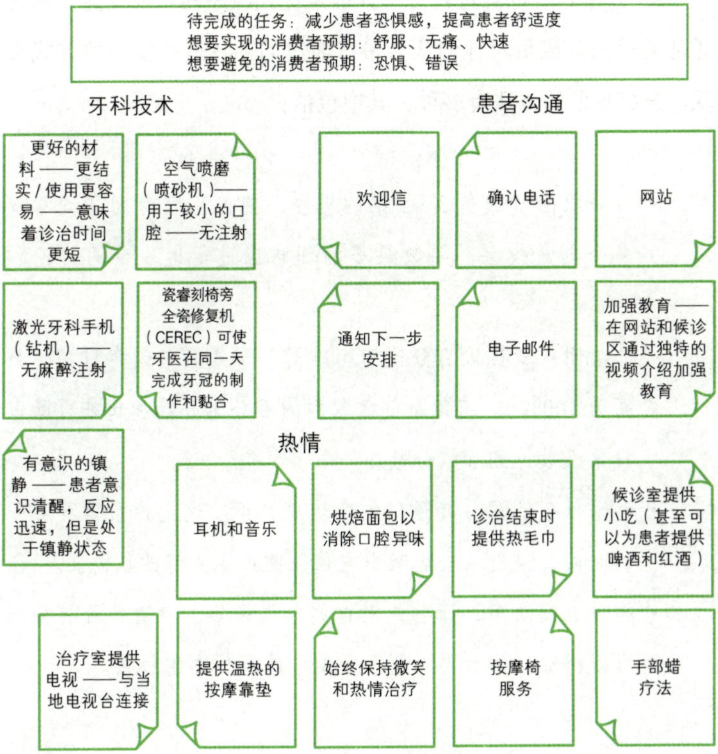

图 30.1 KJ 方法

“患者斗士”团队将其现有创意分为 3 类。

分类命名有助于团队从主题或系统的视角评估建议。此外，将分类转化为理念，该团队就可以在整理和完善创意时构想出新的创意（技能 31）

4. 创意投票

KJ 方法是对创意进行分类并确定优先次序的一项技能。后者通常通过团队成员对他们认为最有前途的创意进行投票的方式实现。进行投票的方法有多种，其中包括：

- 给每位团队成员 3～5 票的机会，他们可以为同一创意或多个创意投票。票数最多的创意应进行进一步的讨论和开发。
- 每个团队成员以百分比为标准对一个或多个创意打分（最高为 100%）。将每个创意收到的百分比分数加起来再除以投票人数得到加权分数。
- 讨论每个创意，就最佳创意达成共识。这比投票需要更长的时间，但是从长远来看它往往能产生更好的创意。
- 如果类别众多，请首先对这些分类投票，看看是否有分类可以排除，然后再对剩下分类中的具体创意投票。

患者斗士团队的投票认为，应立即实施几个简单的低成本创意，包括欢迎信、确认电话和在诊治结束时提供热毛巾。他们将另外几个创意评为潜在的可行解决方案，将会在日后重新考虑。

使用 KJ 方法后如果你仍然还有许多创意，可以使用普氏矩阵（技能 40）帮助你确定其优先次序。

技能 31

创意分类和完善

组织和形成创意以提高收益

创意分类和完善是一种简单高效的方法，它能够使你的创意更可行，同时也更能吸引创新项目的资助者（利益相关者）。当你为制造更好的电池构想出几十种创意时，你是否只是抛出了可生物降解的概念，或是叙述了这种电池的价值？

你的其他创意如何？它们是立即就能投入使用，还是需要克服一些制约因素如成本、时间、资源或看法？创意分类和完善技能能够帮助你回答这些问题，并从中选择最佳创意向前推进。

一个农民不辞辛劳进行播种，但却只收获了四分之一的庄稼。你不会让这样的农民占用你的思绪。大多数人就是这样对待创造性思维的产品的。

——爱德华·德·博诺

分类的步骤

公司有一个新的创新部署。你的团队为了内部和外部宣传计划的成功构想了一系列创意。你可以利用创意分类和完善技能进一步完善这些创意。

1. 对现有创意进行分类

将现有创意按照创意分类矩阵进行分类（图 31.1）：

- 宽泛概念：关联一个或更多概念的理论或观念。
- 概念：一般方法。
- 具体创意：有价值的、实际的、可用的创意。
- 初步创意：有趣的初步创意但是尚未付诸实践。

例如，对创新部署的宣传可能包括撰写案例分析、撰写新闻稿、举办项目展示会、在好莱坞电影中植入该产品。其中一些创意具体可行，而另一些则需要进一步地推进。

概念将一组创意联系在一起，宽泛概念则是所有概念的综合。概念和宽泛概念都具有主观性——无所谓正确或错误，只要答案对待完成的任务有用。

2. 增加创意产出

填写创意分类矩阵能够增加创意和概念的产出。你能将一个

待完成的任务：对创新计划的成功进行宣传			
宽泛概念	概念	具体创意	初步创意
	外部宣传	与新闻发布有关的公关合作	提出宣传
		一年后的部署案例研究	
			在好莱坞电影中植入广告
		在下一年的世界创新大会上发言	
			贸易杂志
			互联网博客
	内部宣传	在公司的内部通讯中对创新项目进行特别报道	项目案例研究
		首席执行官考虑营销计划	
			项目展示会（开放日）
			识别计划
		在大厅展示创新带来的收入增长	

图 31.1　创意分类（之前）

初步创意发展为一个具体创意吗？尝试将所有的初步创意发展为具体创意。如果你遇到困难，先做标记，之后再进行完善（参考以下步骤）。另外考虑一下你是否已经清晰表达出创意背后的所有概念和宽泛概念。通过填写空格可以帮助你从一个不同的视角看待创新机遇，从而产生更多的创意（图 31.2）。

你不需要在初步创意栏中填写空白部分，除非你想到了更多的初步创意。

待完成的任务：对创新计划的成功进行宣传			
宽泛概念	**概念**	**具体创意**	**初步创意**
证明创新可衡量、可靠、可重复	对外宣传	与公关共同准备新闻发布事宜	提出宣传思想
		对一年后的部署进行案例分析	
		???	在好莱坞电影中植入广告
		在下一年的创新世界大会上发言	
		向《工业周刊》投稿	贸易杂志
		领导每周发布 2～3 篇博文	互联网博客
	对内宣传	在公司的内部通讯中对创新项目进行特别报道	项目案例研究
		首席执行官对创新计划进行宣传	
		年度展销会以最成功的项目为重点邀请项目	项目展销会（开放日）
		领导与首席执行官共进午餐	识别计划
		在大厅展示创新带来的收入增长	

图 31.2　创意分类（之后）

为了展示创新部署的实例，我们从初步创意中选取了四个具体创意，并在宽泛概念中补充了内容。

➲ 完善的步骤

首先选取一个前景渺茫的创意，然后将其改造为一个有价值的切实可行的创意。例如，宣传新产品的一个异想天开的方法是将你们的新产品在好莱坞电影中展示。起初，这看起来似乎难以实现，通过对创意进行改造可以使其成为可能，或者它可能会使人想起更加实际的相关创意。

1. 列出创意的限制因素

选择一个具有内在限制因素（成本、合法性、时间线、技术可行性等）的创意。列出与该创意相关的所有限制因素。

创意完善技能的一个好处是它允许创新团队对提出的创意进行改造从而与具体的组织战略相一致。例如，如果公司政策规定不允许制造在意外吞食的情况下可致死的产品，你就需要改造你的创意，确保其满足这一要求。

---

2. 改造创意

采用头脑风暴法提出克服每个限制因素的方法（表 31.1）。不要对任何建议进行判断。其中一些建议可能可行，而其他的建议可能会引发新创意。改造你的创意，让原始的创意更加可行。

改造创意可以帮助你克服使创意难以成功的限制因素。创意强化可以使创意更能吸引利益相关者。

---

3. 强化创意

现在，强化创意，使其对利益相关者更有吸引力。不要列出

表 31.1 创意完善（创意改造）

待完成的任务：对创新计划的成功进行宣传 **创意**：在好莱坞电影中植入广告	
创意限制因素	**形成创意**
我们在好莱坞没有认识的人	直接给制片人打电话 与独立制片人合作 询问员工是否认识好莱坞的人
植入广告需要大量的金钱	参加电影赞助商投标 制作一个 YouTube 视频
产品市场和电影观众不匹配	在公司培训视频中植入广告 将电影带到消费者家里（付费观看，DVD） 赞助商针对消费者或潜在消费者筛选电影 制作卡通片宣传产品
宣传越快越好	制作一个 YouTube 视频 在电影院投放广告

可登录 www.innovatorstoolkit.com 下载空白图表。

所有的利益相关者，只需按照组织层级、消费者类型或其他分类列出几组人员。列出每一组利益相关者与其创意有关的观点。该组的利益相关者需要什么？你认为他们担心什么？反对什么？然后，形成改进创意的方法，使其满足每个类别的利益相关者的需要（或处理反对意见）。（表 31.2）

完成了创意的分类和完善，可行创意的产出应当有所增加，这些创意能够成为创新机遇的解决方案。你可以利用六顶思考帽（技能 32）或普氏矩阵（技能 40）进一步对这些创意进行评估。

表 31.2　创意完善——强化创意

待完成的任务：对创新计划的成功进行宣传
创意：好莱坞电影广告植入

利益相关者	观点	强化创意
高管	我能从中获得什么？（其中哪些部分与我相关？） 投资回报率是多少？ 我能控制到什么程度？ 还有谁在做这项工作？ 为什么没有其他人做这项工作？ 这与公司战略如何联系起来？	展示高调宣传的潜力 收集有关投资回报的数据 电影完成之前进行个人筛选 与竞争者商定标准 对创意进行试点，有用就推广到其他地方 与专家一同对战略性规划进行审核
经理	需要从我这里获取什么资源？ 它需要多少钱？ 我对完成的广告植入能控制到什么程度？ 你为什么想 / 不想以我的产品为重点？	在电影中跑龙套 计算要达成高管预估的投资回报所需要的成本 个性化试映 为所有的主要项目设计时间线或时间表
员工	还需要多少额外的工作？ 我们得到什么报酬？ 你为什么想 / 不想以我的产品为重点？ 这对我个人发展有什么帮助？	在电影中充当跑龙套的角色 提供加班费和免费电影票 为所有的重要项目设计时间线或计划表 项目的参与者可将该项目写入简历

BMGI 版权所有，2012。可登录 www.innovatorstoolkit.com 下载空白图表。

技能 32

"六顶思考帽"

以六种不同的方法评估你的解决方案创意

"六顶思考帽"从不同的角度帮助你的团队评估最好的创意。对于有争议的创意，如新的创新商业模型，这种方法尤为有效。它为客观性和主观性争取了时间，同时也为评估赞成和反对意见争取了时间。

虽然你可以使用"六顶思考帽"来构思创意，但在你将一系列创意缩减为几个可行的创意之后，它同样非常有用。想要使团队跟上我们的思路比较困难，所以你可以考虑进行额外的培训或让有经验的引导者参与。

➲ 背景

六顶思考帽是由爱德华·德·博诺在 20 世纪 80 年代开创的一种横向思维训练。在训练过程中，团队成员带上具有比喻意义的帽子进行角色扮演，每顶帽子代表一种思维模式（图 32.1）：

- 黑色代表判断，提醒存在困难、危险和陷阱。
- 黄色代表乐观，探索该创意积极的价值和益处。
- 白色表示已知或需要的信息，感情中立，挖掘事实。
- 红色表达情绪、感觉、预感，不做解释或评判。
- 绿色鼓励创造性思维，关注新创意、可能性和替代选择。
- 蓝色代表流程思维，引导者始终戴着这顶帽子。

每种颜色代表一个解决问题的方向。因此，如果团队中的所有人都戴着白色帽子，所有的评论和建议必须以事实或数据为基础。在此期间，不允许存在情绪（红色）、判断（黑色）、乐观主义（黄色）或奇思妙想（绿色）。

六项思考帽非常有趣，它也可以充分利用每位团队成员的智慧和经验，鼓励建设性批评，最终提升团队的业绩和成果。

步骤

GreenJeans 软件公司销售追踪家庭收入和支出的计算机程序。公司谋求增加市场份额，想要探索利用互联网提供服务的可行性。大多数团队成员赞成这个创意，他们需要说服高级管理层，他们能够安全提供此项服务，最小规模的改组即可实现可靠的支持。

图 32.1 “六项思考帽”

每种颜色代表一种解决问题的方向。

1. 指定引导者，制定基本规则

在蓝色思维模式中，引导者的作用是保持中立，通过训练指导参与者。在开始前，引导者应当解释基本规则，如：

- 开会的理由，包括待完成的任务（技能 1）概述、相关的结果预期（技能 3），以及需要团队使用“六顶思考帽”（思维模式）评估的关键创意。
- 每种思维模式的侧重点。
- 使用思维模式的顺序。注意，采用哪种顺序取决于你所讨论的主题、参与者对主题的熟悉程度、你试图解决的问题的类型。
- 每种模式分配的时间。每种模式一般分配 1～5 分钟效果最佳，红色思维模式除外，应当限定在 1 分钟以内。

无论这些思维模式的结果如何，引导者必须让团队不停地思考。关键是要从六种视角中的任意几种来评估创意，而不要仅局限于某一个视角。

---

2. 指定一个记录员

要求不参加训练的某个人做记录。由于训练完全通过口头方式进行，因此这个角色对于记录小组讨论和结果非常重要。或者，你也可以为每位参与者准备一个便笺簿，要求他们在参加训练时将他们的评论贴在活动挂图或白板上。

3. 指定思维模式和顺序

并不是所有的思维模式都适用于每个问题，并不是所有的模式都一定对所有的团队有用。因此，团队引导者应当（1）选出适用的模式，（2）设计团队使用这些模式的顺序，这两点非常重要。在做这些的时候，引导者需要依靠他在处理该问题方面的直接经验和现有的团队成员。如果直接经验有限，引导者也可以在与创新团队合作的一般经验和掌握当前任务的基础上对模式和顺序进行规划。

并不是所有的思维模式都是同等重要的——这取决于你使用这些思维模式的方式和时间。一些团队一次只需要一种思维模式。其他团队需要以某种顺序将多种思维模式综合利用以实现其目的。还有的团队只需要其中的几种思维模式，甚至可以随机选取，以帮助他们解决创新问题。

例如，一个团队在历史上曾经产生了大量牵强附会的无用创意，那么它在白色帽子和黄色帽子思维模式下可能获益匪浅。白色思维模式将利用更好或更准确的知识为团队建立坚实的基础；黄色思维模式将促使团队更多地设想（如果不会记录下来）创意如何准确地解决问题或执行待完成的任务和结果预期。

在单一的思维模式下，团队要产生新的创意可能比较困难。在这种情况下，一个好的引导者可能会摒弃绿色和蓝色以外的所有思维模式。绿色与新创意有关，创造性越强越好。蓝色与创意形成过程有关，提到创新时总是离不开它。

还有几点建议：要想在复杂的技术环境中取得突破，可以选择使用白色、黄色和黑色思维模式。对于没能取得共识或没有明确的程序（无流程文件）来完成工作的团队，可以使用白色思维模式。对于掺杂着情绪的问题，可以先使用蓝色模式，再使用红色模式。当你需要进一步评估现有创意并针对这些创意做出决策时，可以使用所有的思维模式。

4. 召开会议

你可以以任何顺序利用多顶思考帽指导团队发现和开发创意。如前所述，每个团队都有一位引导者，从会议的开始到结束都使用蓝色模式。

在我们所举例子中，GreenJeans 软件团队将按照以下顺序安排思考帽：白色帽子、黄色帽子、黑色帽子、绿色帽子、红色帽子和蓝色帽子。以下是每种模式的详细情况，以及在利用这些思维模式时需要考虑的因素。

- **白色模式**

白色模式代表客观性。参与者必须坚持事实信息，包括记录用于评估创意的附加信息。该小组需要考虑的关键问题包括：

- 为什么我们认为这个创意会完成待完成的任务，满足目标结果预期？

- 我们有什么数据可以支持该创意?
- 我们进行下一步需要什么信息?

在白色模式讨论期间，针对新的在线服务，GreenJeans 团队评估了现有基础设施的细节，以及提议的修正方案。

在白色帽子思维模式下，请不要偏离对事实的检验和对真实性的论证——有效性可稍后确认。

- **黄色模式**

黄色模式探索创意的积极方面。除了明确解决方案的价值，黄色帽子思维模式还可以形成改进版的创意，使创意朝着新的方向发展。这种模式的关键问题包括：

- 这个创意的好处有哪些?
- 我们为什么喜欢这个创意?
- 实施了这个创意，可能实现的美好景象是什么?

例如，追踪家庭开支的在线服务会让 GreenJeans 改进软件的外包装、大幅度减少制造和营销成本。如果该项服务一直处在网络技术的最前沿，它也可以帮助 GreenJeans 在竞争对手中脱颖而出。

“六项思考帽”只不过是六种思维模式及其对行为的影响。这些思维模式与某个人或者某类人无关。我们可以在任何思维模式下学习思考，从六个不同的角度中的任意一种出发处理问题。

- **黑色模式**

利用黑色模式揭示实施创意可能导致的风险和不利结果。谨慎、逻辑和批判性思维是黑色模式奏效的关键。几个关键问题包括：

- 该创意的消极面是什么？
- 该创意的劣势是什么？
- 实施该创意将会出现什么问题？

在本例中，GreenJeans 团队在黑色模式下讨论了安全和成本问题。因为管理者同样关心这些问题，所以这部分讨论具有双重目的，一是帮助所有人做好面对问题的准备，同事将解决方案展示给管理者。

注意不要过度使用黑色模式。该模式的目的是标记潜在的失败点，而不是给出替代性的创意或放弃整个解决方案。

- **绿色模式**

绿色代表创造性和前瞻思维。在绿色模式下，一个团队要构想出尽可能多的创意，不否决任何的可能性。绿色模式下需要提出的问题包括：

- 我们如何改进创意？
- 我们如何使创意更加切实可行或者更具有吸引力？
- 如何包装创意？

在绿色模式下，GreenJeans 团队提出了克服在线服务的安全问题的方法，以及如何使此项服务与竞争者提供的服务区分开来。

如果你正在使用“六项思考帽”产生新的创意，而不是对几个关键的创意进行评估，那么请从绿色模式开始。

- **红色模式**

红色模式使每个人都有机会以无偏见的方式表达意见。在这种模式下，参与者不需要证明他们的主张。现在是需要主观性的时候。“你觉得怎么样？”才是关键问题。你也可以使用红色模式对绿色模式下提出的新创意进行投票。

如果 GreenJeans 不能鼓励红色模式，团队就不会知道有几个成员担心他们的产品不能比竞争对手的更有价值（竞争对手提供在线解决方案已有数年）。

- **蓝色模式**

在训练结束时，每个成员都用蓝色模式规划接下来的步骤和任务。蓝色模式可以为创新团队和创意开发流程带来稳定性和可预见性。它强化了工作范围和时间限制，使团队始终保持路线正确，并符合预定的时间安排。简而言之，蓝色模式（和引导者）能够确保团队有条不紊地前进。

参考资料

- 爱德华·德·波诺. 六顶思考帽 [M]. 北京科学技术出版社，2004.

PART

3

开发设计

大多数组织都会完善其产品和服务，而不先询问其合理性。但是如果你已经在创新之路上走了很远，你就能够（1）确保它们定义明确,（2）确保它们通过了严格而又漫长的构思流程。

创新的第三阶段是你提出的好创意从纸上谈兵转换为切实可行的模型。问题变为：

- 它将执行什么功能？我该如何设计它？
- 我如何评估其表现？
- 我还有哪些可以选择的项目？
- 我是否能使自己的解决方案立于不败之地并控制风险？

首先，你需要将设计具体描述为以结果预期为基础的功能，因为客户希望在这个新的解决方案中看到这一功能。请利用功能要求技能完成这项任务。然后利用公理化设计、功能结构、形态矩阵、TILMAG和工作单元设计等技能形成初步设计概念，并进一步完善它。

下一个任务是从大量概念中筛选出一种设计作为重点，对其进行进一步的开发。针对这项任务，有两项技能非常有用：成对比较分析和普氏矩阵。你也可以同时利用这两项技能检验创意会议的成果能否满足消费者的结果预期。

一旦你知道自己会将哪个解决方案加入创新组合，接下来要做的就是检验和优化设计。此时，请参考这些技能：流程能力、设计记分卡、设计失效模式和效果分析、离散事件模拟和快速成型。另外，请参考防误措施和稳健设计，它们有助于确保新解决方案的功能符合预期，无论是否出现非可控事件和条件。

技能 33

功能要求

识别你的解决方案中消费者的需求

功能要求，以及该要求能在多大程度上得到满足，构成了消费者满意度的基础。例如，饮用无糖汽水的人们希望这种饮料有特定的味道和热量。如果这种无糖汽水不能满足这两个条件中的任意一个，消费者就会去寻找能够更好满足预期的竞争性解决方案。

结果预期（技能 3）针对待完成任务提出了与解决方案无关的客观标准，而功能要求则是针对具体解决方案所提出的要求。所以，功能要求是对头脑中具体解决方案的结果预期的直接翻译。

要设计解决方案的详细内容，首先需要站在消费者的角度深入了解并清晰表达对功能的要求。这些要求对设计中涉及的两类功能——有用功能和有害功能，做出了规定。例如，蜡烛的亮度是一项有用功能，而产生的烟灰则是一项有害功能。因此，蜡烛设计的功能要求将为亮度和烟灰数量设定目标和限制。

为了能够成功地设定功能要求，你至少需要适当地了解如何通过调查、焦点小组和采访，来收集与消费者要求有关的数据。

背景

你需要以客观、明确和可测量的方式对一些功能要求进行描述。他们必须拥有可操作的定义、测量单位和期望的目标范围。实例包括产品重量、服务的等待时间、产品或服务成本，以及产品质量特征，如耐用性、可靠性、可维护性等。其他功能要求可能更加主观、模糊且难以测量，比如易用性、外观和感觉，以及时效性。

将消费者预期定义为结果预期（与解决方案无关）或功能要求（针对具体解决方案）可以使我们避免消费者呼声这一概念所带来的困惑，其中包括消费者需求、需要、要求、标准、关键质量特性（CTQ）、关键满意因素（CTS）、愉悦等。

类似地，消费者一般分为两类，即困惑类和误导类，其中包括内部消费者、外部消费者、伴侣、患者、主顾、老顾客、客人、粉丝等。实际上，我们可以将所有消费者定义为最终用户、中间人或是维护者。

- 最终用户购买（或选用）解决方案以实现待完成的任务（JTBD）。
- 从基本投入到可供最终用户购买的复杂产出的过程中，中间人可以增加价值。中间人还将消费者预期传递给提供商，从而提高解决方案的价值。例如零售商店、汽车经销商、药剂师和旅行社。
- 维护者是指在产品或服务的生命周期内通过修理、修改、更正、增减的方式改善产品或服务的个人或组织。

了解这三种类型的消费者十分重要。在设计解决方案时，你可以分析每组消费者的待完成的任务、结果预期和功能要求。完成了这一步，你就能利用公理化设计（技能 34）、功能结构（技能 35）和 TILMAG（技能 37）更好地满足消费者预期。

步骤

假设我们要设计或选用一种互联网协议电话（VOIP）服务帮助，人们通过互联网拨打电话。互联网协议电话是传统的家用或商用电话线路的一种替代选择，它价格更便宜。我们的目标是提炼出互联网协议电话系统的功能要求。

1. 审视待完成的任务、结果预期和选择的解决方案

首先，我们考察消费者试图完成的任务，列出了与解决方案无关的判断标准（结果预期）。在此情景中，待完成的任务是进行满足商务需求的通信。表 33.1 为此项待完成的任务的部分结果预期一览表。我们从多个备选方案中选择了互联网协议电话，因为它更好地满足了关键的需求或结果预期。

2. 识别消费者

针对不同的消费者，按照类型识别解决方案至关重要，因为每类消费者有着不同的功能要求。如前所述，消费者分为三大类，

表 33.1 功能要求

	结果预期	功能要求	测量单位	目标
1	提高始终可以利用该服务拨打电话的可能性	互联网协议电话系统可用	服务时间（%）	>99.9999%
2	最大限度地减少拨打或接听电话所需的努力	互联网协议电话呼叫的初始努力	发起呼叫的点击次数或按钮按下的次数	小于或等于电话号码位数
3	提高接听者和拨打者能够听清电话内容的可能性	通话清晰度	标准化清晰度测试	>98%
4	最大限度地减少通话过程中产生的噪音	背景噪声等级	存在不可接受的噪音的呼叫时间（%）	<1%
5	最大限度地减少拨打电话的成本	互联网协议电话每月成本	美元	费用相当于当地地面线路提供商价格的 50%
6	提高可以通过电脑等方式从各地拨打电话的可能	互联网协议电话服务接入	从预先定义的设备（电脑、个人数字助理和电话）接入	100% 可以接入
7	最大限度地减少拨打电话时进行故障排除的努力	互联网协议电话消费者服务	消费者满意度等级	>90%
8	最大限度地减少系统服务等待时间	互联网协议电话服务等待时间	分钟	90%<2 分钟
9	最大限度地减少系统故障技术问题的解决时间	互联网协议电话服务问题解决时间	分钟	90%<15 分钟

即最终用户、中间人和维护者。

注意，消费者的角色是动态的——由消费者与某一时刻的解决方案之间的关系决定。例如，饭店的最终用户是饭店的就餐者。在饭店就餐的美食评论员既是最终用户也是维护者，因为他的评论可能会影响饭店，使其提供更好的产品或服务。

仔细思考谁才是你的解决方案的真正最终用户。例如，飞机发动机（目标解决方案）的最终用户是航空公司。实际上乘客是航空公司提供的运输解决方案的最终用户。

---

3. 收集预期

审视每个消费者群的待完成任务和结果预期。对于本章的案例来说，接下来就是将这些结果预期翻译为针对互联网协议电话的功能要求。如表 33.1 所示，功能要求重点关注如何增强互联网协议电话的有用功能并最大限度地减少有害功能。你可以先确定功能要求，然后利用消费者调查、焦点小组或采访的方式对其进行检验。（如需了解将结果预期翻译为功能要求的更多相关信息，请参考公理化设计，技能 34。）

具体采取哪种方法，部分取决于解决方案的创新水平。例如，人们很难填写针对他们前所未见的全新产品或服务的调查。如果你只是简单地为大家所熟知的产品增加新的功能，调查就是水到渠成的。在大多数情况下，焦点小组的方式效果较好，因为你可以提出开放式问题，小组的方式可以比个人采访的方式产生更多的讨论。

一般情况下，功能要求分为五大类：易用性、时间性、成本、选择、确定性，它们指的是一系列的质量监测，如可靠性、可维护性等。

---

4. 按照类型对预期进行分类

完成了抽象的功能要求的收集整理，接下来就是为每项要求设定明确的操作性定义、目标及测量方式。如果功能要求是主观的，就要选择一个高度相关的替代性测量标准。例如，我们可以利用消费者满意度等级对互联网协议电话的消费者服务进行测量。

对于任意的解决方案，有一类效果预期，如可靠性，可以使用平均故障间隔时间这一标准进行追踪。解决方案的设计记分卡（技能 43）中就包括了此项标准。

---

5. 调整各消费者群体的预期

在透彻地了解每类消费者的功能要求之后，接下来就是寻找潜在的利益冲突，确定缓解或解决这些问题的方式。例如，最终用户可能想在一定程度上实现定制化，但这会增加维护者维护产品的难度。在这种情况下，供应商选择为最终用户提供较少的定制化选择，以满足维护者易于维修的期望。

虽然满足最终消费者的预期至关重要，但是注意不要在此过程中疏远中间人或维护者。最成功的组织能够在不同的消费者群体之间调整消费者预期，最大限度地减少矛盾。

---

6. 将预期翻译为设计参数

使用其他设计参数和工具，如公理化设计（技能 34），将消费者预期转化为从功能要求开始的可行设计。

在六西格玛语言中，功能要求是指“Y 相关”关键业绩指标，以设计和优化工作为重点，利用设计记分卡或流程行为图进行追踪。

技能 34

公理化设计

将消费者需求转化为最好的产品和服务

公理化设计是一个过程。在此过程中，你将消费者待完成的任务（JTBD）和结果预期（OE）一步步转换为功能要求（FR）、设计参数（DP）以及过程变量（PV）。该项技能在处理包含大量功能要求，以及由此带来的大量设计参数和过程变量（有时成千上万）的复杂系统时尤其有用。大型喷气式客机和强大的软件应用就属于此类。

渐进性公理化设计活动可以确保最终解决方案是最佳设计，可以满足消费者的需要，能够可靠地生产和交付。虽然人们可以较为深刻地理解公理化设计，但要将其应用到复杂的系统，则需要一位在此方面具有较深的教育背景和广泛经验的专家。

在本书以及本章中，我们使用待完成的任务和结果预期这两个术语代替经典公理化设计的术语“消费者属性”。你需要想想自己是富有经验的公理化设计工程师还是公理化设计的纯粹主义者。

➲ 背景

公理化设计的基础由两个公理构成，即独立公理和信息公理。

独立公理主张所有的功能要求及其相关的设计参数都是独立的。因此，如果你为了满足某项功能要求而调整设计参数，它将不会对其他功能要求产生影响。不满足独立公理的设计称为耦合设计。满足独立公理的设计称为弱耦合设计或非耦合设计。

你总是想要弱耦合设计或非耦合设计，因为它能够尽可能地保持设计的模块化和独立性。在这种情况下，如果系统的任何部分出现问题，非期望结果不会在整个系统中传播。在处理非常复杂和庞大的系统时，独立设计也能够实现工程工作的独立运行。

信息公理以信息理论为基础，在本质上认为最佳设计是信息量最少的设计，这也满足了独立公理。信息量按照概率进行定义：越能减少过程参数变化、消费者使用条件的差异、重复使用等所造成的影响，这样的设计就越能更好地满足信息公理。

满足信息公理的设计称为稳健设计（技能 42），因为它能最大限度地提高利润率、满足规范（过程变量或 PV）。例如，过程变量，比如抗张强度或数据输入错误，在理论上可以在零到无穷大之间浮动，但实际上它一直在两个极端之间的某一段浮动。

公理设计由徐南杓博士提出，他是麻省理工学院机械工程学荣誉教授。

在推进满足独立公理和信息公理的设计过程中，公理设计的

实践者需要在功能要求、设计参数和过程变量之间逡巡徘徊，如图 34.1 所示。实际上，这一曲折过程就是将功能要求翻译为相应的设计参数和过程参数的过程——尽可能始终满足独立公理和信息公理，才能使设计符合规范。

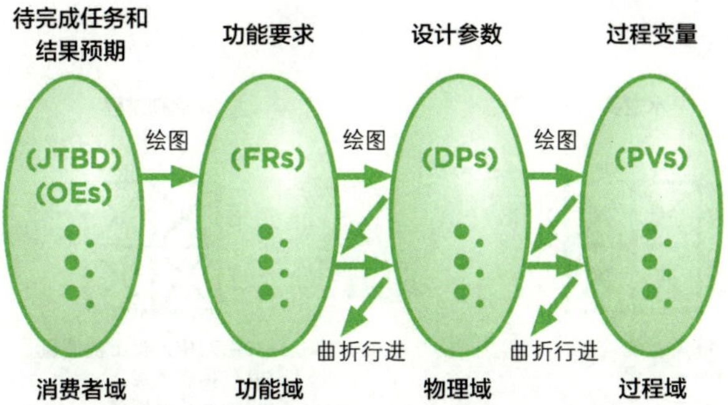

图 34.1　公理设计域

注意：经典公理设计使用了消费者属性而不是本章和本书中使用的术语——待完成的任务和结果预期。

独立公理

我们可以通过展示两个设计参数和两个功能要求之间的关系阐明独立公理——对于如此简单的 2 × 2 设计，就不需要公理设计。由于公理设计在实操层面太过复杂，这是阐明它如何高水平运作的最佳方式。接下来的例子高度程式化，主要是为了阐明其工作原理。在现实中，它们更加纷繁复杂。

耦合设计

从图 34.2 中我们可以看到水流（功能要求 1）和温度（功能

要求 2）同时受到冷阀门角度（设计参数 1）和热阀门角度（设计参数 2）的影响。因此，该设计为耦合设计。对于服务来说，新招入员工的质量（功能要求 1）和招聘速度（功能要求 2）同时受到面试官的数量（设计参数 1）和面试排期（设计参数 2）的影响。

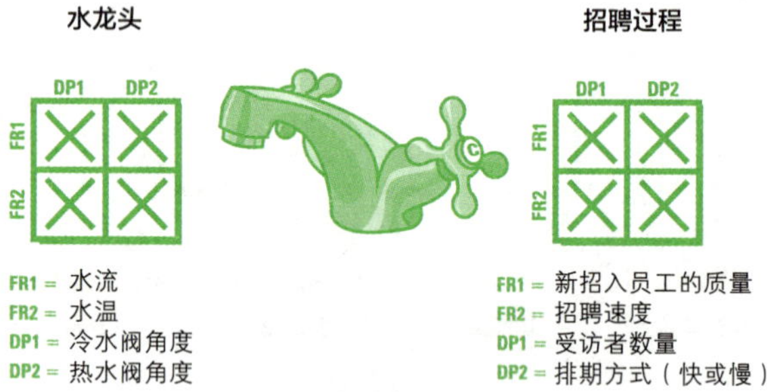

图 34.2 耦合设计，功能要求–设计参数 2×2 矩阵

在耦合设计中，单单调整某一设计参数无法在不影响其他功能要求的条件下实现所有的功能要求。

弱耦合设计

弱耦合设计优于耦合设计。在图 34.3 中我们可以看到一个滑轮皮带设计中的两个简单功能要求和设计参数，该设计利用汽车曲轴产生的动力驱动空调运转。在系统运行时皮带不能滑向侧面（功能要求 1），也不能前后滑动（功能要求 2）。在弱耦合设计中，功能要求 1 和功能要求 2 同时受到滑轮设计（设计参数 1）的影响，但是只有功能要求 2 受到减摩设计（设计参数 2）的影响。

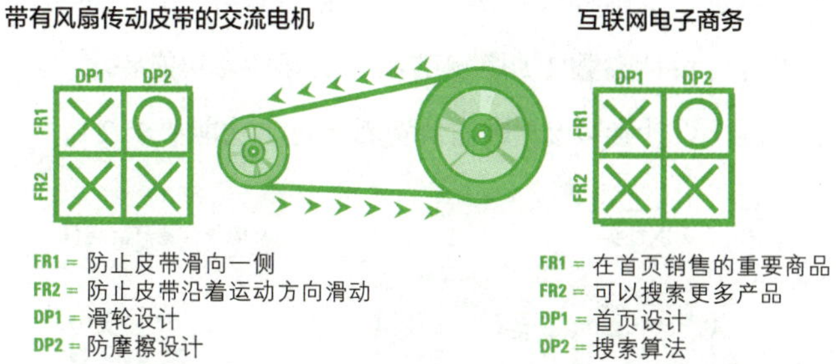

图 34.3　弱耦合设计，2×2 功能要求-设计参数矩阵

在弱耦合设计中，通过调整设计参数可以独立实现所有功能要求。

图 34.3 表示物联网电子商务，其中功能要求 1 和功能要求 2 同时受到设计参数 1 的影响，但是只有功能要求 2 受到设计参数 2 的影响。换句话说，主页设计（设计参数 1）决定着主页展示的内容，同时允许进行进一步的搜索（功能要求 2）；但是搜索算法（设计参数 2）不能决定主页上展示的内容（功能要求 1），它只能用来搜寻更多的在售产品（功能要求 2）。

非耦合设计

非耦合设计优于耦合设计。在图 34.4 中我们看到水龙头设计中涉及两个功能要求和两个设计参数，流速值（设计参数 1）影响水流量（功能要求 1），热 / 冷混合值（设计参数 2）影响水温（功能要求 2）。设计参数 1-功能要求 1 组合与设计参数 2-功能要求 2 组合完全脱离，确保了功能要求-设计参数组合的独立性。

通过观察与在线购物相关的两个设计参数和两个功能要求，

我们可以进一步阐释服务领域中的非耦合设计。在图 34.4 中，购物车设计（设计参数 1）影响结账的友好性（功能要求 1），安全转账系统（设计参数 2）影响消费者支付（功能要求 2）。

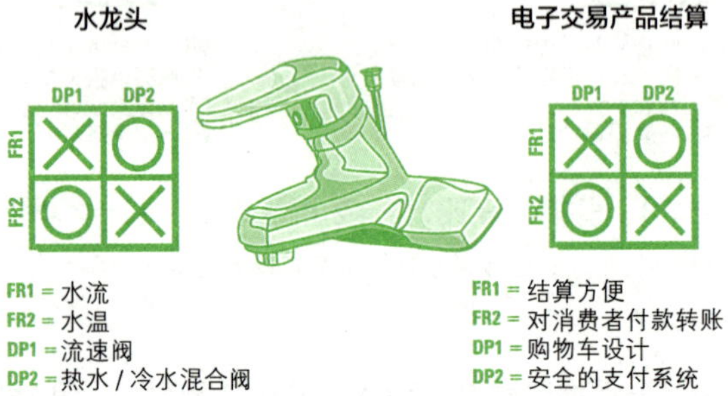

图 34.4　非耦合设计，2×2 功能要求－设计参数矩阵

在非耦合设计中，可以通过相应的设计参数独立实现每个功能要求。

案例：信息公理

借助图 34.5 可以很好地解释信息公理：任何设计的成功率可以通过设计范围（通常为公差）和系统范围（利用流程变化进行描述）进行计算。该设计的信息量可以通过共同范围下的面积（A_{CR}）进行计算，可使用以下公式求得：信息量 = I = $\log_2$（$1/A_{CR}$）。

由该等式可知，如果 A_{CR}=1，也就是说设计范围等于系统范围，则信息量等于零，这表明该设计较合理。若信息量大于零，则存在发生故障的风险，该设计就不是最优设计，或者说不合理。

这也意味着只要系统变化范围在设计范围内，无论流程变化如何，该设计都属于合理设计。但是如果系统范围超出设计范围，那么将出现缺陷、错误或故障。系统超出设计范围的程度反映了它受到潜在故障影响的程度。

公理化设计的首要目标是尽可能提高设计功能要求的独立性。然后，你可以根据信息矩阵，利用稳健设计（技能42）、设计失效模式和效应分析（技能 44）和防误措施（技能 45）等技能使你的设计更加强大。

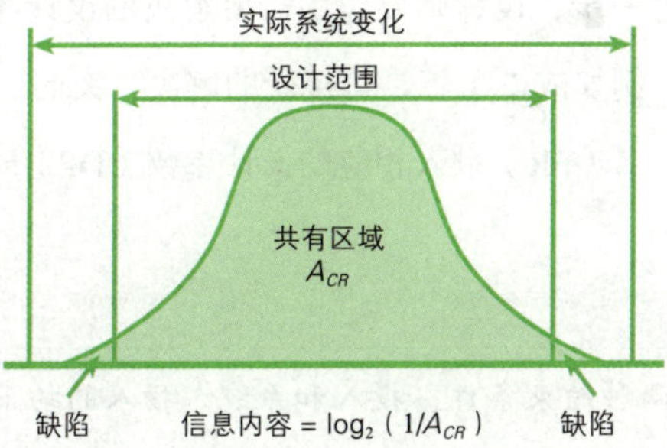

图 34.5　信息公理和信息量

步骤

1. 确定待完成的任务和结果预期

待完成的任务和相关的结果预期可通过多种方式进行定义（它们与经典公理设计中的消费者属性是同义词）。待完成的任务是消费者试图实现的目标，而不是具体的产品、服务或解决方案。如果有了一个具体的解决方案，结果预期可以帮助你按照消费者的期望、需要或要求设计解决方案。

2. 将结果预期翻译为功能要求

这一步，我们由消费者语言过渡到设计师语言或解决方案的功能。消费者可能会说“我想要它看起来赏心悦目”，设计师可能将其翻译为“我需要它是透明的蓝色”。消费者想要大西洋航班安全准时到达目的地（结果预期），所以设计师需要 20 万磅的推力使乘客按时安全抵达目的地（功能要求）。

同样在这一步，设计师要识别需要解决的设计约束条件。此类约束条件（例如成本）就是可接受的解决方案的设计边界——之后将功能要求（FR）融入相应的设计参数（DP）时所依据的实际情况。

存在两种约束条件：投入和系统。投入的约束条件是设计规范的一部分。系统约束条件源于系统，设计解决方案就在该系统中发挥作用。

---

3. 将功能要求翻译为设计参数

接下来，设计者需要将每个功能要求翻译为相应的物理域设计参数。这些设计参数属于关键材料，或是服务目标及规范。例如，如果功能要求需要某个部分为蓝色，那么该功能要求的设计参数就是红绿蓝颜色量表上的 0/0/255（蓝色），量表公差为 ±5。

4. 按照过程变量制定设计参数

公理设计的最后一步是要保证你能按照过程制定设计规范，从而不断形成和实现新的解决方案，并且不出现任何差错。利用将功能要求翻译为设计参数的方法，设计者将每个设计参数翻译为一组相应的过程变量（PV）。因此，如果设计参数在红绿蓝量表上是 0/0/255，±5，那么该过程中哪些变量能让它满足此规范？这些变量就是相关的过程变量。

需要注意的是，将功能要求翻译为设计参数和将设计参数翻译为过程变量的过程具有层次性和重复性——从细节开始，然后继续细分（参考图 34.1）。这就是公理设计中的曲折行进，正如功能要求要分解为设计参数，设计参数也要分解为过程变量。在每个层面上，设计决策是在各领域做出的，这个过程具有曲折性。然后，设计团队退回到功能域，确定下一个层面，该层面反映了以上每个层面各个域的设计决定。这就是曲折前行。

虽然是曲折前行，设计者仍需确保每组处于较低层面的功能要求、设计参数和过程变量尽量保持独立性，并同时满足信息公理。

参考资料

如需更多阅读材料和知识，请参考：

- EL-HAIK B S, SUH N P. Axiomatic quality[J]. Hoboken, New Jersey, United Stated: John Wiley & Sons Inc, 2005.
- SUH N P. Axiomatic design: advances and applications[M]. Oxford University Press, USA, 2001.

技能 35
功能结构

识别解决方案整体和部分分别如何发挥作用

功能结构将想要达成的整体设计功能分解为紧密衔接和切实可行的子功能，使其适用于研发而不会出错。例如，在设计冰箱时，你可以利用功能结构将功能要求，如“将冰箱温度控制在 -18℃”转换为设计参数：当空气温度高于或低于该设定温度时打开或关闭压缩机。

当你需要提出设计概念，并将功能要求翻译为设计参数时，即可使用功能结构技能。但由于功能结构不一定满足要求和参数的独立性，所以将之与公理设计（技能 34）结合起来效果更好。在有资格的工程师的帮助下，你可以使该技能发挥最佳效能。

步骤

为了演示功能结构技能，我们将考察自动洗发机的设计——该设备将会取代剪发前的洗发服务员。

1. 澄清设计问题

该设计的整体意图是什么？该设计必须执行什么功能？在功能结构图（图 35.1）中的中间方框内写下此项功能。在案例中，系统的意图是自动洗发。

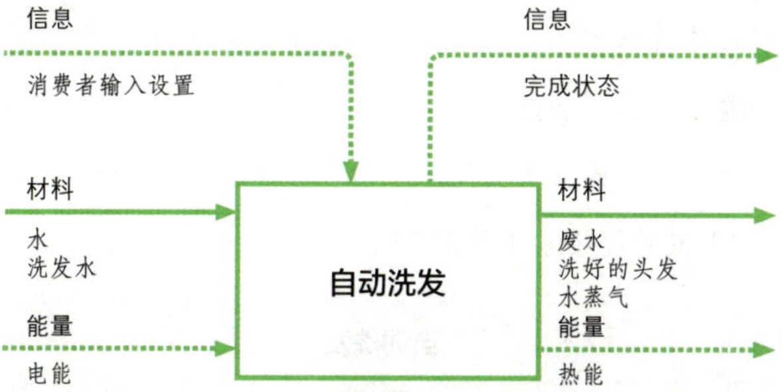

图 35.1 自动洗发系统的关键功能以及投入和产出

2. 列出该功能的投入和产出

在功能的左侧列出投入——系统执行其整体功能需要什么？在右侧列出产出——系统将会实现什么（预期和非预期）？在材料、能源或信息类别下列出全部投入和产出。

图 35.1 展示了为自动洗发系统设定的投入和产出。

3. 将整体功能划分为可识别的子功能

现在提出问题："执行主要功能所需的相应子功能是什么？"在主功能下列出全部子功能，并按顺序将其连接起来（图 35.2）。请牢记以下几点：

由系统或机制执行的某个物理过程或活动来完成子功能。

- 子功能陈述应当由一个动词和一个名词构成。例如，降低压力、消费者登录、洗发。
- 你可以继续对子功能进行细分直到无法再进一步细分，不过这样做并不实际。根据不同的设计类型，只需在一定程度上识别子功能即可。
- 每项子功能应当实现一个消费者需求——结果预期（技能 3）或功能要求（技能 33）。

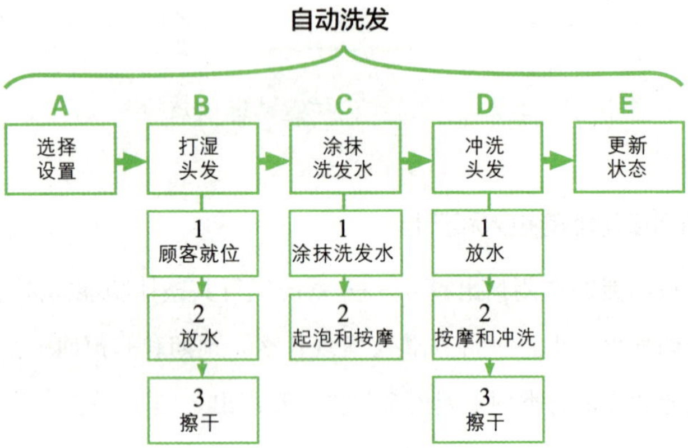

图 35.2 功能结构

4. 为每项子功能制定可能的解决方案

在一定的细化程度上绘制了功能结构图后，最后要做的就是为每项子功能构思可能的解决方案（设计选择）。你可以根据需要合并子功能或进一步细分子功能。图 35.3 表示分解为子功能的自动洗发功能，并注明了材料、能源和信息的交换。它可以指导你构思每项子功能的解决方案。

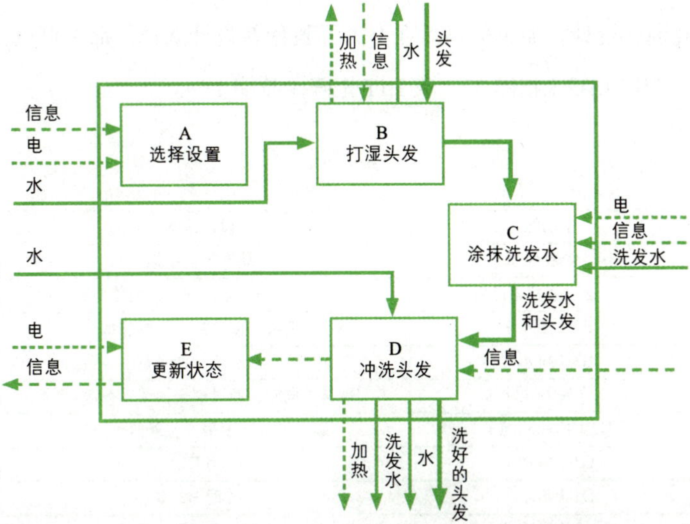

图 35.3 自动洗发全套系统

寻找子功能解决方案时，请使用本书中更加高级的构思技能，因为简单的头脑风暴法不会使你产生创意。在该过程中，应以解决方案的子功能为重点。例如，可以提问：

- 我如何选择设置？
- 我如何打湿头发？
- 我如何涂抹洗发液？
- 我如何冲洗头发？
- 我如何更新状态？

表 35.1 列出了自动洗发子功能的可能解决方案或设计选择。

如果你对所列出的可能解决方案比较满意，那么请阅读形态矩阵（技能 36）这一部分内容，了解如何结合子功能解决方案形成创新设计。如果你仍然在努力寻找创新设计选择，那么可以试试 TILMAG（技能 37）或 HIT 矩阵（技能 18）。

表 35.1　可能的设计解决方案

子功能	设计选择
A（选择设置）	装置控制面板
B1（确定消费者位置）	躺椅、按摩床、前倾、调整头罩
B2（洒水）	喷嘴、储水罐、头罩注水
B3（排水）	落水管、抽吸泵
C1（喷洗发水）	喷嘴、皂液、通过刷子输送（参考 D2）
C2（按摩起泡）	旋转刷头、喷射、头罩内衬充气
C3（排水）	同 B3
D1（喷水）	同 B2
D2（按摩冲洗）	同 C2
D3（排水）	同 B3
E（更新状态）	绿灯闪烁；嘟嘟声

参考资料

如需全面了解功能结构，请参考：

- PAHL G, BEITZ W. Engineering design: a systematic approach[M]. Springer Science & Business Media, 2013.

技能 36
形态矩阵

组合备选方案，形成解决方案概念

形态矩阵在子功能的层面将几种设计方案结合起来，帮你构想出新的解决方案。假设你正在制造无人驾驶汽车，你设计汽车子功能的方式有很多种，如 GPS 导航、语音识别、外部传感器等。形态矩阵可以帮你确定所有可能的设计解决方案，包括以你从未想过的方式来组合设计方案。

你可以在利用功能结构技能找出系统子功能之后使用形态矩阵。或者，如果你遵循了公理设计的要求，形态矩阵可以帮助你将功能要求翻译为设计参数。虽然该技能使用起来很容易，但是团队必须掌握与该系统相关的专业知识才能理解其子功能并评估设计方案。

形态这一术语的隐含假定是在对一个系统的基础部分（系统子功能）了解之后，你将更好地了解整个系统（该系统的整体功能）。因此，当你观察一个系统的形态学时，其实你是在问“整体由哪些部分组成”。

步骤

在功能结构（技能 35）中，我们制定了自动洗发机各项设计方案一览表。我们可以使用形态矩阵将这些设计方案结合起来，从而在子功能层面形成新的潜在解决方案。

1. 确定系统的子功能

对于简单设计，你可以利用头脑风暴法集体讨论得出子功能一览表。更复杂的系统需要使用功能结构（技能 35）或公理设计（技能 34）。对于流程的创新，流程图或价值流图（技能 51）将会帮助你识别子功能，并将它们与该流程中的步骤相对应。

子功能应当服从整个系统，但是不应过于细化以免相互重叠。

---

2. 列出每项子功能的设计方案

试着为每项子功能列出两个以上、六个以下的设计方案；如果设计方案少于两个则无法通过矩阵的备选途径。如果设计方案多于六个，那么在不使用计算机的情况下很难进行评估。此时不要对设计方案进行评估，只进行记录即可。

与 TILMAG（技能 37）不同，你可以利用形态矩阵同时比较两种以上的设计方案，对于复杂系统而言这项技能更加实用。

---

3. 评估设计方案的可行性

初步评估设计方案的可行性，排除与限制因素或待完成的任务以及结果预期相互矛盾的设计方案（表 36.1）。注意排除会使其他设计方案没有实际意义的设计方案。例如本章案例中的抽吸泵，在团队排除蓄水池方案后，抽吸泵也就不需要了。

表 36.1　形态矩阵

子功能	选项 1	选项 2	选项 3	选项 4
A（选择设置）	装置控制面板			
B1（安排消费者位置）	躺椅	按摩床	~~前倾~~	头罩定位
B2（喷水）	喷嘴	~~储水池~~	将水注入头罩	
C1（喷洗发水）	喷嘴	肥皂溶液	通过刷子输水	
C2（按摩和起泡）	旋转刷头	喷射装置	头罩内衬充气	
D1（喷水）	喷嘴	~~蓄水池~~	将水注入头罩	
D2（按摩和冲洗）	旋转刷头	喷射装置	头罩内衬充气	
D3（排水）	~~抽吸泵~~	排水管		
E（更新状态）	绿色闪烁指示灯	嘟嘟声	~~打印输出~~	

当在矩阵中列出所有设计选项后，花些时间排除那些与限制因素或消费者要求相矛盾的选项。

4. 构想设计概念

结合其余选项（每项子功能的解决方案）构想设计概念。从每行中选择一项，记下所有可能的组合（表 36.2）。如果矩阵十分复杂，你可能需要在电脑上完成这项工作，因为组合的可能性有时多达数百甚至数千。在我们所举例子中，将每行选项的数目相乘（1×3×2×3×3×2×3×1×2）可知总共有 648 个可能的设计概念。

表 36.2 形态矩阵设计概念

	A（选择设置）	B1（安置消费者）	B2（打湿头发）	C1（喷洗发水）	C2（按摩和起泡）	D1（喷水）	D2（按摩和冲洗）	D3（排水）	E（更新状态）
1	装置控制面板	躺椅	喷嘴	喷嘴	旋转刷头	喷嘴	旋转刷头	排水管	绿色闪烁指示灯
2	装置控制面板	按摩床	喷嘴	喷嘴	旋转刷头	喷嘴	旋转刷头	排水管	绿色闪烁指示灯
3	装置控制面板	头罩	喷嘴	喷嘴	旋转刷头	喷嘴	旋转刷头	排水管	绿色闪烁指示灯
4	装置控制面板	躺椅	头罩注水	喷嘴	旋转刷头	喷嘴	旋转刷头	排水管	绿色闪烁指示灯
5	装置控制面板	按摩床	头罩注水	喷嘴	旋转刷头	喷嘴	旋转刷头	排水管	绿色闪烁指示灯
6	装置控制面板	头罩	头罩注水	喷嘴	旋转刷头	喷嘴	旋转刷头	排水管	绿色闪烁指示灯
7	装置控制面板	躺椅	喷嘴	肥皂液	旋转刷头	喷嘴	旋转刷头	排水管	绿色闪烁指示灯
8	装置控制面板	按摩床	喷嘴	肥皂液	旋转刷头	喷嘴	旋转刷头	排水管	绿色闪烁指示灯
9									

这里我们看到的仅仅是利用形态矩阵得到的自动洗发机的 648 个可能的设计概念的一小部分。

可登录 www.innovatorstoolkit.com 下载空白图表。

5. 评估设计概念的可行性

最后一步是完成对设计概念的初步评估，该评估同样要考虑物理或成本限制。注意不要过早地排除某些创意，如有疑问，可以暂且搁置。你可以利用结构化评估技能，例如普氏矩阵（技能 40）进一步进行评估。在本章案例中，我们排除了 4 号和 5 号概念，因为立式头罩无法与躺椅或按摩床配合使用。

其他实例

除了复杂设计以外，你可以使用形态矩阵列出并评估每种过程或服务方案。在图 36.1 中，我们看到一个团队如何利用这项技能为本地餐馆支持的筹资项目构思解决方案。矩阵总共有 500 种不同的组合（5×4×5×5）。然而，小组并未在一览表中组合全部的设计概念，而是从每行选择一个选项直至得到足够可行的解决方案。

子功能	选项 1	选项 2	选项 3	选项 4	选项 5
确定筹资渠道	Manny 的用餐者	员工	补助金	社区	其他企业
识别参与者	员工	员工和家属	当地学校运动员	社区团队	
识别受益人	当地学校	收容所	残障人士项目	医院	食品库
确定活动类型	保龄球	垒球	募捐长跑 / 竞走	Manny 用餐者优惠券	面包售卖

图 36.1　形态矩阵的另一个例子

参考资料

如需更多参考，包括本技能的创始人弗里茨·兹威基（Fritz Zwicky）进行形态分析的信息，请参考：

- www.swemorph.com

有关形态矩阵和公理设计概念的结合，请参考：

- WEBER R G, CONDOOR S S. Conceptual design using a synergistically compatible morphological matrix[C]//FIE'98.28th Annual Frontiers in Education Conference. Moving from' Teacher-Centered'to'Learner-Centered'Education.Conference Proceedings (Cat.No.98CH36214).IEEE, 1998, 1: 171-176.
- www.fie-conference.org/fie98/papers/1245.pdf.

技能 37

TILMAG

将理想解决方案要素两两配对，形成新的设计概念

TILMAG 利用配对类比，将创新的主要特征转换为独特的设计概念。例如，若将可再生能源和快速启动这两个特征组合起来，你可能会想到无电池手电筒。这种手电筒只需轻轻晃动就能开启。使手电筒正常发光的基本原理也可以为你的创新提供解决方案。

TILMAG 背后的原则是：同时只比较两条信息时，人类大脑表现非常出色。因此，TILMAG 可以帮助你形成独特的解决方案，而不会被所有可能发生的情况搞得焦头烂额。然而，随着特征总数的上升，该工具的复杂性也会增加。因此，你最好在子系统层面或在比较七个以下的特征时使用此技能。

如果你使用功能结构（技能 35）找到了创新子功能，你就可以利用 TILMAG 为每项子功能设计一个解决方案。

背景

TILMAG方法由赫尔穆特·施里克苏普（Helmut Schlicksupp）博士发明，他是一位德国作家和顾问，因研发创造性技术而闻名。TILMAG是一个德语缩略词，意思是“在联想矩阵中转换理想解决方案要素”。它听起来比较拗口，但其实非常简单：

- 理想解决方案要素（ISE）是你的创新为满足消费者结果预期而必须具有的特征或功能（如需了解更多信息，请参考结果预期和功能要求，分别为技能3和技能33）。
- 联想矩阵帮助你将理想解决方案要素转换为新的创造性设计概念，这些概念满足各方对解决方案的性能和感受的期望。它将理想解决方案要素与其他理想解决方案要素两两配对，帮助人们发现前所未见的联想。

步骤

我们假设你的创新项目是研发可供警官在车内使用的笔记本电脑。利用TILMAG，你会发现笔记本的哪些特征能够满足预期，你是否能够以足够创新的方式满足这些预期，令你的笔记本电脑从大量的竞品中脱颖而出。

1. 形成理想解决方案要素

将对性能和感受的预期翻译为理想解决方案要素——概括性的短语，用以描述消费者期望你的产品或服务拥有的具体特征或功能。注意，理想解决方案要素不应是对解决方案的描述，如“较长的电池使用寿命”，而应当是概念性的描述，如“可再生电源”，这样你才有足够的创新空间。换言之，你应该将注意力从功能要求转移到结果预期。

在本章案例中，该团队将笔记本电脑的理想解决方案要素确定为可再生电源、启动迅速、屏幕大、体积小。当然，针对警车中使用的笔记本电脑，你可能会提出其他的理想解决方案要素，包括无线连接和耐用的组件。随着理想解决方案要素数量的增加，TIIMAG 工具会变得非常复杂，所以本例中我们就将理想解决方案要素数量限定为 4 个。

TILMAG 矩阵至少需要 3 个理想解决方案要素，4~6 个要素时表现最佳。3 个理想解决方案要素，只需要画 3 个单元格，处理起来相对较快。如果是 6 个理想解决方案要素，矩阵将有 15 个单元格。

---

2. 在 TILMAG 矩阵中添加解决方案要素

在 TILMAG 联想矩阵的顶部，列出所有的理想解决方案要素，最后一项除外。在左下方，以相反的顺序列出理想解决方案要素，第一项除外（表 37.1）。

3. 剔除重复的配对

划掉两个理想解决方案要素相同的单元格。例如，你不需要

表 37.1 TILMAG 矩阵

TILMAG	1 **可再生电源**	2 **快速启动**	3 **屏幕大**
4 **体积小**	自动机械表 混合动力车电池 无电池手电筒 电化学反应	便携式收音机	折页地图 卷式席 投影仪
3 **屏幕大**	太阳能电池板 显微镜	大屏电视 风景背景板	×
2 **快速启动**	MP3 播放器	×	×

将屏幕大与屏幕大配对。同时，划掉右下方单元格，因为该配对已经在矩阵的其他地方存在（表 37.1）。

4. 理想解决方案要素配对

配对之后，利用头脑风暴法集体讨论并记录想到的所有联想。你能想出哪些现有的产品、服务、经营模式或系统的特征或功能，同时囊括了这两个理想解决方案要素？至少为每组配对找到一种联想。在一些单元格中，你会找到几种联想。如果什么都没想到，就跳过该配对，稍后再试。

5. 形成设计概念

最终，将你在第 4 步中通过头脑风暴讨论的联想转化为与你的创新有关的设计概念。如果联想可以作为问题解决方案，那么请一次性讨论所有的联想。在本章案例中，我们为警用笔记本电脑提出了几个子系统解决方案（表 37.2）。

表 37.2 TILMAG 设计概念

联想	理想解决方案要素	定义特征	解决方案创意
自动机械表	体积小、可再生电源	通过内部发条运动释放潜在能量	同左侧
混合动力汽车电池	体积小、可再生电源	汽车电池在制动过程中充电	车辆静止时笔记本电脑充电
无电池手电筒	体积小、可再生电源	轻轻晃动即可打开手电筒	车辆运动时笔记本电脑充电
电化学反应	体积小、可再生电源	反应产生能量	笔记本电脑依靠电化学凝胶充电
太阳能电池板	屏幕大、可再生电源	大太阳能电池板产生能量	在车内安装太阳能电池板为笔记本电脑充电
显微镜	屏幕大、可再生电源	靠电池工作，可使小东西变大	使用视网膜投影技术
MP3 播放器	快速启动、可再生电源	操作系统快速启动	使用最快的操作系统
便携式收音机	体积小、快速启动	功能有限（只能听）	限制笔记本上的软件数量
大屏电视	屏幕大、快速启动	快速呈现图像	限制开机启动软件数量
风景背景幕	屏幕大、快速启动	背景快速呈现	模仿图形用户界面操作系统和加载速度快的程序
折叠地图	体积小、屏幕大	压缩保存，大视野	打开后呈现更大的屏幕
卷式席	体积小、屏幕大	压缩保存，大视野	键盘在不使用时可以卷起
投影仪	体积小、屏幕大	投影仪较小，但是可以投射到一个大屏幕上	将笔记本显示器投射到汽车挡风玻璃上

技能 38

工作单元设计

为流程和优化生产配置工作空间

工作单元设计能够组织人员、设备和生产过程，将其融入最有效的资源组合，从而在减少浪费的同时创造最大的价值。住宅开发商就充分利用了此概念，比如用它来设计一个厨房。作为活动的中心，厨房的布局要能支持做晚餐、洗餐具、存放杂物，以及其他活动的流程。

不用说，一个新的创新项目（产品、服务或经营模式），需要在全面投产或交付前进行工作单元设计。你可以借此优化过程，更迅速地满足消费者需求。

本章中的背景和步骤部分是一个很好的开端，但是为了充分利用工作单元设计，你需要了解与精益原则和实践有关的更多信息。这种方法不仅能减少产品和服务环境中的浪费，还可以增加运营的速度、效率和价值（参见技能 51“过程图 / 价值流图”结尾部分的“参考资料”）。

背景

传统上，制造商力图保持机器持续运转以实现生产率最大化并减少单件成本。许多制造商（和服务供应商）已经认识到根据消费者需求保持零件、产品或服务的交付流转率的好处。这保证了厂商只生产或提供市场所需数量的产品或服务，使用的时间也尽可能地接近生产所需要的时间。为了实现此目的，就要合理设计工作单元。

图 38.1 展示了在许多制造和服务环境中有效的五个常用工作单元设计。

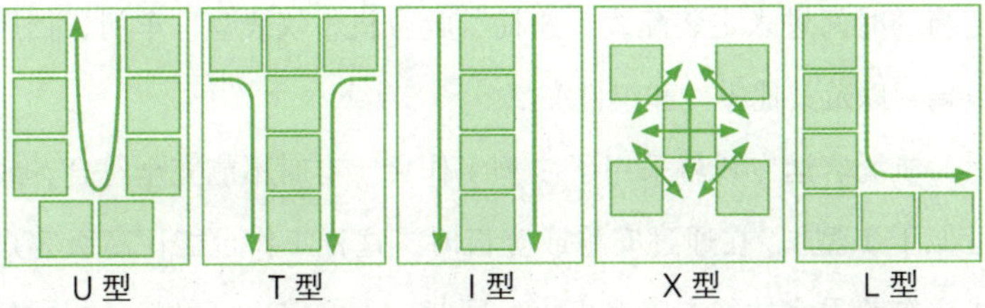

图 38.1　常用工作单元设计

U 型工作台一般在同一个操作员执行大量不同的任务时使用。U 形设计可使不同的任务在邻近区域完成，减少了运输和装卸的复杂性。

例如，为医疗设备生产手柄的机械制造厂可能将各个工作台以 U 形组合：如负责钻孔的钻站、将手柄弯曲为弧形的折弯机、消除毛边的去毛边机、为手柄的底漆和涂装做准备的抛光机，以及涂装修饰涂料的其他工作台。

与节拍时间（takt time，为满足市场需求所必须达到的生产速度）相比，工作速度较慢时，U 型工作台只需要一个操作员在设备之间快速穿梭便能使工作流程持续运转。当消费者需求增加导致节拍时间缩短时，每个工作台可以配备多位操作员以保持所需的生产速度。

T 型工作台常适用于即时库存管理系统。T 的垂直部分代表主装配线，水平部分代表流入主装配线的即时零件或组件。T 的水平部分通常会根据装配线的复杂性进行修改。

例如，汽车制造商会设置工作单元，让底盘从主装配线向下流转。然后，零件和组件以垂直的方式从左右两边给进。轮子在适当的时间进入主装配线，座椅、收音机、仪表盘、车门、挡风玻璃，以及其他零件和组件亦然。

机场客运专线就采用了 T 型工作台（有时不能完全符合，或近似于 T 型）。在通过安检或登机时，这种工作台能让高级客户或头等舱乘客的行走路线更短。同时，主线路也可以经过相同的中转站。

I 型工作台是经典的直线流程，工作从 I 的一端进行到另一端。这种形式常常运用在各零部件已经提前备好的时候。或者由一个工人带着产品走过各个流程，或者由他将产品转移给生产线上的下一个工人。

我们不建议 I 型工作台靠墙而建，因为这样无法为流水线两侧，而不仅仅是一侧安排工作流，从而使生产能力翻倍。例如，一些饭店的沙拉售货台紧靠着墙壁，这样一来，经营者就无法让流水线离开墙壁（最小的投资）从而使服务能力翻倍。

X 型工作台一般为需要定期公开交流的功能或跨功能工作团队所使用。X 中的每处空白代表一个人。这些小区块将员工分隔开来，在保持工作有序的同时增强了个体责任。但是 X 配置需要足够开放才能培养跨职能交流和团队合作精神。

在制造业环境中，你可以将不同的部门设置在相同的地方，以便进行跨职能工作，如批准新产品投放市场。你可以将采购员、设计工程师、质量工程师和制造工程师安排在同一间办公室，从而使流程更加高效。在单一功能工作单元，如呼叫中心中，X 可以在必要时使员工互相协助。

如果你为了达到节拍时间，需要将两个或更多的操作或操作员安置在邻近位置，从而减少行走时间，加快沟通，实现灵活性，L 型工作台就是合适的选择。和 U 型工作台一样，L 型工作台允许一个工人在较慢的需求周期中同时执行两项职责；在较快的需求周期中，两个工人可以在邻近的位置工作，以便满足订单需求。

L 型工作台在需要培训的办公室环境中表现良好。把有经验的员工安排在新员工或缺乏经验的员工的附近工作，可以起到示范作用、回答问题并进行指导。L 型设计具有成本优势，它能减少空间要求，并共享资源，如打印机和传真机。

步骤

RayRay 发廊是一家新美容连锁企业，他们试图减少消费者的等待时间和服务时间。让我们看看 RayRay 如何利用工作单元设计技能优化剪发流程。

1. 收集数据

设计工作单元时，你需要两条关键信息——消费者需求率和流程时间。在此基础上你可以确定节拍时间——为满足需求的所需要的生产速度。

- 为了凸显创新产品或服务的意义，可以用增量来表示消费者需求。一天、一周或一个月可以销售多少产品？一分钟、一小时或一天能够服务多少消费者？
- 流程时间可以定义为前导时间（lead time，流程从头至尾所需的总时间，包括等待时间）或周期时间（cycle time，完成一个流程步骤所需的时间）。

在本章案例中，RayRay 探访其他美发沙龙以收集数据，研究给定时间内有多少消费者进店消费。他们在一周中选定几天进行多次观察，从而确定消费者需求率。为确定流程周期时间，RayRay 在实践中测量了若干消费者花费的时间（消费者登记、洗发、剪发、付款的时间）。

如果面对最新推出的产品或服务，你可能没有消费者需求或时间的历史数据。此时，你可以从试点研究或抽样调查中获得数据。或者，你也可以通过类似的流程甚至从竞争对手那里（如果他们允许）收集数据。

---

2. 计算所需的资源

掌握了新产品或服务的消费者需求率（DR）和周期时间（CT），你就能够利用以下两个简单的公式确定达到节拍时间所需的资源数量（NR）：

需求率 = 1/ 节拍时间

资源数量 = 需求率 × 周期时间

例如，RayRay 的研究表明理发的需求率为每 5 分钟一个消费者（消费者需求率 = 1/5，所以节拍时间为 5 分钟）。不包括登记、洗发或支付的时间，理发的周期为 15 分钟。周期时间 =（1/5）×15 = 3。所以 RayRay 需要三个资源或发型师以保持节拍时间并赶上消费者需求的节奏。

如果需要两个或更多的人来达成节拍时间，你可以使用工作量平衡技能在现有资源的基础上实现工作的均匀分配，避免让一些人员负担过重而另一些人员未得到充分利用。如需了解有关工作量平衡的更多信息，请参考：LIKER J. The Toyota way fieldbook[M]. Esensi, 2006。

---

3. 优化工序流程

观察流程图或价值流图，识别增值步骤和非增值步骤。增值步骤是消费者会为其支付报酬的工序。所有其他步骤均为非增值步骤，即使它们对流程非常重要。

- 排除非增值步骤。例如，RayRay 认为，发型师中止理发并登记新消费者就是一个非增值步骤。安装自动登记设施让消费者自动登记预约，就可以消除这一步骤。
- 最大限度地减少或消除人员或物体的过度流动或走动。在 RayRay 美容美发店，消费者在进门登记时便支付了理发的费用，这样就能使消费者之后不用再去收银台付款。
- 实现单件流动。减少等待时间，零件、产品和消费者都应当单件通过流程而不是分批通过。

根据流程的复杂程度，你可能需要不同的流程图或价值流图来详细展示流程和子流程。在任何一种情况下，你应当尝试消除或最大限度地减少非增值活动和浪费，努力实现单件流动。

---

4. 形成标准化作业

针对每个流程步骤，形成标准化作业——按顺序列出完成该步骤所需的各项工作。它可以确保工作程序最优，并保证完成同一种工作员工动作的一致性。对员工进行培训，要求他们遵守标准化作业文件，将文件放置在方便参考的地方。

注意，要反复优化程序流程并形成标准化作业。如果时间允许，重复步骤 3 和步骤 4，并继续收集数据。

不要混淆标准化作业与标准操作程序（SOP）。标准操作程序一般是指与制造、组装产品或提供服务有关的详细说明（篇幅较长）。标准化作业是一个人完成特定工作的最佳方式，它使用图片或较少的文字对此项内容加以说明。

5. 布置工作台

工作台的布置应尽可能集中，应能够最大限度地减少搬运和移动，优化流程。根据工作类型，一些布置会比其他布置效果更好。无论你选择哪种设计，不要为了效率而牺牲安全、投入或质量。

在本章案例中，RayRay 美容美发店对工作单元进行了精心设计，沿着指定的路线引导顾客（图 38.2）。在登记付款后，顾客会进入一个隔间，由一台特别设计的机器进行洗发和头皮按摩。这让作为关键资源的发型师能够专注于理发和造型设计。

6. 应用 5S

5S 代表整理（Sort）、存放（Store）、整洁（Shine）、标准化（Standardize）和保持（Sustain）。此方法可以保证工作台干净整洁，使物品摆放位置标准化。例如，在 RayRay 美容美发店，发型师每天都要用到剪刀、梳子、夹子、发胶等物品。这些常用的物品应放置在理发工作台上容易拿取的位置。不太常用的物品应集中放置在一个地方，不能妨碍常用物品的拿取。

5S 中最难的一步是保持，因为员工通常比较忙碌，而且经常

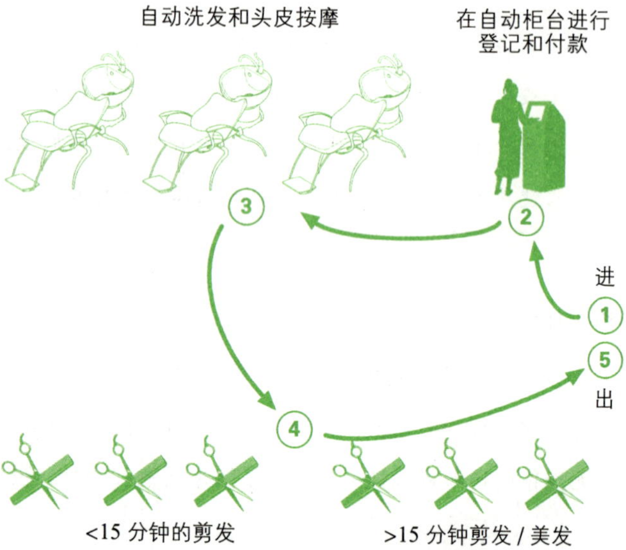

图 38.2 工作单元设计实例

会重新回到以前的习惯。为此，RayRay 美容美容公司发明了阴影板，突出显示未能正确归位的工具。阴影板本质上就是一份清单，所有发型师在离开工作台时必须填写，即便之后使用这个工作台的还是他们本人。这一纪律让 RayRay 不用费力检查，并始终保持较高的经营管控水平。

7. 试验设计

做好行动准备后，请对工作单元设计和所有相关的流程进行试验，以确保达成节拍时间的要求，一切都能按计划进行。经营不仅应当满足节拍时间和流程时间的要求，还应当有明显的节奏。正如一句表现质量要求的谚语所说："只有看到才能知道。"所以，即便存在一些不够完善的方面，只有看到了平稳高效的运作，你才能说自己知道它。

参考资料

如需全面了解工作单元设计，请阅读：

- HYER N, WEMMERLOV U. Reorganizing the factory: Competing through cellular manufacturing[M]. CRC Press, 2001.

技能 39

成对比较分析

成对比较和分级设计理念

成对比较分析依靠一个简单的矩阵比较不同的创意或设计理念，这些创意和理念之间往往存在分歧。成对比较分析可以使你选出最有可能成功的创意或设计理念。例如，汽车制造商对新型油电混合动力车有 5 种不同的设计配置，哪种设计最符合市场需求？

当你需要比较更多的上游创意或更多的下游设计理念时，请使用成对比较分析。如果你没有掌握不同的创意如何满足消费者结果预期（技能 3）的客观资料，或者并不确定不同的设计理念是怎样满足不同的功能要求（技能 33）的，此项技能就特别有用。

此项技能比其他比较技能，如普氏矩阵（技能 40），使用起来更为容易。因此，成对比较分析可以使你在专注于某个特定方案之前，快速地对所有备选方案的相对价值进行综合评估。

步骤

设想有一家广告公司，它有机会得到一个大客户。这个客户想要推出一款新产品——一款非处方感冒药，需要花费数百万美元做广告。该客户想要知道广告主题应该是什么，还需考虑哪些其他主题。该广告公司利用成对比较分析回答了这些问题。

1. 给出明确的操作性定义

操作性定义是对备选解决方案（创意或设计理念）的目标明确易懂的说明。对于本章案例，广告公司的目标是确保新感冒药在广告播出后市场份额增长 8%。面对这点说明，我们也就不难理解该广告公司进行成对比较分析的原因了。该分析涉及不同的人员，并能以一种明确、一致的方式来使用和解读。

2. 形成或发现备选创意

要完成成对比较分析，一般需要使用头脑风暴法发现优秀的备选创意。我们推荐使用本书中的任一或全部构思技能，而不只是经典的头脑风暴法。如果简单的头脑风暴法就足够了，那么团队越多就越常构想出越多的创意，然而事实并非如此。

明确描述每个备选创意（操作性定义），每个创意都使用一个字母表示。你还可以为每个创意附加一个描述性名称。例如，可能的广告主题包括：

- 跳舞的鸭子：美国家庭人寿保险公司用鸭子代言，一举成功。我们可以使用胡桃夹子组曲或天鹅湖主题，鸭子边唱边跳，歌词主要描述该产品的优点。

- 爆炸新闻：新闻主播播报有关该新产品在缓解感冒症状方面明显优于其他竞争产品的爆炸性新闻。
- 专家医生：直奔医疗主题，演员扮演医生，大力赞扬该产品在治疗全家人感冒方面的优势。医生提供比较性医疗研究成果。
- 福音合唱团：福音合唱团周日演唱，音乐和歌词催人振奋，歌词主要描述感冒后第一时间使用该产品可以使你免受疾病的后续困扰。

此时不应排除任何备选创意。成对比较分析是一个强大的工具，它帮你找出不同备选创意之间的差别，即便它们看起来非常类似。

---

3. 制作比较矩阵

比较矩阵（表 39.1）将各种竞争性创意按照能力进行分级，并从中选出真正的解决方案。矩阵将正在考虑的每个创意单独列为一行和一列，对于所有未进行比较的创意或者非重复性创意（矩阵中灰色的方框），你必须按照操作性定义评定每两个竞争性创意中哪一个更好。

比较应该快速进行，尽量使每项决定所花费时间不大于 10 秒。在每个白色单元格内写下你认为更好的创意的字母编号，然后在从 1（差别较小）到 3（差别较大）的量表上标出你认为两者之间的差距。如果创意之间没有差别，写上两个字母编号中的任意一个然后在它的后面加上零。

例如，让我们比较跳舞的鸭子和爆炸性新闻。假设通过新闻播报传达新药的内在价值比通过跳舞的鸭子更加有趣，爆炸性新闻的等级就更高。

表 39.1　竞争性广告主题比较矩阵

		A	B	C	D
	创意	鸭子	新闻	医生	合唱团
A	鸭子		B,3	C,1	D,3
B	新闻			C,1	D,2
C	医生				D,2
D	合唱团				

4. 结果合并

将每个创意的价值加总起来，并将它们转换为总分的百分比。广告主题的总分为 12 分。结果如下：

- 跳舞的鸭子（A）= 0（0%）
- 爆炸性新闻（B）= 3（25%）
- 家庭医生（C）= 2（16.7%）
- 福音合唱团（D）= 7（58.3%）

根据这些数字，合唱团主题就是最有可能实现客户市场份额目标的广告创意。需要小心，使用成对比较分析技能确定哪个备选创意最好，唯一判断标准就是操作性定义。

如果你想用一种更加严谨的方法来比较多种设计理念的性能预期和认识预期，请考虑普氏矩阵（技能 40）。

本章案例只是对少量的创意进行了比较。实际上，我们可以比较更多的创意，前提是在同一操作性定义下对其进行评估。该项技能推进速度较快，可以在相对较短的时间内对许多组合进行评估。

参考资料

如果你对成对比较分析的经典原著感兴趣，请参考：

- THURSTONE L L.A law of comparative judgment[J]. Psychological review, 1927, 34(4): 273.

技能 40

普氏矩阵

对你所有的设计理念进行评估，形成成功的解决方案

普氏（Pugh）矩阵可以帮助你按照基准评估多种创意或设计理念。例如，一个创新团队对于如何利用新技术美白牙齿形成了许多创意。在这些创意的基础上，团队会产生数个有商业化前途的具体设计理念。普氏矩阵有助于改善这些创意，甚至形成更加成功的综合性创意。

若需按照与结果预期（与具体的解决方案无关，技能 3）有关的标准对创意进行评估，或是根据功能要求（针对特定解决方案，技能 33）对设计理念进行评估，可以使用普氏矩阵。普氏矩阵是风险管理的一种形式：不是在直觉的基础上排定优先次序，而是以更加结构化、更具客观性和更具启发性的方式排除备选方案，并产生优秀的创意或设计理念。

普氏矩阵和控制收敛理念由苏格兰格拉斯哥市斯特拉思克莱德大学的斯图尔特·普氏（Stuart Pugh）博士首次提出。该矩阵的基本理念是通过系统性排除较差理念，来改进优秀

理念、淘汰劣势理念并提高客观性。

步骤

RayRay 美发公司已经为自动洗发功能开发了几个竞争性设计理念，它们甚至比通常在剪发和造型设计之前进行的人工洗发好处更多。

1. 确定基准（数据）

基准的定义在很大程度上取决于你的创新需求。在重新设计现有产品或流程时，如果尚未定义具体的备选解决方案，那么现状就是最理想的备选方案。如果你正在研究多种创意或解决方案，可以考虑将折中方案作为基准，这样做能让你客观地比较所有纳入考量的备选项目。在美发店的案例中，我们将人工洗发定为基准理念。

2. 选择待评估理念

对照基准，考察所有的备选理念。这些备选理念可以是已知的备选理念或你想要考察但尚未详细研究的新解决方案 / 设计理念。请记住，这是一个小组活动。考察几个奇特的创意通常可以增强团体动力。

对于自动洗发机，RayRay 美容美发公司有 5 个相关但是不同的自动洗发设计理念需要评估，如表 40.1 所示。每个设计理念都与躺椅、直靠背椅或按摩床系统相关，并配有喷嘴、人造鬃毛、按摩喷头、按摩头罩和其他组件，如音乐、足部按摩等。

3. 定义评估标准

将每个备选理念与基准数据进行比较，在本案例中评估标准就是解决方案层面的功能要求。每个评估标准对应普氏矩阵的一行。当使用普氏矩阵评估某项待完成的任务的初步创新理念时，评估标准就是更高水平的结果预期。请参考结果预期和功能要求（分别为技能 3 和技能 33），以了解结果预期与功能要求在创新层次和过程方面的更多区别。

4. 按照标准比较理念

对于本章案例，我们要比较的是设计理念，它介于结果预期和功能要求之间。普氏矩阵的用途非常广泛，它几乎能够按照基准对任何一组备选方案进行比较。

对照基准，按照每个标准对每个设计理念进行评级（表 40.1）。如果该理念高于基准，则记为 +；如果低于基准，则记为 –；如果不存在明显差别，则记为 S。

将每个理念的 +、– 和 S 相加，并记录于矩阵底部。比较 + 和 – 的总数，选择最佳理念。比较行是每个设计理念的 + 的总数减去 – 的总数。

在假定的案例中，最佳设计方案似乎是带有可播放音乐的按摩头罩的直靠背椅。但是，普氏矩阵不只是一个简单的数学练习；它是一种定性方法，能够促进新备选解决方案的研发，从而找到最佳解决方案。

表 40.1 普氏矩阵实例

预期	0	1	2	3	4	5
易于使用	基准	–	–	–	–	–
清洁（无水或挤出洗发水）		S	+	+	+	+
舒适		S	+	+	S	S
速度		+	–	–	S	S
效率		+	+	+	+	+
可靠		+	+	+	+	–
清洁（无水或挤出洗发水）		S	+	+	+	+
成本		+	+	+	+	+
噪音		S	S	S	+	S
易于保持		S	S	S	S	–
总分 +s（高于基准）		4	6	6	6	4
总分 –s（低于基准）		1	2	2	1	3
总分 ss（与基准相同）		5	2	2	3	3
比较		3	4	4	5	1

理念总结
0：人工洗发方法
1：躺椅，带有喷嘴和人造鬃毛
2：按摩床，带有喷嘴和按摩喷头
3：按摩床，带有喷嘴和按摩头罩
4：直靠背椅，带有按摩头罩和音乐
5：直靠背椅，带有按摩头罩和足部按摩组件

可登录 www.innovatorstoolkit.com 下载空白图表。

有些人在普氏矩阵中加入重要性一栏以强调某些评价标准的重要性。若要采用这一策略，应注意你仍要使用此项技能激发大家讨论形成优秀的创意或解决方案，而不只是选择评分最高的或是比较高的分数。

5. 审查和改善理念

经过几轮循环往复，通过审查不同备选方案的最佳特征，和利用未选择的理念中的特征增强最佳理念，你就能克服创意的弱点。你会形成更多更好的创新理念或综合创意，并再次利用普氏矩阵进行评估。

例如，虽然带有可播放音乐的按摩头罩的直靠背椅是最佳创意，但是否不用向解决方案增加其他特征和功能？也许带有足部按摩的系统（方案 5）能让多功能系统与简单系统一样可靠且易于维护（方案 4）。对此，可以采用以可靠性和可维护性为导向的设计原则。

按摩床方案看起来不太好，因为洗头时间更长，但也有可能会有消费者愿意花费更多的时间和金钱选择该方案。RayRay 美容美发仍然可以在这一方案中增加更多的特征，使其更加有趣和放松。或许带有按摩头罩和音乐的简单直靠背椅是值得追求的最佳选择。

参考资料

如需了解普氏矩阵及其使用方法的更多详细情况，请参考：

- PUGH S. Total design: integrated methods for successful product engineering[M]. Addison-Wesley, 1991.

技能 41

过程能力

预测新解决方案的性能

过程能力是将产品或服务的实际性能与其在两种主要情况下的要求或规范进行比较。其中一种主要情况是你想在新设计的产品或服务发布和完全实施之前预测其性能水平。另一种则是产品或服务完全投入使用之后，你想测量其对性能规范或预期的满足程度。

因为我们主要关注的是创新，所以我们将以预测性分析为重点。例如，如果你设计了一种新型胰岛素泵，它能够以一定的速率将一定量的激素注入患者体内。如果你发现胰岛素泵缺乏持续工作的能力，就可以利用过程能力技能优化该泵的输入设定，如活塞的半径、电动机速度等进行改进。

过程能力有许多不同的测算方法，所以出现错误也很正常。这造成了对过程运行水平的一种错误印象：对不同类型的变量和流程（服务、制造和交易）的性能进行比较容易出现混淆。因此，该项技术在一位统计学或六西格玛专家的帮助下可以得到最好的应用。

背景

一种测量过程能力的方法是成功率，或满足要求的次数的百分比。六西格玛社区创造了另一种测量标准——西格玛水平，使不同类型的过程能力标准化。例如，比较货品计价的过程能力与灯泡制造的过程能力。

西格玛标准旨在为追求完美或近乎完美的竞争市场提供统一的性能测量标准。99.0% 的成功率相当于 3.8 西格玛的水平，99.9% 的成功率（仅高出 0.9）相当于 4.6 西格玛的水平。性能的目标是达到 6.0 或更高西格玛的水平，这相当于 99.99966% 以上的成功率，或者缺陷率在 0.00034% 以下。

该技能的关键在于确定新解决方案的过程能力，如果过程能力不足，就要对设计进行改进——通过参数设计原则使设计更加稳健。如果该途径不可行，你可以退一步选择优先度较低但仍然有效的途径，降低对关键性投入的要求，在保持设计初衷的同时提高过程能力。同时执行这两种策略时，要依靠稳健设计（技能 42）。

步骤

让我们假设一家银行正在测试新的信息亭，该信息亭主要用于快速审批再融资按揭。银行组建了信息亭配置员团队，他们主要负责新系统的试运行，并测定其过程能力，也就是它对消费者预期的满足程度。

1. 确定规范（性能标准）

过程、产品和服务规范来源于消费者预期、工程计算，甚至对过程的审查。有些规范非常严格。如，涡轮发动机零件公差。另一些规范则不那么严格。如，消费者服务电话保持时长。在任何一种情况下，规范应当明确，采用测量系统分析（技能 52）验证测量随着时间的推移是否有效可靠公正，或者变动是否可以接受。

在本章案例中，信息亭配置员调试了系统，并测量了消费者对从提交再融资请求到系统显示再融资条件之间的等待时间的反应。团队发现 97% 的消费者愿意在收到信息之前等待 2 分钟，80% 的消费者愿意等待 3 分钟，50% 的消费者愿意等待 4 分钟。

在此基础上，信息亭配置员认为，对于所有用户，信息亭应当在 2 分钟（120 秒）内显示再融资条件。该团队将规范上限（USL）设置为 120 秒，未设置规范下限（LSL），因为瞬时反应是可以接受的，虽然这不太可能。

2. 搜集相应的数据

过程数据可以是定量或者定性的。定量数据或可变数据根据一个连续量表（如 1～60 秒）进行测量。定性数据或属性数据可以分类测量，如通过 / 未通过、是 / 否、蓝色 / 绿色等。两种类型的数据都有价值，但可变数据比属性数据更有优势，因为它会告诉你关于过程的更多信息。

信息亭配置员能够在调试过程中利用信息亭中的计时装置对性能进行测量。他们在星期六上午搜集了真实消费者的 100 个数据点。这一过程是在所有设备正常运转时在可控环境下的较短时间内完成的，所以这些数据被视为短期数据。结果如点状图 41.1 所示。数据较为稳定，一般在 120 秒以内。

规范、过程数据、能力标准与设计参数和过程变量直接相关（参考公理设计，技能 34）。规范在本质上是功能要求或设计参数。制订能力标准并收集过程数据以确保对过程变量的控制，反过来可以保证满足功能要求、设计参数或规范。许多六西格玛实践者将过程变量称为关键业绩指标（KPIs）。

---

3. 计算能力指标

你能够计算的最简单的能力指标是成功率。例如，通过 / 未通过分析（图 41.1）显示，99% 的试点测试结果都低于 120 秒的规范上限。因此，成功率为 99%。使用该数据的一个问题是我们不知道 99 个成功试验有多接近规范上限。我们是否有余地应对过程中的变动或偏差？

然而，测量实际时间（表 41.1）能让我们（利用平均数）了

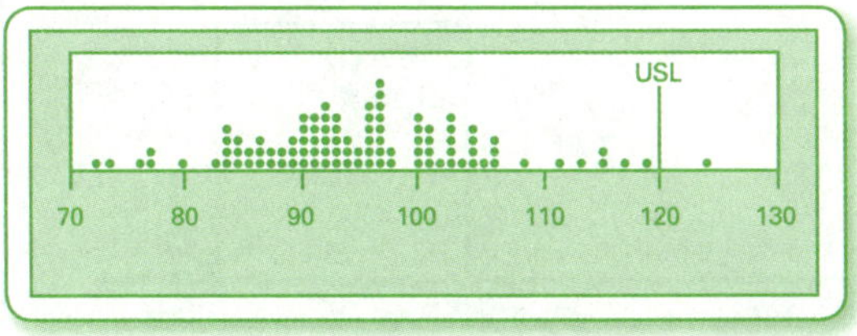

图 41.1　从输入到信息显示的等待时间（单位：秒）

表 41.1　描述性统计数据——信息亭试运行

平均值	95.0 秒
中间值	94.5 秒
范围（由高到低）	52 秒（125–73）
标准差	10.0 秒
分布形状	正态分布（钟形）
稳定性	似乎较稳定（短期）

解数据的集中趋势在哪里、数据出现了多大的变化（范围或标准差），以及数据的分布形状。比如钟形分布，说明大多数数据都在中心。有了这些数据，我们能够更好地描述数据并预测长期变化的影响。

连续数据的常用能力标准是西格玛水平或者标准差单位的数量，介于平均数和规范上限（USL）之间。在我们所举例子中，平均数为 95，规范上限为 120，标准差为 10，中间相差 2.5 个标准差：（120 − 95）/10 = 2.5。

这也可以叫作 2.5 西格玛的水平，如图 41.2 所示。利用正态

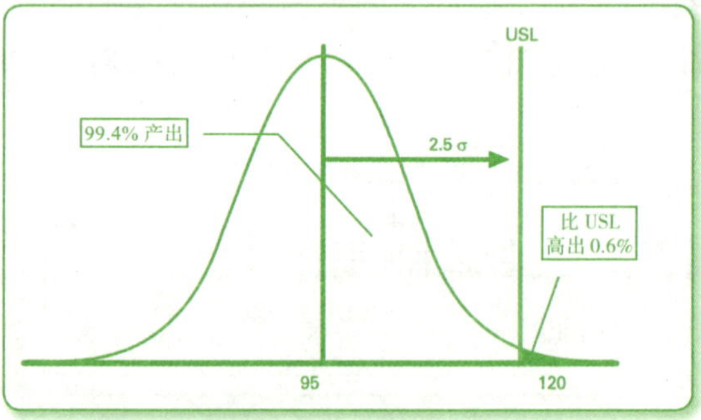

图 41.2　响应时间能力 = 2.5（短期）

分布的特性，我们预测消费者群总人数的 0.6%（从标准表中获取）会经历响应时间超过 120 秒的情况。

过程能力可以以短期或长期表示。回想一下，信息亭配置员通过搜集较短时间内的数据确定过程能力。因此，在短期内，预计有 0.6% 的消费者的等待时间超过 120 秒。不过，从长期来看，过程会发生变化，过程能力会因此降低。

规范限制可以是单方或双方的。对于双方规范，你可以将规范下限（LSL）和规范上限（USL）相结合，从而得出总体西格玛水平。非稳定过程、双方规范和非正态分布的延伸部分需要额外分析。

4. 改进设计或过程

将创新付诸实践之后或者在测试过程中，你可能会发现过程能力不足。或者，你可能需要根据实际的市场竞争情况不断对其进行完善。无论采取哪一种方式，你都可以使用稳健设计原则（技能 42）提高过程能力。首先，努力改进设计（参数设计），使其更加稳健，适于添加变量。其次，你可以严格控制关键参数的公差（公差设计），然后通过改善流程使设计更好地满足结果预期和功能要求（技能 3 和 33）。不过，在做这些之前，应利用测量系统分析（技能 52）确保你的过程能力测量正确、准确。

例如，比如说信息亭配置员迫于新的竞争压力想要大幅提高过程能力。他们决定重新设计解决方案——一个交易过程，由几个子过程组成，包括但不限于：

- 查询、获取和报告消费者的信用评分；
- 确定贷款的金额（美元）；
- 确定贷款的利率；
- 查询和确定贷款的首期付款。

信息亭配置员收集了一些数据，发现80%的贷款查询都会延迟，因为从有关当局获取信用评分需要一定的时间。因此，对于一定金额以下的贷款，当消费者首期付款比例超过25%时，银行将在不使用消费者信用评分的情况下对贷款条件做出初步预估。该过程参数设计可使消费者在平均80秒内通过信息亭获得贷款，规范上限为100秒。如果此类参数变化对设计的改进达不到指定的程度，我们可以收紧对信用评分报告的周期时间要求，加快评分报告生成的速度。

参考资料

- GYGI C. Six Sigma for dummies[M]. John Wiley & Sons, 2006.

使用以下软件并结合分析图快速计算各类能力指标：

- JMP（SAS）
- Minitab 16（Minitab）
- SigmaXL（SigmaXL）
- SQCpack（PQ系统）

技能 42

稳健设计

降低你的设计对不可控影响的敏感度

稳健设计帮助你降低创新对非可控干扰变量的敏感度。例如，汽车设计师会利用稳健设计研发节能高效的汽车发动机，它不易受到变化莫测的消费者驾驶习惯和外部环境的影响。或者医师办公室可以设计一种病人排号程序，避免人员配置变化或病人迟到带来的时间浪费。

在产品或服务的生命周期内，可能会出现各种变化。因为变化会对性能产生消极影响，产品或服务未能满足预期时，消费者体验会是消极的。稳健设计致力于预测可能发生的变化，并用设计防止或最大限度地降低可能发生的变化。

为了完成稳健设计，你肯定需要借助对试验和分析方法熟悉的、有经验的工程师或统计师。你也需要知道如何应用本书中几项其他技能，包括功能要求（技能 33）、公理设计（技能 34）、设计失效模式和效应分析（技能 44）以及实验设计（技能 53）。

干扰变量是影响产品、服务或过程性能的消极因素，

它们难以控制。干扰主要来自以下三个方面：

- 生产变动（人员配置、物料、供应、设备、环境、技能、教育等）；
- 消费者使用和误用（使用不当、预期各不相同、大量使用、较高的维护需求等）；
- 衰退（电子零件的移动、腐蚀、疲劳、效率低下等）。

步骤

我们想生产一种特殊的皮肤药贴，它能够在规定的时间内以正确的剂量向病人给药。鉴于药物的吸收取决于各种不可控的因素，如病人体重和皮肤厚度、膏药的使用方法以及可能影响药效的多变的环境条件，要做到这一点很难。

1. 识别消费者预期

稳健设计从概念系统设计开始，在此过程中明确创新的理想绩效，列出对消费者最重要的可测量系统特征。你可能已经利用功能要求（技能 33）完成了这项工作。在药贴的案例中，理想的设计是始终以 1.0 毫克 / 小时 ±0.2 毫克剂量给药，不论患者的脂肪含量、皮肤状况或者其他环境因素究竟怎样。

在稳健设计中，产出对投入变化不敏感。

2. 开发概念设计

使用步骤 1 中的可测量的期望特征形成初步设计。对于更高层面的设计，你可以综合应用各种技能，包括公理设计（技能 34）、功能结构（技能 35）、结构化抽象（技能 26）和分类原则（技能 27）。药贴的设计包括网格角度不同的多层织物、透气防水覆盖材料和低过敏黏合剂。

3. 识别控制因素和干扰变量

进入详细设计阶段后，列出可能导致性能变化的控制因素和干扰变量（图 42.1）。控制因素是你和供应商能够合理控制的东西——产品规范、设备设置、贮存等。干扰变量则是超出你的控制范围的因素——材料变化（公差范围内）、消费者的使用和误用、外部环境等。

4. 识别潜在衰退

产品或服务的整个生命周期包括衰退：部件磨损、材料损坏或失效。在服务领域，人为错误和不一致也会导致过程变化和衰退。为了减少这些因素对性能的影响，可以使用设计失效模式和效应分析（技能 44）标记容易磨损或发生故障的区域，并在设计产品和服务时最大限度地避免或减缓衰退。

对于皮肤药贴，我们需要处理的衰退因素包括在使用前以最佳的方式贮存药贴，以及在药物被皮肤完全吸收后的 12～36 小时内按照一定剂量持续给药。

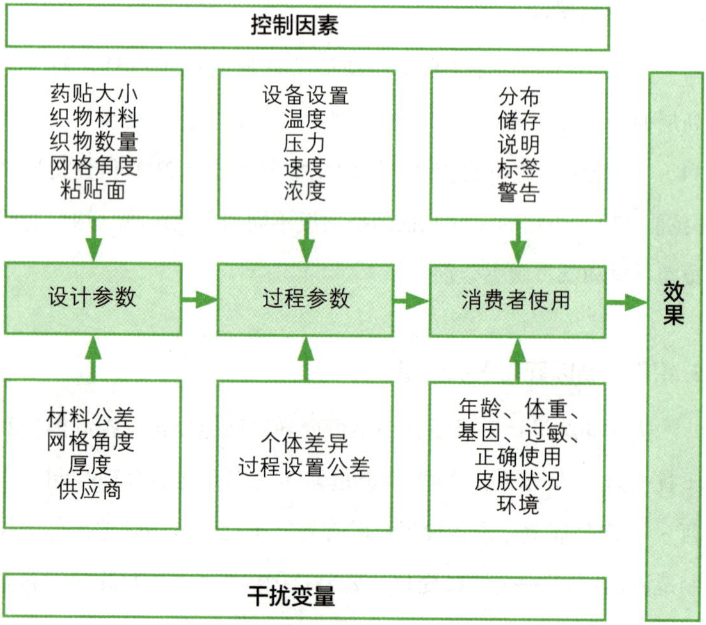

图 42.1 控制因素和干扰变量实例

在该实例中，我们看到药贴生产商能够控制的因素（最顶部一行）以及超出生产商控制范围但可能对产品性能产生消极影响的干扰变量（底部一行）。

5. 实验并确定优化设计

到此为止，你已经为创新产品或服务完成了概念设计，并列出了会对性能产生消极影响的干扰变量。现在，进入稳健设计的参数设计阶段，你可以使用物理实验或模拟改进设计，使之较少受到干扰因素的影响。例如：

- 利用因果关系矩阵（技能 57）确定投入和产出之间的关系。

如果你知道每项投入如何影响产出，包括单独影响和综合影响，就可以提高设计性能并减少不稳定。

- 使用实验设计（技能 53）测试各控制因素如何影响设计。你还应当对照干扰变量测试控制因素，从而加强设计，最终降低设计对消费者使用和误用的敏感度。
- 如果物理实验不可行或成本过高，也可以使用计算机模拟，如离散事件模拟（技能 46），来确定哪些投入会带来最多的产出。

通过对皮肤药贴的实验设计，我们发现了织物厚度和网格角度之间存在相互作用，它能控制药物每小时的释放剂量，因为较厚的织物，网格角度的变化会较小。我们还发现药贴区域与每小时释放的剂量存在曲线关系。在曲线平缓的区域使用，就能保证药贴随着时间的推移保持相同的性能。

参数设计通过投入、产出和干扰变量帮助你确定创新的最优功能要求。

6. 确定详细的设计公差

前面我们已经将变化造成的影响降至最低。稳健设计的最后一步是公差设计。在该阶段你需要确定为达到预期所必须满足的具体公差范围或规范。例如，对皮肤药贴设计的分析告诉我们，包括干扰在内的预期公差，约为 0.033 毫克 / 小时。如果目标性能为 1.0 毫克 / 小时 ±0.2 毫克，这种程度的变动是完全可以接受的。

参考资料

如需了解稳健设计的更多信息，请参考：

- FOWLKES W Y, CREVELING C M. Engineering methods for robust product design: using Taguchi methods in technology and product development[M]. Addison-Wesley, 1995.

技能 43

设计记分卡

开发仪表盘，追踪设计及其潜在过程

设计记分卡的工作原理与汽车仪表盘类似，它提供三个层面的关键反馈数据：系统性能、部件性能和过程性能。例如，设计一种新型洗衣机，这种洗衣机不使用洗涤剂而是利用超声波和电解的原理工作。我们可以使用设计记分卡记录设计过程的进度，并进行必要的修改，最大限度地提高成功率。

对于创新而言，设计记分卡最大的好处是它们能够预测设计的最终质量，识别差距，从而在实施前进行改进。你的设计是否存在出错的风险？你如何知道是否会出错以及什么时候出错？此外，你必须在实施创新后对其进行追踪，确保利益相关者都能看到其性能记录，从而防止故障的发生，或至少在发生故障时能快速反应并处理问题。

当然，设计记分卡的有效性和稳健性越高，你就越有可能在消费者严重不满之前发现并解决生产或服务问题。在预防方面，可以综合利用设计记分卡以及其他技能，如设计失效模式和效应分析（技能 44）、测量系统分析（技能 52）、稳健设计（技能

42）。如果面对的是更加复杂的系统，则可以求助于有资质的工程师。

设计记分卡有许多用途，其中最主要的是识别哪些参数或指标对优化设计的帮助最大。这有助于创新团队确定设计流程中的需要重点努力的方面。

背景

你应当关注以下三种设计记分卡：

- 性能记分卡：预测总体设计如何按照结果预期和功能要求得以执行。性能记分卡会对创新的实际性能与计划性能进行总结性比较。
- 部分记分卡：预测影响总体性能记分卡要素的关键部分的性能。部分记分卡将对部分在何种程度上履行了设计意图和预期进行总结。
- 过程记分卡：预测生产产品或提供服务的关键过程的总体质量水平。过程记分卡将对关键过程和子过程在何种程度上符合总体性能目标进行总结。

设计记分卡的目的是要优化设计，防止问题、缺陷和错误的发生，在新的解决方案（设计）付诸实施后，设计记分卡还可以更好地发现问题。如果你处于发现–解决模式下，

多种过程–优化技能可能都会起作用，如过程行为图（技能55）、因果关系图（技能 56）、防错措施（技能 45）和实验设计（技能 53）。

步骤

汽车制造商正在为其每加仑汽油行驶 100 英里的轻型车辆配置一个盘式刹车系统。在设计过程开始前，设计过程进行中和设计过程完成后，我们可以在设计记分卡的帮助下预测和评估设计质量。

1. 确定性能记分卡的关键参数

确定与你规划的系统或子系统相关的消费者预期（请参考结果预期，技能 3）。找出你规划的设计不能解决的功能要求（请参考功能要求，技能 33）。

功能要求可以以多种不同的方式进行量化，这取决于解决方案的性质。对于每项预期，应当明确：（1）变量类型（离散变量、连续变量）；（2）测量单位（百分比、货币、英尺、赫兹、分贝、通过 / 未通过等）。

在我们所举的制动系统实例中，我们在性能、构成和生产过程层面使用了大量的描述性统计数据。例如，在性能记分卡层面（表 43.1），为了测量新制动系统的性能，我们首先对以下变量或性能指标进行测量：

表 43.1　整体性能记分卡

	要求	单位	是否连续?	连续数据						属性数据			
				目标	μ	σ	USL	LSL	ST 或 LT	opp/unit	DPU	DPMO	Zst
1	制动距离	英尺	是		50	2	55		LT			0.0	>6
2	低振动	赫兹	是		16	3.5	30		ST			0.0	>6
3	噪声水平	分贝	是		34	1.5	35		LT			0.0	>6
4	外观	通过 / 未通过	否							1	0.00001	10.0	5.76
										总 Opp		4	
产品名称：		轻型车辆空气制动器								产品 DPU		0.00001	
系统子系统：		前制动系统								产品 DPMO		2.5	
成品 / 总装：		C6 轿车								产品 RTY		100.00%	
日期：		2013 年 3 月 1 日								产品 Zst		>6	

- 性能指标：制动距离　低振动　噪音等级　外观
- 单位：英尺　赫兹　分贝　通过 / 未通过
- 变量类型：连续变量　连续变量　连续变量　离散变量

对于连续指标，可以通过实验和观察中得出的平均值和标准差进行追踪。例如，测得与制动系统相关的噪音水平的平均值为 34 分贝，标准差为 1.5。

对于离散指标，可以通过成功率进行追踪。对于本章案例中的外观指标，相对于被观察的产品总数，我们的关注的重点应该放在通过检验的产品数量上。

如果你正在进行商业模式创新，那么你可能需要此类性能指标，如利润、收益、销量、消费者忠诚度、市场份额、收入等。

一些性能指标和术语：

- 要求——性能规范
- Units——产品件数
- GRR——量具的重复性和可复制性（量具 R&R）
- 连续——数据类型（量表）
- 属性——数据类型（类别）
- 目标——期望性能水平
- μ——平均值

- σ——标准差
- USL——规范上限
- LSL——规范下限
- ST 或 LT——短期、长期
- 机会——缺陷或错误发生的机会
- DPU——每件商品的缺陷
- DPMO——每百万次机会缺陷数
- Zst——短期能力
- 产品 RTY——产品流通合格率

2. 确定性能参数的目标和规范限制

这些限制主要来自消费者投入、管理要求，或设计功能要求。规范上限（USL）是指参数的最大允许值，而规范下限（LSL）是指最小允许值。

一般情况下，有三种情形适用于规范限制：（1）越多越好，（2）越少越好，（3）实现特定目标。越多越好型要求只有规范下限；越少越好型只有规范上限；实现特定目标型既有规范下限也有规范上限。

对于本章案例（表 43.1），让我们考虑一下制动距离。消费者和法律法规要求制动距离小于等于 55 英尺。实际上，人们希望制动距离比规范中规定的更短，因此将 55 英尺确定为规范上限。因为制动距离越短越好，所以没必要规定规范下限。

离散指标，如外观，一般没有目标值或目标值为 0：我们总是希望能够通过检验，例如询问消费者是否喜欢产品外观。他们可以在问卷上回答是（通过）或否（未通过）。

3. 预测性能指标

在这一步，我们要对每项性能指标（参数）的值进行预测，利用转换函数 $y=f(x)$ 即可实现此目的。而转换函数可以通过科学原理、实验设计或者其他已知的经验关系获得。

例如，我们可以利用转换函数 $F=K\times X$ 预测弹簧的挠度性能，其中 F 是弹簧力，K 是弹簧常数，X 是挠度。测量 K 和 F 的平均值和标准差，并利用转换函数，我们可以预测 X 的平均值和标准差。而这个数值可以转换为西格玛水平或缺陷水平。

相对于在原型制作、试运行和设计中收集的性能实际测量值，得出预测值的时间较晚。

在为新设计制作记分卡时，你需要注意如何收集和报告性能指标数据。观察到的实际值可能来自具体的试运行、使用数据、消费者满意度记录、呼叫中心记录等。

---

4. 制作整体和独立部分记分卡

找出明显影响整体系统性能的关键部分。盘式刹车系统的主要组成部分为制动盘、刹车片、转子、活塞、轮毂，如图 43.1 和表 43.2 所示。

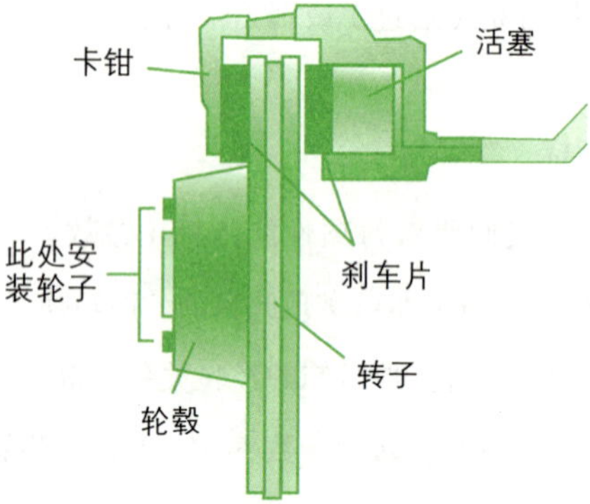

图 43.1 盘式刹车系统

表 43.2 综合部件记分卡

	零件	# 要求	零件数量	机会总数	零件每件商品的缺陷率	零件每百万次采样数缺陷率（每百万次机会缺陷数）	零件流通合格率	零件短期能力
1	制动盘	6	4	24	0.00080	33.33	99.92%	5.49
2	刹车片	4	4	20	1.41699	70849.54	24.24	2.97
3	转子	5	4	20	4.01690	200845.05	1.80%	2.34
4	活塞	4	4	20	0.04580	2280.05	95.54%	4.34
5	轮毂	3	4	16	0.00007	4.28	99.99%	5.95
6								
7								
8								
9								
10								
	总体	22	20	100	5.4804	54803.629	0.42%	3.10

成品 / 总装	C6 轿车
系统子系统	前制动系统
编制人：	A.B. 史密斯
日期：	2013 年 3 月 1 日

找出这些组成部分之后，就可以通过找出它们的关键性投入来预测性能。例如，制动盘的性能受到制动盘表面积、平行度、

体积、夹紧负荷、挠度和外观（表 43.4）的影响。通过对各部分性能的测量，我们可以预测制动盘的性能。

利用历史过程能力数据（技能 41）、实验设计（技能 53）和模拟为每个关键部分制作一张记分卡。然后利用这些数据预测每个部分的性能。

评估备选组成部分以优化或改进设计。部分记分卡有助于推进设计者和供应商之间的对话。

---

5. 制作总体和独立过程记分卡

识别能够显著影响总体系统及其关键部分性能的关键产品或服务交付过程（和子过程）。盘式刹车系统的制造和组装过程包括焊接制动盘、安装制动盘和转子（表 43.3）。我们已经通过图示对这些过程进行了详细说明；实际上，与复杂设计相关的过程有几十个甚至数百个。

找出关键过程之后，你就可以确定影响关键过程的参数并预测其性能。这里，我们只找出了两个影响制动盘焊接过程的参数：强度和外观（表 43.5）。测量这些参数的性能，可以预测制动盘焊接过程的性能。

利用能力研究（参考过程能力，技能 41）、以往研究、制造数据等资料，以及类似过程的估算数据，为每个关键流程制作一张记分卡。然后，使用这些资料预测每个关键过程和子过程的整体性能。

表 43.3　部件记分卡

				连续数据						属性数据				
	要求	单位	量具的重复性和可复制性	是否连续?	目标	μ	σ	规范上限	规范下限	短期还是长期	机会 / 商品	每件商品的缺陷率	每百万次采样数的缺陷率	短期能力
1	表面积			是		15	2	20	10	长期			0.0	>6
2	平行性			是		25	5	30	20	长期			0.0	>6
3	体积			是		35	2	40	30	长期			0.0	>6
4	夹紧负荷			是		45	2.22	50	40	长期			0.0	>6
5	挠度			是		55	1.444	60	50	长期			0.0	>6
6	外观			否						长期	1	0.0002	200.0	5.04
													总机会数	24
													每件产品缺陷	0.00080
													产品每百万次机会缺陷数	33.3
													产品流通合格率	99.92
													产品短期能力	5.49

零件	制动盘
零件数量	4
供应商	AJB
系统子系统	轻型车辆空气制动器
成品 / 总装	C6 轿车
编制人	A.B. 史密斯
日期	2013 年 3 月 1 日

表 43.4　整体过程记分卡

	过程步骤	# 要求	总机 会数	过程 每件商品的 缺陷率	过程 每百万次采样 数的缺陷率	过程 流通合格率	过程 短期能力
1	制动盘焊接	2	57	0.0001	1.7544	99.99%	>6
2	制动盘安装	2	9	1.07091	118991	34.27%	2.68
3	转子安装	3	8	2.54288	317860	7.86%	1.97
4							
5							
6							
7							
8							
9							
10							
	总体	7	74	3.6139	48836	2.69%	3.16

成品 / 总装：	AFM 轿车
系统子系统：	前制动
编制人：	A.B. 史密斯
日期：	2013 年 3 月 1 日

过程记分卡非常清楚地揭示了较为薄弱的过程以及改进机会。

6. 记分卡的解读

实施新解决方案并且在规定时间段内获取到足够的数据之后，你应当对填好的设计记分卡做出解读。在解读记分卡时，应当考虑以下几个方面：

表 43.5　过程记分卡

				连续数据							所有数据	属性		
	要求	单位	量具重复性和可复制性	是否连续?	目标	平均值	标准差	规范上限	规范下限	短期或长期	# 应用	每件商品的缺陷率	每百万次采样数的缺陷率	短期能力
1	强度	千帕斯卡		是		1000	1000		9000		13		0.0	>6
2	外观	通过 / 未通过		否							44	0.0001	2.3	>6

过程	滑动制动盘的焊接
系统子系统	汽车空气制动器
成品 / 总装	C6 轿车
编制	A.B. 史密斯
日期	2013 年 3 月 1 日

机会总数	57	
过程每件商品的缺陷		0.00010
过程每百万次机会缺陷数		1.8
过程流通合格率		99.99%
过程短期能力		>6

- 你选择的测量结果是否能让你准确、精确、可靠地评估指标？（请参考测量系统分析，技能 52）
- 可以对设计进行哪些更正以提高性能？（请参考稳健设计，技能 42，过程能力，技能 41）
- 性能、部件和过程指标是否存在直接的因果关系？（请参考公理设计，技能 34）
- 是否还有未想到的商业因素，如成本和时间？（请参考创新财务管理，技能 13）
- 是否还有未想到的市场因素，如新的竞争威胁或变化的消费者预期？（请参考情景规划，技能 6）
- 是否有指标太不稳定？（请参考控制计划，技能 58）

技能 44

设计失效模式和效应分析

预测你的解决方案可能出现的问题

设计失效模式和效应分析（DFMEA）用于预测你的新解决方案可能出现的问题或失败，并制定相应的预案。例如，预测到可能出现的问题，汽车制造商安装了一种机械装置，如果不放松刹车，司机就不能使汽车从停放状态转变为驾驶状态。

应在初步、初始和详细设计审核中利用设计失效模式和效应分析揭示潜在的失效模式。然后，首先尝试改进设计本身，从而预防这些模式的发生（请参考防错措施，技能 45）。如果解决方案无法完全防止错误的发生，就应当在失效模式发生前进行检测，迫使用户采取措施。车辆油压告警灯就是一个典型例子。

你可以通过设计失效模式和效应分析来预测未来风险，并提前做好缓解或预防工作。预测可能出现的故障和你将采取的措施，可以使你远离救火模式，在新解决方案投放市场时避免不必要的延迟和损失。如果是更复杂的解决方案，你可能需要在一位专家的帮助下应用此项技术。

设计失效模式与效应分析重点关注新产品、服务或解决方案与消费者之间的相互作用。过程失效模式与效应分析重点关注生产产品或提供服务的幕后步骤。然而，这两种分析具有相同的形式、方式和解释。

步骤

假设一家生产一次性剃须刀和剃须润滑油的公司正在开发一种新产品，它集剃须和润滑功能于一身。新设计的一次性剃须刀，中空手柄内装有剃须凝胶。凝胶通过刀片下的多孔衬垫自动流出。由于该产品是一次性的，所以手柄中的凝胶量应当与刀片的使用寿命相匹配。

设计失效模式和效应分析的语言风格与过程失效模式和效应分析有所不同。例如，过程失效和效应分析中，第一列通常列出正在分析的过程步骤。而设计失效模式和效应分析的第一列列出的则是产品或服务的组成部分以及它们应当具有的功能。

1. 填写管理信息

在设计失效模式和效应分析工作表（表 44.1）中，填写产品

表 44.1 设计失效模式和效应分析

产品或服务名称：	Mark 7 剃须刀	编制：	第 ____ 页，共 ____ 页
负责人：	玛丽·琼斯，项目领导	失效模式和效应分析（原版）__________（修订版）__________	

商品和功能	潜在失效模式	潜在失效后果	SEV	潜在原因或失效机制	OCC	当前设计控制	DET	RPN	建议采取的措施	负责人和完成日期
商品名称及其需要满足设计意图的功能。	组成部分 / 子系统 / 系统可能以什么方式未能满足设计意图？	消费者认为失效模式对功能产生什么影响？（内部或外部）对消费者的影响有多严重？		失效是怎么发生的？说明哪些条件可以纠正或控制。努力找出直接影响失效模式的原因。	原因或故障发生的频率为多少？	当前的预防、设计验证或其他活动都有哪些？其他活动是指（1）预防失效模式或减少发生率的活动，（2）查找原因和纠正的活动，（3）失效发生后检测失效模式的活动。	你能在何种程度上预防 / 检测原因或失效模式？	SEV X OCC X DET	采取了什么措施来降低发生率、改进检测，以及找出根本原因？只对较高 RPN 或易于解决的问题制定相应的措施。	谁负责执行建议的措施？
刀片——修剪毛发	太钝	毛发修剪时剃须刀与皮肤不够贴合，不舒服	7	制造过程中未能正确打磨	3	刃角统计公差，能力已验证	3	63	无	不适用
			7	过早磨损	3	刀片最优钢等级（440C）规范和供应商质量管理计划	3	63	无	不适用
			7	腐蚀	3	刀片最优钢等级（440C）规范和供应商质量管理计划	3	63	无	不适用
	角度错误	毛发修剪时剃须刀与皮肤不够贴合，不舒服，受伤	7	刀片垫片变形	5	垫片规格统计公差，但是使用当前材料难以保持	7	245	对替代性垫片材料进行调查	琼·马丁，材料部，2013 年 12 月 1 日
多孔剃须凝胶衬垫——涂抹凝胶，控制凝胶流量	凝胶流量较少或者没有	润滑不足，不舒服，受伤	10	阻塞	3	配方确保凝胶具有足够的溶解性	5	150	确保凝胶规范充分可行	项目领导玛丽·琼斯和凝乳 & 凝胶产品制造经理斯科特·珀金，2013 年 10 月 15 日
			10	孔径太小	7	孔径限制来自衬垫供应商，但目前尚不清楚孔径变化的影响	7	490	利用实验设计或其他研究方法确定孔径大小以及其他作用变量的影响	弗雷德·弗里茨，设计工程，2013 年 11 月 30 日
	凝胶流量过大	凝胶溢出过快	5	孔径太大	7	孔径限制来自衬垫供应商，但目前尚不清楚孔径变化的影响	7	245	利用实验设计或其他研究方法确定孔径大小以及其他作用变量的影响	弗雷德·弗里茨，设计工程，2013 年 11 月 30 日

或服务名称、设计失效模式和效应分析的团队领导的姓名以及发起时间。

2. 识别项目和功能

在设计失效模式和效应分析工作表的第一列，列出可能导致失效模式的所有组成部分以及每个组成部分的预期功能。例如，刀片是剃须系统的一个组成部分，预期功能是修剪毛发；设计凝胶是为了提供润滑；多孔衬垫溢出凝胶并控制凝胶流量；中空手柄用于握持和存放凝胶。在这个例子中，我们仅讨论刀片和多孔衬垫。

3. 找出潜在失效模式、失效效应和潜在原因

现在问："该组成部分会出现什么错误？"这个问题的答案就是失效模式。然后，再问："如果真的出现错误，它会如何影响消费者？"这个问题的答案就是失效效应。最后，利用头脑风暴法集体讨论失效模式的可能原因，它们就是潜在原因。注意，一个项目或功能可以有多种失效模式，每种失效模式可以有多种潜在原因。

在剃须刀的案例中，刀片有两种潜在的失效模式——太钝和角度不对，具有相同的影响——不舒服和剃不干净。这些失效模式的潜在原因是刀刃过钝、损坏、腐蚀以及刀片塑料垫片变形。

4. 确定严重性和发生率

按照 1～10 量表对失效影响的严重性（SEV）和潜在原因的发生率（OCC）进行评级，如表 44.2 和 44.3 所示。

表 44.2 影响的严重性

	严重性	等级
影响极大	影响产品安全，对消费者造成灾难性影响	10
影响较大	产品不实用，主要功能缺位，消费者很不满意	7
影响一般	产品不实用，对消费者造成一定的影响	5
影响较小	所有系统都起作用，一些消费者发现了一些小缺陷	3
无影响	无影响。没有缺陷或缺陷太小以至于消费者无法发现	1

BMGI 版权所有，2012。可登录 www.innovatorstoolkit.com 下载空白图表。

在我们所举的例子中，严重性评分从 5 分（中等）到 10 分（最高），消费者可能会由于某些故障而受伤。发生率评分从 3 分到 7 分，其中一些原因的发生的频率较低，而另一些则可能是长期存在的问题。

表 44.3 故障发生的可能性

	发生率（OOC）	等级
非常高	故障几乎不可避免	10
较高	故障反复发生	7
中等	故障偶尔发生	5
较低	故障相对较少	3
极低	不可能发生故障	1

BMGI 版权所有，2012。可登录 www.innovatorstoolkit.com 下载空白图表。

如果你需要更细致的严重性和发生率评级方法，请参考《潜在失效模式和效应分析》(2001)，登录汽车行业行动小组网站 www.aiag.org 即可找到。

5. 建立当前设计控制措施

建立设计控制措施可以对当前设计特征、部件规范和必要信息进行检查，以消除潜在原因，或者至少及时发现它。将这些控制措施编制成控制方案（技能 58）。剃须刀案例中的控制措施包括制订挑选零件或材料的规范、认识部件变化对性能的影响。

设计失效模式和效应分析与过程失效模式和效应分析的另一个不同之处在于控制和检测部分。在过程失效模式和效应分析中，控制措施是指生产控制措施，而在设计失效模式和效应分析中，控制措施是指设计控制措施。

---

6. 确定每个设计控制措施的检测等级

控制措施能够检测或预防失效模式或避免出现失效原因的可能性有多大？利用表 44.4 中的指导原则按照分值范围 1～10 的量表对其进行评级。

表 44.4　控制措施检测或防止失效的可能性

可能性程度	指导原则	评级
无可能性	设计控制不会或不能消除潜在原因 / 机制，以及由此产生的失效模式。	10
可能性低	设计控制检测 / 消除潜在原因 / 机制，以及由此产生的失效模式。	7
可能性一般	设计控制可能检测 / 消除潜在原因 / 机制，以及由此产生的失效模式。	5
可能性高	设计控制检测 / 消除潜在原因 / 机制，以及由此产生的失效模式的可能性较高。	3
可能性非常高	设计控制基本能够检测 / 消除潜在的原因 / 机制，以及由此产生的失效模式。	1

在剃须刀案例中，一些控制措施比较有效，而另一些则存在材料问题或缺乏可靠的信息。

7. 确定每种失效模式的风险优先级

风险优先级（RPN）是设计失效模式和效应分析工作表中的一组数字。为了计算每种失效模式的风险优先级，将严重度、发生率和检测率分数相乘。数字越大，设计纠正措施的优先级越高。在本章案例中，优先级较高的失效模式，就是备选的纠正对象。

不过，即使风险优先级较低，但是严重度为 10 的失效模式也必须做出处理，因为它的影响可能是灾难性的，就像航空事故或生死攸关的手术。

过程失效模式和效应分析与设计失效模式和效应分析的关键区别在于纠正措施对失效效应严重程度的影响。过程失效模式和效应分析通常不可能改变特定失效效应的严重度，改进通常仅限于减少发生或增强检测。而在设计失效模式和效应分析中，设计变更会减少某个特定失效模式的严重度。

---

8. 对高风险项目实施纠正措施

设计失效模式和效应分析还包括追踪纠正措施、责任方和措施带来的后果。采取纠正措施后，请参考严重度、发生率和检测率值来判断成功率。对于本章案例，我们将列举几个纠正措施（其中一项正在进行）及其对各自失效模式风险优先级的影响（表 44.5）。

表 44.5 设计失效模式和效应分析

建议采取的措施	负责人和完成日期	措施结果				
		采取的措施	严重度	发生率	检测率	风险优先级
为降低发生率或提高检测率、识别根本原因，推荐采取哪些措施？只对风险优先级较高或易于解决的项目采取措施。	推荐措施由谁来负责？	重新计算风险优先级，列出纠正措施和实施日期。	新的严重度是多少？	新的失效率是多少？	检测限制是否提高？	重新计算采取措施后的风险优先级
无	不适用	不适用	不适用	不适用	不适用	不适用
无	不适用	不适用	不适用	不适用	不适用	不适用
无	不适用	不适用	不适用	不适用	不适用	不适用
替代性垫片材料的研究	琼·马丁，材料部，2013 年 12 月	11 月 15 日，用尼龙代替聚苯乙烯；11 月 25 日，按照要求公差确定制造能力	5	3	3	45
确保凝胶规范充分可行	项目领导玛丽·琼斯，乳膏 & 凝胶产品制造经理斯科特·珀金，2013 年 10 月 15 日	确定规范要求，对凝胶生产进行研究以确定能力	10	待定	待定	待定
进行实验设计或其他研究，以确定打孔直径以及其他变量的影响	弗雷德·弗里茨，设计工程，2013 年 11 月 30 日	完成研究，在 10 月 20 日确定打孔直径的规范上限和下限；10 月 30 日与衬垫供应商会谈，确定生产能力	10	3	3	90
进行实验设计或其他研究，以确定打孔直径以及其他相互作用的变量的影响	弗雷德·弗里茨，设计工程，2013 年 11 月 30 日	完成研究，在 10 月 20 日确定打孔直径的规范上限和下限；10 月 30 日与衬垫供应商会谈，确定生产能力	5	3	3	45

采取措施防止刀片角度设置不当。对刀片垫片做出根本改变可以改善此问题。新材料的尺寸稳定性更强，刀片角度的变化更小。潜在问题的严重程度由可能受伤到只是不舒适。

利用设计失效模式和效应分析更改设计时，常见的主题有：

- 如果问题的严重程度较高，首先应尝试从整体上消除故障模式。如果不可行，就可以重点减轻影响的严重程度。可能的行动包括改变材料、增加强度、减少压力、合并多余部分或备用部分，以及改变设计以降低性能对不可预见的变化的敏感程度。请参考稳健设计（技能 42）以获取帮助。
- 如果问题发生率较高，首先应尝试从整体上消除潜在原因。如果无法实现，就尽量降低发生率。此类措施包括更改材料、减少冗余、分散压力或负荷，它们一般都能取得成功。请参考防错措施（技能 45）以获取帮助。
- 如果问题检测率较高，纠正措施就应当将重点放在使设计失效易于发现，或是填补缺失的信息。可以采取的措施包括额外测试、变更试验程序等（考虑利用过程能力，技能 41 和设计记分卡，技能 43 以获取此方面的帮助）。

参考资料

设计失效模式和效应分析的经典参考资料为：

- Aotomaotive Industry Action Group. Potential Failure Mode and Effects Analysis.2001.
- www.aiag.org.

技能 45

防错措施

设置应对措施以防止人为和系统错误

防错措施是要利用装置或程序降低或消除错误发生的可能性。例如，加拿大每辆车都装有一个装置，它可以感应黄昏的到来，并自动将车头灯打开。这样一个简单的行动就可以减少事故的发生。

在创新领域，防错措施可以帮助你降低产品或服务由于不可预见的事件、设备故障和其他因素而出现功能问题的可能性。防错措施也可以帮助员工更轻松地把工作做对，确保他们能在发生错误时立即识别和修复。

防错措施可以非常简单，如清单或警示标签，也可以非常复杂，如管理核电站的计算机系统。无论哪一种情况，你应当在创新中努力采取最高水平的防错措施，经济适用，切实可行。

在创新的初期利用防错措施技能来审查机遇并形成创意。例如，一些新汽车能够在感应到前方障碍时自动刹车。之后，也可以利用防错措施技能来预防事故。

原则

在考虑防错措施的步骤之前，我们可以利用以下 19 项原则（单独使用或综合使用）避免代价高或不安全的缺陷或错误：

布局和安排：布局是指一个项目的相对位置，而安排是指将一个项目放在指定位置。例如，快递公司在箱子上留出一个地方粘贴发货标签。

积极停止：避免用户受伤或产品受损的设置。例如轮胎平衡器上的安全罩必须在速度提升使其闭合之前就关闭，还有洗碗机、洗衣机、干燥机和微波炉必须在门打开时停止工作。

适量分配：确保提供适量的分配器，如薯条量器。该工具可以确保薯条稍稍溢出纸袋。

空间分隔：控制物理空间的装置，如对排队等候的人群设置隔离带，以及防止消费者从出口进入而从入口离开的十字转门。

存在确认：探测某种情况出现并做出反应的技术，如家用报警器，在门或窗被破坏时会发出声响，以及按列检测数据的类型并限制该列后续数据格式的软件。

资源的另一种用法：利用物品特有的质地、质量或其他性质，比如将传统的容器颠倒过来，利用重力确保最后一滴产品可以得到利用（番茄酱、洗发水、牙膏）。

可视化管理：利用可视化信息来控制行动，如酒店用纸条困束干净的毛巾，将其与需要更换的毛巾区分开来，还有在库存托盘上标明订购物料的时间。

允许 / 禁止通过：检测某种特征的存在与否或存在程度的装置，用允许 / 禁止通过来衡量物品。许多机场都有允许 / 禁止通过的测量工具，其大小和形状与行李架相同，可以阻止人们携带太大的箱包。

时间分隔：在时间上将相矛盾的特征分离开来，以避免发生错误，例如交通灯。红灯亮起的时间会延迟三秒，以使车辆在横向车流进入前离开路口。

条件停止：在钥匙处于解锁位置并且启用刹车后才能够取消倒车挡位。车库门在安全束光传感器检测到物体时会停止关闭。

剔除、更换或替换：如果剔除掉错误或有缺陷的任务，错误或缺陷也会随之消失，例如使用指纹来验证身份。

装配：例如自助组装的家具，向购买者提供相应数量的螺丝、零件甚至工具以便组装家具。

5S 原则（整理、储存、清洁、标准化、保持）：在某个区域应用 5S 原则清除杂物和垃圾。杂货店在盘点库存并按照先进先出的原则进行整理时，可以完成此项工作。标签和储藏室可以防止产品杂乱无序。

看板法：按照特定的顺序、模式或方法，安排项目、信息和人员——例如汽车经销商在汽车上放置彩色编码标记消费者。编号系统有助于防止消费者插队。

模板：在制造业中，模板可以让铆钉对准支架，例如确保门窗边框、门和门把手安装正确的纸模。

检查单：可以使用检查单来确认类似和重复工作是否已经完成。比如材料清单有助于确保向同事或消费者提供所有的部件。

重点标记：让物品显眼或突出。大型银行要求柜员检查每位消费者眼睛的颜色，以此鼓励眼神交流。网页突出显示表格上所需的信息是另一个实例。

信息传递：有效交流关键信息，如路标、对文件进行彩色编码以及在护士重新配置药液时发出响声的警报器。

趋势预测：通过观察历史来预测未来，可以使用过程行为图（技能55）测量实际变化与预期变化之间的差距，从而预测可能发生的错误。

特定特征可以令防错方案非常可靠。如果插头没有防错设计，人们就会混淆正负极，为自己、电器和电力系统带来风险。现在每个插脚的宽度不同，要满足以下条件：

- 始终存在：每次用户想将插头插入插座时，防错装置都存在。
- 绝无错误：用户不会将电极接错。
- 立即行动：如果用户试图以错误的方式连接，解决方案会检测出来，并迫使用户更正。
- 人体工程学：该解决方案不会增加系统的复杂程度或降低舒适度。
- 不会增加额外的步骤：防错方案无须用户付出额外的努力。

步骤

家庭安全系统生产商必须注意产品的防错设计。毕竟，如果系统的使用方法不明确或者未能按照设计发挥作用，就可能导致经济或安全损失。在本章的案例中，我们将考虑导致家庭报警系统出现错误的几个潜在因素。

不论你的新产品或服务及其过程设计得多么完美，仍然有机会出现错误。如果每个错误都需要时间和金钱进行修正，你就要面临失去消费者的风险。

---

1. 识别潜在错误

审视创业及相关过程，找出可能出现缺陷或差错的地方：

- 利用设计失效模式和效应分析（技能 44）找出创意可能出现的问题，以及问题可能被破坏的程度。
- 利用过程图或价值流图（技能 51），并结合过程失效模式和效应分析（FMEA）发现创意在形成和交付方面的潜在错误。
- 此外，寻找可能导致缺陷或错误的技术或物理矛盾。请参考结构化抽象（技能 26）和分类原则（技能 27）以获取关于矛盾的更多信息。

在家庭报警器的案例中，潜在错误分为两类：误报，警报突然无端响起；故障，破坏安全的行为未能触发警报（表 45.1）。

表 45.1　家用报警系统潜在错误

误报	故障
运动敏感度太高	运动传感器
电源浪涌	停电
错误代码	未接入（人为故障）
无代码输入	未接入（装置故障）
过早通知	通知故障

可能导致错误的 10 种情况

- 工具或设备错误
- 测量错误
- 误解或缺乏培训
- 程序和控制计划不当
- 遗忘或忽略
- 错误或缺少零件 / 存货
- 安装错误
- 不明确的规范或预期
- 不遵守规定或故意破坏
- 较低的安全标准

2. 将潜在错误排序

按照顺序列出潜在故障，确定其中哪些故障值得你花费时间去预防。利用设计失效模式和效应分析（技能 44）计算风险优先级（RPN），然后解决风险优先级和严重程度较高的问题。

在理想状态下，我们希望制造完美的产品或提供完美的服务，但是这不现实。你不得不选择预防某些缺陷并忽略其他缺陷。对于报警系统这个案例，我们需要重点关注"故障"这一失效模式，因为这种错误的后果比误报更加严重。

防错措施由新乡重夫博士首先提出。他是一位日本工业工程师，精通制造业的各种最佳实践。新乡重夫创造了 pokayokeru（错误避免）这个词，我们现在称之为波卡纠偏（poka-yoke）。

---

3. 找出根本原因

利用因果关系图（技能 56）找出每种潜在错误的根本原因。这是防误措施中常被忽略的一个关键步骤，因为许多人将错误与缺陷混淆。例如，运动传感器故障是一个缺陷；运动传感器区域设置不当是一个错误。你只可以在错误层面上解决问题，因此请确保正确理解二者之间的差别。

安全和风险因素通常是防误措施的核心。设想一下发布新投资软件或完成一台新手术的风险。金融和医疗行业都有

许多防误措施来避免发生错误或遭到起诉。

---

4. 选择防误策略

针对每个根本原因，找出相应的防错策略。你可以利用本书中的其他技能设计防误策略。比如利用价值商数（技能4），了解产品或服务的理想状态，或者利用多种构思技能形成创意，使其更加接近理想状态。然而，具体的方法将取决于你试图避免的具体错误。

例如，我们可以让系统自动接入，防止房主忘记打开报警。当然，当屋主想要进入或离开时，这种做法会引发新的问题。或许这一问题可以通过安装指纹锁来解决，该锁允许得到授权的人随意进出，而无须关闭报警系统。即使这样，你仍然需要考虑如何在解决方案中实现防错。

不要将纠正和预防相混淆，预防是防误措施的最终目标。例如，许多人认为备用电池是应对停电的防错策略。但是，电池只能纠正或最大限度地减少停电造成的损失，并不能防止停电。因此，它可能是停电之时的最佳选择，但并不能保证永不停电。

---

5. 测试防错方案

最后一步是实际打造并测试防错方案。你可以在进入下一阶段之前完成此项工作，或者将其作为原型设计（技能 48）或试点过程（技能 49）的一部分。

它不是一个纠偏策略。应用成百上千个这种非常简单的自动防故障机制已经使全世界各行各业创造了质量奇迹，而且每个都很简单——你自己就可以轻而易举地完成。不过，成百上千种策略加总也是非常可观的。

——新乡重夫博士

技能 46
离散事件模拟

通过计算机建模实现创新项目的可视化并对其进行测试

离散事件模拟（DES）是一种基于计算机的建模方法。与建立完全成熟的模型相比，它可以帮你以更低的成本、时间和风险模拟各种流程。如果你的头脑中有一个创新项目——比如一种可以使旅客更快地通过机场安检的方式，你可以利用离散事件模拟对该创意进行测试，无须实际改变安检布置或引导旅客穿过他们不熟悉的系统。

如果你的创新项目对流程具有很强的依赖性，而且存在许多影响消费者或产品流的变量，你就应当使用离散事件模拟技能。这需要利用大量时间建立一个详细而又准确的模型，对于复杂流程来说更是如此。但请不要逃避，你应当努力学习这一强大技术，况且你始终都可以寻求离散事件模拟专家的帮助。

并不是所有的系统都可以利用离散事件模拟建模。一些事件具有连续性，如蒸发率。可以对此类事件建模，但要以一种不同的方式。如需了解更多信息。

资料来源：ZEIGLER B. P., KIM T. G., Praehofer H. Theory of modeling and simulation [M]. Academic press, 2000。

步骤

设想你正在建造世界上最高的摩天大楼，你需要知道大楼要安装多少部电梯。建筑规划高度为 850 米，层数 170 层，商住两用。为满足这些需要，你的团队估计大楼需要安装 100 部电梯。庆幸的是利用离散事件模拟技能模拟电梯人流，可以减少电梯的安装数量。

1. 选择软件

离散事件模拟需要使用建模软件。你需要在软件逻辑方面具备一定的经验，能够利用流程细节对模型进行编程。建议大家使用以下套装软件：AutoMod、SigmaFlow、ProcessModel、Arena 和 iGrafx。其中一些软件具有高端功能，并融合了复杂逻辑规则（如 AutoMod），另一些软件（SigmaFlow, iGrafx）能够帮助你从离散事件模拟开始，实现最少投入。这些应用可以为大多数用户提供进行重要模拟所需的一切东西。

一般对于银行、客户服务中心，或者通过某个系统处理流量变化较大的资源的行业，需要进行离散事件模拟。

2. 形成流程流

模拟成功与否取决于你对流程的描述是否足够详细，因为只有足够详细才能产生实际效果。你可以从流程图或价值流图（技能 51）中获得这一信息。描述务必包括关键子流程、决策点和队列（等待线）。

离散事件模拟以排队论为基础。排队论是对排队问题的数学研究。

3. 选取流程属性

在流程的每个步骤，输入相关属性，这些属性是可能影响流程流或结果的特征或因素。你所选取的具体属性取决于你的流程。在摩天大楼的案例中，为了确定电梯的数目，我们将选取以下流程属性：

- 队列容量：对每层、一天中的不同时间、一周中的不同时间电梯人数的估算。
- 周期时间：完成一个具体步骤所需的时间，如乘客上电梯所需的时间。
- 每层到达率：与时间和楼层功能有关，比如在午饭时间，美食广场比住宅楼层的电梯乘客数量多。
- 资源容量：电梯数量和每部电梯服务的具体楼层。

为每个流程步骤的成本和增值命名。这样就可以算出流程的总成本和增值时间。

4. 确定资源和属性

输入资源和相关属性。资源是指流程依赖的人员和设备。如果资源是指人员，那么属性可能包括工作排程、出勤率、具体职位或任务。在摩天大楼的案例中，资源是指电梯，它具有以下属性：

- 容量：每部电梯最多能容纳的人数以及每部电梯的承重限制。
- 运输时间：电梯速度（方向和楼层间距的函数）。
- 测量数据：此前未被选取的属性，会在整个模拟过程中不断添加进来，以便追踪各类活动，如电梯效用、可用性、停机时间等。

为模拟实际情况，所有模型必须多次经过随机情景的检验。利用计算机算法“蒙特卡洛法”可以实现此类随机分配。蒙特卡洛法可以告诉计算机下一步需要产生什么随机情景。

5. 确定流程实体和属性

输入流程实体和相关属性。实体是指流程的对象——人员、零件、原材料等。实体属性与流程和资源属性相互作用，在模拟过程中产生随机结果。在摩天大楼的案例中，实体是指电梯乘客。属性包括：

- 电梯呼叫时间（实体按下呼叫按钮的具体时间）
- 等待电梯到达的时间
- 实体重量
- 实体配对 / 分组（乘客是一个人乘坐电梯还是与其他人一起？）
- 离开楼层
- 离开时间
- 到达楼层
- 到达时间

每个流程都有有限的容量。如果达到限制，就会阻止新的实体进入或继续流程。离散事件模拟可以帮助我们了解如何优化特定流程的容量。

6. 进行试验模拟

在前几次模拟时，你会对模型的有效性进行检验。选择预期的运行时长，在任意时间停下来考察模型的工作情况。留出一定的预备时间填充流水线并达到稳态。

在模拟初期，应寻找逻辑漏洞或流程设置脱离现实的地方。例如，你可能已经为电梯设定了无限的等待队列（这并不符合现实，即便似乎永远有人等在电梯前）。或者，电梯可能只是按照顺序处理呼叫，而并未遵循某种逻辑算法或既定规则。这种逻辑算法或既定规则可能是电梯在下降至50层的过程中先在55层停下载客，即使先按下的是50层的按钮。

在建立正确的模型之前你可能需要反复尝试几次，尤其在你对此项技术不熟悉时。不要放弃！一旦你进入状态，你就会发现离散事件模拟这种方法的价值所在。

---

7. 进行实际模拟

建立了有效的模型之后，就要根据需要尽可能多地进行模拟，同时改变流程和实体属性以考察它们如何影响模型。一些软件可以让你在模拟时观察正在运行的流程，但这会降低流程的运行速度。你也可以让流程自然运行，在模拟过程中和模拟完成后对数据进行追踪。无论采用哪一种方式，模拟时间越长，样本容量越大，结果就越接近实际情况。

在模拟摩天大楼电梯运行的过程中，我们将几部普通电梯改为双层电梯，两部电梯上下相连。我们还对单层电梯进行了提速。这些变化可以将电梯数目减少至56部，明显小于最初估计的数目（图46.1）。

可以利用实验设计（技能53）帮助你确定模拟时应当测试的具体属性组合，并识别同时改变两个或更多变量所导致的相互作用。

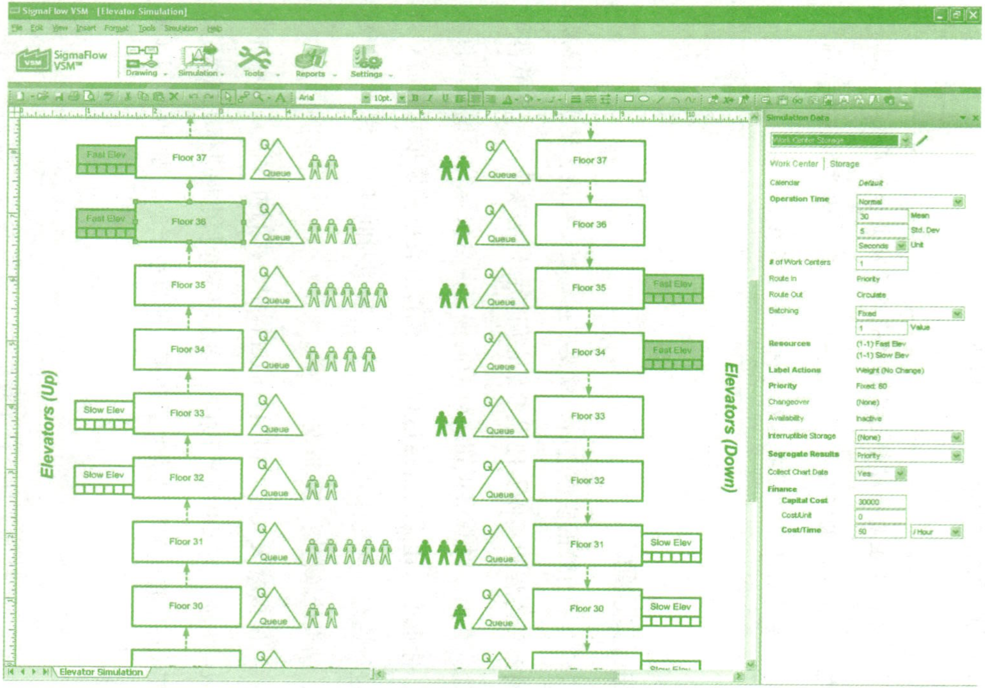

图 46.1　样本，SigmaFlow 模拟器流程分析软件生成

除了进行离散事件模拟外，它还可以绘制价值流图、改进记分卡设计等。

8. 检验

模拟完成后，你应当利用原型设计（技能 48）或试点测试（技能 49）对你的发现进行检验。

离散事件模拟的优势在于其速度、灵活性和成本。然而，如果模型不合理或经不起现实的考验，需求或资源的小幅波动就能带来出人意料的影响。

参考资料

有关离散事件模拟的更多信息，请参考：

- BANKS J. Discrete event system simulation[M]. Pearson Education India, 2005.
- SigmaFlow 模拟器流程分析仪软件（www.sigmaflow.com）

技能 47

快速原型设计

为解决方案制作快速 3D 模型以探究其可行性

快速原型设计是一种设计和交流技术，它能够快速地，在不到几天的时间里为一个新的创新项目或产品设计创造一个三维模型。NASCAR 竞赛团队在需要快速变更设计时，就会利用快速原型设计找出潜在的生产缺陷。田纳西大学人类学研究中心也会利用快速原型设计重建骨骼残骸，完成法医学面貌复原。

如果你想大幅缩减制作创新模型投入的时间和费用，快速原型设计的价值就体现出来了。你可以在创新项目投入生产前，由设计师和制造工程师对其进行评价和优化。营销和销售专业人士也会利用快速原型设计测试和预测消费者反应。

想要从这种技术中受益，你需要会使用计算机辅助设计（CAD）软件，并拥有快速原型设计机（图 47.1）。因此，你可能需要求助于该领域或相关技术领域的专业人士。

快速原型设计就是制作更好、更快、更廉价、更精确的“捕鼠器”——从最基础的部分（概念）一直到成品，做好

生产准备。你的原型设计越快速越准确，你就能越快地将其投入市场进行销售。

图 47.1　3D 系统 Viper Pro SLA

系统通过附加制造过程，快速地制造精确而又耐用的零件。

➲ 背景

快速原型设计主要有三种方法。形成（formative）技术利用机器将原材料制作成预期的形状。裁切（subtractive）过程从一个大的固体开始，然后将其切削至预期的形状。添加（additive）过程不断地叠加材料直至零件或产品达到其最终形态。

虽然快速原型设计的方法有多种，本文只介绍立体平版印刷的基本步骤。你可以利用这种技术通过层层叠加的方法制作 3D 塑料模型，人工投入较少。

快速原型设计的一些优点：

- 不需要机器、模具或铸造原型。
- 缩短了原型制作时间，改进了产品设计。
- 在生产前发现错误，避免损失。
- 比传统的零件制造所需的步骤更少。
- 除了输入数据，不需要投入人工。

除了立体平版印刷，其他快速原型设计技术还包括：自由制作、自动制作、数字制作、熔融沉积造型、3D 打印、选择性激光烧结、粉末黏结剂印刷、分层制造和固体成像。

步骤

一家公司正在开发一种新产品，各大品牌的掌机游戏及相关游戏都可以在它上面运行。假定这种新产品的所有者已经克服了所有的专利、法律和技术障碍。公司组建了 Cool Case 团队为新的通用游戏平台设计可以容纳其内部组件的外壳。

首先，Cool Case 团队要考虑这几项规格：高度、宽度、深度、轻量级、大屏幕、控制按钮等。注意，任何准备进行原型设计的团队都已经确定了消费者预期、产品的功能要求和大量设计参数。参考结果预期（技能 3）、功能要求（技能 33）和公理化设计（技能 34）以获取更多信息。

快速原型设计开始时，首先确定需要多少时间才能完成原型，以及完成程度要达到何种水平。一个粗糙原始的原型就可以，还是需要一个制作精良可以对外展示的？这些问题可以为原型的精细水平和制作流程提供指导。

1. 输入计算机辅助设计数据

利用计算机辅助设计（CAD）进行快速原型设计，需要将规格数据输入系统，然后在这些数据的基础上制作电子模型。这一步的关键是确保你拥有符合设计规范的正确数据，并且该数据未违反计算机辅助设计的几何规则。如未遵守此类规则，得到的文件就会存在缺陷甚至无法使用——毋庸讳言，在此阶段，计算机辅助设计和几何技能非常有用。

Cool Case 团队输入了所有的规格数据——外壳的高度、宽度、长度，按钮凸出孔的内径和外径，球状外壳的角度，以及其他几项设计参数。完成这一步后，假设未违反任何几何规则，计算机辅助设计将在屏幕上生成三维图像。当然，利用计算机辅助设计，你可以对屏幕图像进行旋转，全面检验其外观。

2. 将数据导出为立体平版印刷文件

立体平版印刷（STL）过程需要你将 CAD 文件导出为 STL 文件。该文件可以指导立体平版印刷机制作原型。如果你不使用立体平版印刷，你就需要把 CAD 数据转换为另一种格式，这取决于你选用的方法。

3. 选择材料并详细说明流程

不同的快速原型设计机在特定范围内选用材料。这些材料包括：热塑性树脂、聚碳酸酯、蜡、粉末状材料、塑料和金属。你还必须完成其他设置步骤，它们一般不会花费太多时间，这取决于你选用的材料和机器的类型。

一般而言，立体平版印刷是逐层制作原型的。机器会使用激光束稳固模型的每一切片直至完成整个模型的制作。大多数立体平版印刷机器采用的层厚范围为 0.0005～0.02 英寸。

印刷层越厚，原型就越不精确，所需的时间就越少。较薄的印刷层可以制成更加平滑和精确的模型，但是整个过程所需的时间更长。

在该阶段，你还要确定此次开机需要制作多少件原型。这还要考虑到原型的大小和立体平版印刷机的工作区域有多大。

此外，你还可以在同一个开机周期内制作不同的零件或原型。这种要求可以通过编程写入机器，操作员也可以对机器进行设置。只要你的工作未超过工作空间限制和 STL 文件大小限制，你就可以制作多种零件和原型。

4. 快速原型制作

现在，是时候将初步数据、准备工作和 STL 文件结合起来，快速地制作原型了。人工输入已经完成，快速原型设计机器开始逐层制作原型——该过程可能需要 10 分钟、几个小时或更长的时间。图 47.1 是 3D 系统公司制造的一台立体平版印刷机。

Cool Case 团队决定为游戏外壳制作 14 个塑料原型——足以应对即将举行的 8 人核心设计团队会议、另一个需要 4 个原型的消费者焦点小组会议，以及分发给 2 个项目的总设计师。

5. 原型的表面清洁和修饰

所有原型都需要清洁，具体采取何种方法进行清洁，取决于你选择哪种快速原型设计。一些零件需要拆卸外壳，另一些零件需要除尘，还有些零件需要在烤箱中固化。然后，你需要打磨粗糙的边缘，对原型的外形进行修饰。

参考资料

- GRIMM T. User's guide to rapid prototyping[M]. Society of Manufacturing Engineers, 2004.

PART

4

创新项目的论证

即便是卓越的设计或解决方案也会由于执行不力而受挫。绝大多数组织都知道这一点，但是他们仍然会努力将自己的解决方案推向商业活动的中心。你的流程是否能够让新产品或服务更便于操作、成本效益更高？你是否能够始终准确无误地为消费者提供产品或服务？你的新商业模式在实际中是否可行？

创新前沿的最后阶段，就是要创造、测试和证明新解决方案的可行性。首先，利用原型设计或试点测试技能制作一个工作模型。因为，一个在理论上或者作为初步模型比较可靠的设计，并不总能在其他的工作条件下达到预期的效果。借助工作模型收集的信息可以改进或优化你的解决方案。

工作模型准备就绪后，就可以尝试将制造和交付流程绘制成图。你可以使用 SIPOC 图和过程图 / 价值流图技能。

流程图绘制完成之后，建议你仔细思考，还有哪些工作可以确保流程尽可能快速、高效和完美地完成。

也就是说，你需要对之后形成和交付新解决方案的流程进行优化。几项技能能够帮助你完成这项工作，你可以从测量系统分析技能开始，因为它能够确保你在优化研究中使用的数据是有效的，就如同实验设计和联合分析技能。如果从商业化的角度进一步优化的条件已经具备，接下来你就应该在生产和交付出现问题之前预先做出防范和调整。你可以使用过程行为图和控制计划技能来完成这项任务。也可以使用因果关系图和因果关系矩阵诊断、解决或者至少缓解预期会出现的问题。

技能 48

原型设计

为新产品建立全功能模型，并对其进行测试和完善

原型设计就是为创新项目制作最初的实物功能模型，它可以帮助你检验超系统（Supersystem），如自行车的设计，以及子系统，如传动系、齿轮、刹车、轮胎等的交互操作性。原型也可以检验设计的稳健性及其对不可控因素的敏感度。此外，原型设计能够帮助你检验资源和过程是否支持创新项目的大规模生产和交付。

当你需要检验一种新的设计概念，或者当设计特别复杂或生产成本较高时，产品或元件制造商一般会进行原型设计。原型设计的目的是在全面生产之前解决各种问题，防止返工和在发现产品的实际功能与设计不符时进行改动而产生的成本。

如果你以前从未进行过原型设计，那么你可以与具有原型设计经验的人员合作，并从中受益。但在大多数情况下，你必须具备产品设计所要求的专业知识。

快速原型设计（技能 47）通常在原型设计之前使用。快速原型通常由塑料制成，结构往往不够坚固。而原型在材料和功能方面则应尽可能地与成品相似。

步骤

设想一种模拟猫头鹰无声飞行的低噪音飞机。这种飞机的机翼上有一个可伸缩的像刷子一样的边缘，它可以打断气流，削弱声波。我们可以通过一系列的原型检验该设计的可行性。

英格兰南安普敦大学的荣誉退休教授杰弗里·利利（geoffrey lilley）率先着手研究猫头鹰无声飞行及其在航空学中的应用。猫头鹰拖尾上缘可以帮助它在飞行过程中显著减少噪音。而且，猫头鹰翅膀和腿上有一层类似于羽绒的羽毛，可以吸收噪音。未来，类似的特征可以融入飞机设计中，起到减少噪音的作用。

1. 原型的评估

原型设计是一个重复过程，你或许需要制作一个以上的全规模工作模型，从而全面评估产品设计。因此，在设计原型时，你需要确定原型的制作目的，以及为达成目标需要对产品设计进行哪些变更。你还需要确定如何测定设计的性能。为此，你可以在原型中添加组件，并用它们来测量产品设计对变量的反应。

对于本章案例，我们设计的第一个原型要能测量装置的功能性和我们的制作能力；第二个原型是改进后的带有边缘装置的机翼装配，它可以测定边缘装置是否与机翼中的其他子系统，如襟翼、扰流器、副翼协调工作；第三个原型是一组改进机翼，它能够测量边缘对噪音的影响和它在飞行中的阻力。我们还会确定新设计是否影响其他系统，如起落架或控制系统。

接着，我们会测试噪音和敏感度——产品设计对环境变化或消费者使用或误用的反应。我们可以使用其中一个原型说明设计概念，并筹集资金。我们还可以向消费者展示该设计概念。有的创新项目太过新颖，所以消费者必须看到才能理解。微波炉和小型货车的推拉门就属于此类发明，它们就是利用原型将理念解释清楚的。

2. 原型的制作

确定了你想利用特定原型进行评估的对象之后，就应着手利用生产设备和人员制作模型。这可以使你检验以下几个关键环节：

制造和组装流程：你是否拥有生产最新产品所需的合适的材料、设备和工具？新产品是否易于组装和维修？缺陷率是多少？

人力资本准备：员工是否经过适当的培训，是否能够达到新设计的要求？新设计是否带来一些新的安全问题？

生产工具问题：是否需要特殊工具组装或制造产品？组装是否需要夹具或固定装置（功能协助）？

原型通常由高水平的设计开始，再不断增加细节、更新迭代，以解决生产工具、固定装置和流程方面的问题。

3. 利用功能审计评估原型

建立原型后，下一步就是利用功能审计对设计进行评估。功能审计（表 48.1）类似于医学中的应激测试。不过在这里，产品相当于患者，你的目标是测试设计对可控和非可控因素的反应。为此，你需要确定以下各项：

- 你想要测试的子系统（基于该原型的具体目的）。
- 每个子系统对于超系统和其他子系统的功能。
- 每项功能的目标和规范，以及检验其是否合规的方法。一般而言，检验由原型关键界面中的特定测量装置完成。

4. 评估原型的稳健性

除了同时在子系统和超系统层面上评估功能性之外，原型还应当帮助你测试设计的稳健性。所谓稳健性，就是产品在不同条件下的性能，比如变化的环境或消费者使用或误用。如果你在设计中遵循了稳健设计原则（技能 42），并对原型测试非常认真，你在该阶段遇到的问题就会较少。

对于本章案例，我们会在不同的高度、湿度、温度和天气条件下，如下雪、下雨、刮风等，对机翼边缘概念进行测试。

表 48.1 机翼边缘原型的部分功能审计

功能审计				
产品：X947-400QSV231 机翼总成		日期：2013 年 10 月 8 日		
子系统机翼后缘可伸缩边缘 32-P2V1				
超系统功能	**测量标准**	**目标**	**公差**	**测量值**
上升	水平飞行过程中的升力，单位：磅	6000,000	-0.3%	-0.1
噪声级	分贝	80	+2.0%	75
阻力	水平飞行过程中的阻力，单位：磅	60,000	+1.0%	-0.1%
其他……	……	……	……	……
子系统接口功能	**测量标准**	**目标**	**公差**	**测量值**
伸出机翼后缘边缘	磅力	1.75	+0.2 -0.2	1.76
缩回机翼后缘边缘	磅力	1.7	+0.2 -0.2	1.7
其他……	……	……	……	……
子系统前缘缝翼 24-Q1V4				
超系统功能	**测量标准**	**目标**	**公差**	**测量值**

可登录 www.innovatorstoolkit.com 下载空白图表。

5. 附加评估

你常常需要评估原型的可用性、可维护性、可靠性和它对环境的影响。例如，如果我们想知道机翼边缘设计的长期性能如何（可靠性），我们可以利用高加速寿命测试（HALT）装置不断地打开和缩回机翼边缘直至其失灵。另一个选择是高加速应力筛选（HASS）试验，它将原型放入劣于实际条件的环境中测试其功能，比如将边缘暴露在极端温度、压力或张力下（模拟刮风条件）。

6. 重复原型过程

你不可能只使用一个原型测试全部项目。因此，务必确保你的时间和预算允许按目标重复测试。记住，你的创新项目可能仍然需要进行试点测试或成品测试，它们都更加关注实际的系统性能。

技能 49

试点测试

在有限的条件下解决问题

试点测试是在真实且受控的条件下测试创新项目的性能、安全、质量、耐用性和适销性。例如，连锁餐厅有时会先试点推出新的食物或饮料，然后再将供应范围扩大至所有店面。银行在提供新的服务项目或开设新的分支机构之前也会先进行试点。

在全规模生产或交付前，试点测试可以向利益相关者和消费者证明你的创新项目如何满足供应商和消费者的预期。此外，该阶段的反馈可以帮助你改进产品或服务，增加其价值商数（技能 4），拉近你与理想创新的距离。

原型设计一般是产品试点测试的先行者，而离散事件模拟（技能 46）可以在服务类试点测试之前进行，或者直接取代服务类试点测试。

步骤

一家著名的烹饪学校想要吸引负担不起两年全日制课程学费的学员。学校开设了混合课程，其中第一学期和第三学期为在线教学，第二学期为在校实践。在推出混合课程前，学校首先利用试点解决课程中的问题，并收集最初的消费者反馈。

1. 试点测试规划

利用表 49.1 所示的试点许可证，制定并记录试点测试的目标、标准、时间安排和成本预算。花些时间做规划，将帮助你实现目标，避免在测试过程中不断试错。规划会议应当回答以下问题：

- 试点测试的目的是什么？需要验证的创新项目的特征或功能是什么？
- 如何测量产品或服务性能？需要监测哪些指标？
- 该产品或服务的消费者都是哪些人？通过什么方式使他们参与试点测试？
- 试点测试的成本是多少？与推出一个创新项目而以失败告终相比哪个成本更高？
- 是否有之前的试点测试数据可供参考？
- 公司之前在试点测试中犯过哪些错误？如果有，那么在此次试点测试中如何避免重蹈覆辙？

表 49.1　试点测试许可文件

试点测试在什么地方进行?

团队名称: VCP　　许可日期: 2012 年 4 月 20 日
试点测试名称: 虚拟厨师课程　　试点测试领导: J. 莫内特
试点测试开始日期: 2012 年 6 月 1 日

产品或服务描述:
混合烹饪课程(第一学期和第三学期为在线教学; 第二学期和第四学期为现场教学)

之前是否进行过试点测试?　　是 / 否　　地点:
是否有相关数据可供参考?　　是 / 否　　数据来源:

试点测试研究目的:
评价在线课程成功地将烹饪理念传授给学生的能力。

指标:	基准线	目标
课程完成率	92%	85%
第一学期考试及格比例	84%	80%

财务影响:
试点测试研究成本: 参见附件　　现场故障成本: 参见附件

组织:
试点测试地点: 在线(地点不限); 主校区
试点测试时长: 6 个月

资源:	作用 / 职责
J. 莫内特	试点测试团队领导 / 教练
V. 奈奈特	教练
R. 劳恩	教练
待定	在线课程老师 / 技术支持
待定	学生

作用-技能差距分析是否完成?　　到期日期: 2012 年 5 月 1 日　　完成日期:
培训是否完成?　　到期日期: 2012 年 5 月 31 日　　完成日期:

批准:　试点测试领导　　执行发起人
日期　　日期

对于厨师课程的案例来说，我们的目的是评估在线课程成功地将烹饪理念传授给学生的能力。该团队将对两项指标进行追踪：课程完成率和学员结业时的技能水平。为了鼓励学生参与，公司打算对每位参加试点测试的学生给予大幅学费折扣。

在设计试点测试前，请确保团队已就试点测试取得成功的要素达成了一致。

2. 设计试点测试

确定并记录实现试点测试所需的所有组织和技术细节。例如：

- 试点测试的环境应该是什么样的？组织如何？
- 试点测试应当进行多长时间？
- 是否需要进行多次试点测试？参与者相同还是不同？
- 去哪里寻找参与者？如何请求他们帮助？如何给予他们报酬？
- 如何收集数据？如何量化参与者反应？
- 万一出错，有什么备用计划？如果需要在试点测试中做出改变，如何实施？

虚拟厨师团队必须解决几个问题，包括：如何寻找符合条件的学生，以及在试点测试中如何提供技术支持。团队还意识到，“毕业时的技能水平”这项指标将使试点测试极端漫长，整个计划可能会持续两年。因此，它选择使用另一个可以更早测量的指标代替该指标，比如第一学期考试及格的比例。

当然，在试点测试过程中可能出现一些问题，否则你也就没必要进行试点测试了。但是对于关键资源你应当有所准备，否则一旦它出现问题，你将无法按照计划进行测试。

3. 选定资源

确定并安排资源——运营和监督试点测试的人员，再加上消费者和其他参与者。资源还包括实体设备、房屋以及其他使能工具。审核资源列表时，请考虑以下各项：

- 每位参与者（员工和消费者）的作用是什么？
- 是否帮助选定的人员做好了充分的准备？如果答案是否定的，还需要进行什么培训来弥补？
- 是否为参与者以及其他利益相关者制订了明确的沟通策略？
- 是否已经解决了所有遗留问题，尤其是安全问题？

虚拟厨师课程中的资源包括试点测试团队、技术支持团队、学生和在线课程基础设施。

美国政府选择了 10000 名经常旅行的人参与试点测试“注册旅行者计划”。为了让他们填写详细的背景调查，政府向每位参与者分发了机场快速安检卡。

4. 运行试点测试

运行试点测试时，你的全部规划和准备工作会被整合到一起。在实际测试的过程中，各方积极参与，并根据需要收集数据和沟通。请务必注意：

- 现场有足够的人员回答问题。
- 定期监测数据收集点以确保一切按照计划进行。
- 确保参与者知道他们的反馈会受到重视，即使这些反馈不是你所期待的。
- 如果试点测试时间超过一天，请保持与参与者、资源和利益相关者沟通通畅。

在网络厨师课程试点测试的过程中，团队每周都会对所有技术问题进行审核，并根据需要做出调整。在第一学期期末，参加试点测试的学员完成一场在线考试测试他们对知识的掌握情况。只邀请分数及格的学员学习第二学期的课程。然后，所有学生都要填写问卷并参加面谈，反馈他们对在线课程的体验。

5. 分析结果

试点测试完成后，花些时间对你收集到的数据进行分析。你可能需要进行统计分析以确定需要对产品或服务进行什么改进，这取决于试点测试数据的复杂性。团队讨论，回答以下几个方面的问题：

- 你需要改进产品或服务的哪些方面以更好地满足消费者预期？
- 你还发现了哪些改进产品或服务的机遇？
- 试点测试是否达到了目的？你是否需要另外进行试点测试？

网络厨师课程试点测试证明烹饪学校的混合课程是可行的。然而，在线课程所需的技术支持远远超过团队预期。既然许多问题都与平台有关，学校决定在找到更加可靠的供应商之前暂不推出混合课程。

改进产品或服务后，请安排新的试点测试，以确保改进按照计划发挥作用，且不会带来不可接受的负面影响。

技能 50

SIPOC 图

识别过程的关键性投入和产出

SIPOC（供应商、投入、过程、产出、消费者）是一种高层级过程图，可以帮助从解决方案过渡到生产或交付过程。例如，某制药设计团队绘制 SIPOC 图，展示了一种可以减少糖尿病发病风险的新药的开发过程。某医疗保健供应商绘制 SIPOC 图，以便患者在网上浏览他们在综合硬件-软件系统中的医疗记录。

当你需要向大家分享如何孵化创新产品或服务，并将其交付给消费者时，也可以使用 SIPOC 图。该图只反映你的初级定义，之后你还需要利用过程图或价值流图（技能 51）更加详细地做出说明。

➲ 步骤

各个年龄段的人群均有风险罹患肥胖症。研究认为，市场对于与糖尿病饮食相搭配的药物和锻炼计划有较大的需求。一个药物设计团队开发了一种化合物可以满足此项需求。他们使用

SIPOC 图展示新药开发流程，以确保成功地将新药投放市场。

1. 创建高层级过程图

SIPOC 中的 P 是指过程，也就是将投入转化为产出的一系列活动或任务。首先，识别过程中的第一项和最后一项任务，也就是过程开始和结束的地方。确定这两项有助于划定项目的范围，明确组织及其供应商与消费者之间的界限。下一步，识别第一步和最后一步之间的每一步。在每个方框中详细列出行动和目标。

必须概括性地定义过程，只列出高层级的步骤。对于本章案例，可以列出如下步骤：

1. 进行临床前测试。
2. 向食品和药品管理局（FDA）申请新药调查。
3. 完成临床试验（阶段一，阶段二，阶段三）。
4. 向食品和药品管理局递交新药申请。
5. 通过食品和药品管理局的新药审批。

保持 SIPOC 图的高层级编制非常重要。如果团队成员想深入探讨特定步骤，引导者应当以大局为重。

有时，可以先举一个有趣的或者简单的 SIPOC 案例，如订购并交付比萨，对团队进行热身，展示绘制 SIPOC 图所需的概念层级。

2. 确定过程的产出

SIPOC 中的 O 代表最终产出，也就是向消费者提供的最终产品、服务或信息。在我们所举例子中，制药团队确定了与其新药开发过程相关的以下产出：

- 新药
- 新药信息
- 新药申请获得批准
- 新药说明

一个过程可能有多个产出，有的产出对于内部消费者或监管者的价值是次要的。对产出的普遍且一致性定义可使人们将注意力放在过程的产出和高层级对象上。

在绘制 SIPOC 图时，可以使用表 50.1 所示的备忘单回答问题。

3. 确定产出的消费者

SIPOC 中的 C 表示消费者，也就是接受产出的个人、群体或过程。制药团队将这些关系表示为：

- 新药→患者
- 新药信息→医师
- 新药申请获批→食品和药品管理局
- 新药说明→制药集团

表 50.1　SIPOC 图备忘单

SIPOC	问题	小贴士
供应商	谁是供应商?	考虑个人、部门或组织。
投入	该过程中有哪些投入?	考虑材料、设备、程序、人员和政策。
过程	过程中的每一步有哪些必要行动?	每个步骤包括行动（动词）和对象（名词）。
产出	向消费者提供的最终产品、服务或解决方案是什么?	找出向特定消费者提供的具体产品。
消费者	将有哪些个人、群体或过程使用此产出，或从中受益?	将特定产出与特定消费者联系起来。

制药团队需要找出每项产出的消费者，同一张 SIPOC 图中可以有多个消费者和产出。例如，交付比萨时，消费者同时得到产品和账单——同一消费者获得两种不同的产出。但是有时，不同的产出对应不同的消费者。汽车经销商在保修期内对消费者的汽车进行了维修。修理好的汽车交付给消费者，而发票交付给汽车制造商（同样也是消费者）。

4. 确定过程所需的各项投入

SIPOC 中的 I 是指关键性投入，也就是对过程至关重要的材料、信息或产品。制药过程的各项投入包括：

- 化合物
- 糖尿病知识
- 药物研究数据
- 参与试验的患者

• 食品和药品管理局规定

不同的投入在过程中发挥着不同的作用。有些投入属于关键原料，它们会在形态转换过程中被消费掉。在药品开发过程中，化合物就属于关键原料。其他投入可以让过程顺利完成。在制药的案例中，医师和政策就属于此类投入，但是我们没有将他们列在新药开发过程的 SIPOC 图上（图 50.1）。

5. 确定过程各项要素的供应商

SIPOC 中的 S 是指供应商，也就是提供投入的个人、群体或

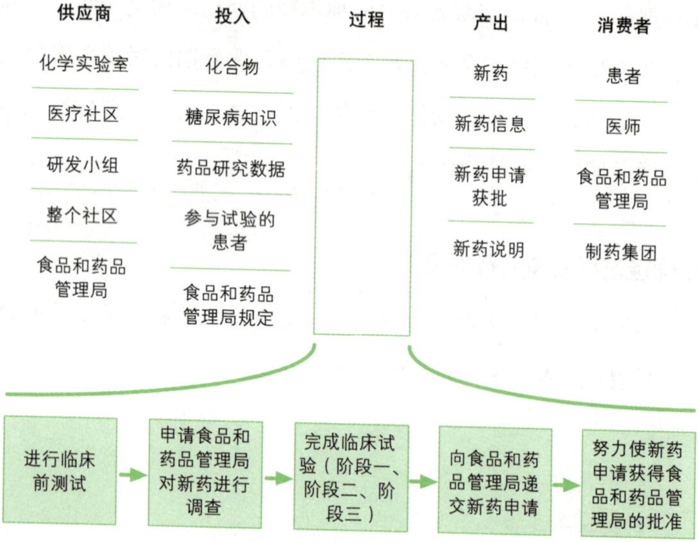

图 50.1 新药开发过程 SIPOC 图

BMGI，版权所有，2012。可登录 www.innovatorstoolkit.com 下载空白图表。

部门。特定供应商和特定投入之间存在着直接关系，比如在制药的案例中：

- 化学实验室→化合物
- 医疗社区→糖尿病知识
- 研发小组→药品研究数据
- 社区→参与试验的患者
- 食品和药品管理局→食品和药品管理局的规定

技能 51
过程图 / 价值流图
详细描述过程

过程图属于基本流程图。它展示了新产品或服务由设计到生产并交付给消费者这一过程中的步骤、决定和变化情况。价值流图也具有这种功能，但在时间、增值与非增值活动的划分方面更加成熟。

例如，设计可浮于水面的电影银幕是一回事，而制造这种银幕则是另一回事。就如同银行业和保险业中的交易过程，强大、有效且高效的过程是无可取代的，所有人都能看到和遵守。

过程图和价值流图有两种使用方式：对于已有的过程，记录该过程当前的运行方式；如果过程尚未开发、测试和实施，则记录其未来的状态。显然，在创新背景下，这些过程图和价值流图用于阐述未来状态。虽然你可以在不求助专家或指导者的情况下应用它们，但最好能够寻求他们的帮助，特别是当你需要绘制价值流图时。

利用过程图或价值流图记录工作完成的方式——过程投入如何转换为过程产出，能够帮助组织形成必要的一致意见，从而能以较高的质量和可靠性按照计划实施创新，避免事故、缺陷或可导致重大损失的错误。

背景

一个组织（包括幕后的供应商）为消费者做的每件事，都应该符合已经确立并可评价的过程。就创新而论，该过程展示了你将如何生产新产品或提供新服务：需要做什么工作？如何完成工作？过程中的每一步骤谁来负责？所有任务的先后顺序是怎样的？

一般而言，在绘制未来状态图时，你已经在执行一套权威的流程了。因此，你只需对旧有的工作进行改进或创新。但如果要制造新产品或提供新服务，你就不得不从零开始。或者你只需要对现有项目进行调整就可以适应新的项目。

绘制过程图和价值流图的方法有无数种。描述活动和行动的符号也有无数种。你最好找到一种适合你的方法。不要过分担心你的方法和符号是否正确。

为了顺利地完成价值流图的绘制，你的团队需要研习精益管理的基本原则。精益管理可以在减少浪费的同时提高速度、效率和价值。

《改变世界的机器》(*The Machine That Changed the World*)中首次系统地阐述了这种方法。该书作者詹姆斯·沃马克(James Womack)和丹尼尔·琼斯(Daniel Jones)在其之后的著作《精益思维》(*Lean Thinking*)中将精益理念提炼为五个原则:

- 明确消费者期望的价值。
- 找出每种产品、服务或解决方案的价值流,消除、合并或改进本身浪费或存在浪费现象(非增值活动)的所有步骤。
- 让产品只经过增值步骤。
- 在所有步骤中引入拉动(pull)的概念,让流连续不断。
- 尽力完善,减少过程所需的步骤、时间和信息,并提高质量。

步骤——未来状态过程图

一家公司开发了一种新产品——排水沟清扫机。这种工具可以从排水沟的一端移动至另一端,扫除树叶和碎屑。为了生产这种工具,你必须把握过程中的信息和材料流,尽可能地实现完美、高效。

对于绘制未来状态过程图,一个优秀的团队一般由几个关键人物组成,包括优秀的引导者或团队领导、过程负责人

（过程所有者）、即将执行工作的人员，以及其他人员，如科学家、工程师、专家、供应商、监管者和消费者。

1. 明确流程图界限

绘制过程流程图的第一步是确定流程图的范围——起点和终点。在进行这一步时，请注意，你不可能一步到位。请先从自己能够驾驭的部分开始。对于排水沟清扫器，起点是订单输入，终点是开具发票。

如果你已经绘制了 SIPOC 图（技能 50），那就可以参考该图确定过程的起点和终点，以及之间的主要步骤。在确定了将新品投放市场的诸多细节后，你可以再回过头来扩大或缩小过程流程图的范围。

利用很长的一面墙壁为你绘制过程流程图留下充足的空间。许多引导者将 36 英寸的厚纸或牛皮纸固定在墙壁上。

2. 绘制未来状态过程流程图

为了绘制流程图，你需要不断问自己以下这些问题：下一步将发生什么？谁将执行这一步骤或行动？将答案写在便签上，然后粘贴在墙壁的工作面上。

随着工作的推进，在必要时可以绘制泳道图。泳道图展示了个人、团队或部门需要执行的所有步骤，以及一项工作由一个人或一个团队转到另一个人或另一个团队的交接时间。

绘制过程流程图时会用到几种标准符号。这些符号在各类软件应用中可以找到，如 Microsoft Visio 和 iGrafx。请注意，在本章所举例子，我们仅仅展示了两种最重要的符号：方框，描述过程中的一个步骤，且总会过渡到下个步骤；菱形，描述是否问题。

经过 8 小时的会议商讨，排水沟清扫器团队敲定了未来订单输入过程的具体流程（图 51.1）。

3. 完成未来过程流程图

最后，向流程图中添加一些信息，对过程进行进一步描述。有些人在流程图的顶部添加时间来明确每个步骤所花费的时间。你也可以在某些步骤中附上文件或表格说明详细情况，帮助过程的推进、测试、实施、评估和监测。

此外，你可能想找到隐藏其中的潜在问题，如瓶颈、服务错误、生产率低下、缺陷、轮班不平衡、交接过多等。找出可能存在的问题为过程的改进建立了基础，它还能最大限度地提高新品投放市场时的成功率。

➲ 步骤 ——未来状态价值流程图

价值流程图的绘制步骤与过程流程图基本相同。但由于价值流程图更加复杂，你可能需要一位精益顾问。如果没有，请至少认真学习。

我们的目的不是简单地将新的创新项目生搬硬套到现有的过

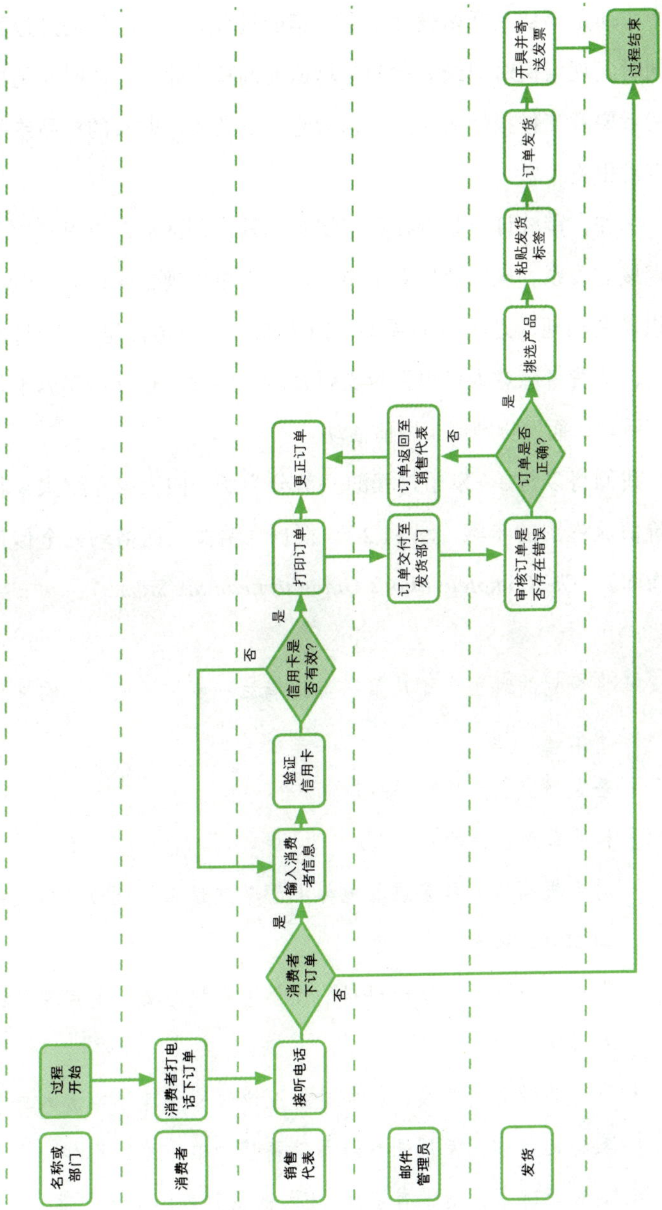
名称或部门
消费者
销售代表
邮件管理员
发货
过程开始
消费者打电话下订单
接听电话
消费者下订单
是
否
输入消费者信息
验证信用卡
信用卡是否有效?
否
是
打印订单
更正订单
订单交付至发货部门
订单返回至销售代表
审核订单是否存在错误
订单是否正确?
否
是
挑选产品
粘贴发货标签
订单发货
开具并寄送发票
过程结束

图 51.1　订单-发票过程

程中，而是要从头开始设计一个不错的过程。一个不错的过程可以同时实现增值时间最大化和非增值时间最小化。增值时间是指消费者愿意支付报酬的时间，因为它与消费者所购买的产品或服务直接相关。

例如，审核订单是否存在错误是一种内部活动，与消费者没有直接的关系。虽然消费者不希望他的订单出现错误，但是他不会积极主动地为这项活动买单，因为他希望公司首先不要犯错。相反，消费者愿意为订单发货支付报酬。因此，检查错误属于非增值活动，而发货则属于增值活动。

我们将以订单-发票过程的一部分为例，向大家介绍未来状态价值流程图的步骤（图 51.2）。根据《精益六西格玛完全傻瓜式指南》（*The Complete Idiot's Guide to Lean Six Sigma*）：

- 将规划的过程步骤从第一步到最后一步按照顺序写在文件中央。
- 垂直列出主要步骤下的分步骤。
- 标明每个步骤的负责人。
- 对于根据检验结果或其他标准而必须返工的环节，画线指向相应的环节。
- 根据过程标出信息或材料的提供者和接收者，使用单独的符号来表示。
- 画一条带箭头的线，指向材料流或过程流流出或流入外部实体的方向。使用图标表示信息移动的方式，例如，用信封表示邮寄，用带有字母“E”的信封表示电子邮件。

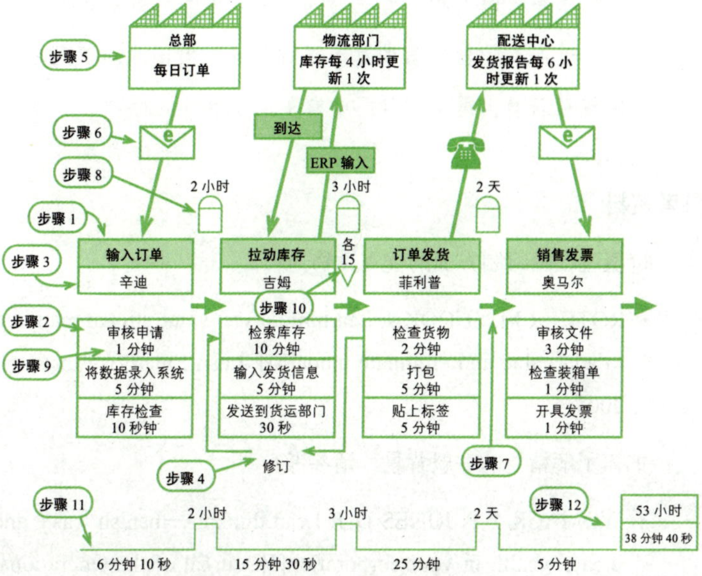

图 51.2 价值流程图

资料来源：突破管理集团，《精益六西格玛完全傻瓜式指南》，纽约：Alpha，2007。翻印需经许可。

- 在主要步骤之间添加箭头说明过程流（一般从左到右）。
- 在各步骤之间添加预期的等待时间，可以使用等待符号。
- 收集主要步骤或子步骤的完成时间数据。在相关步骤的方框中填入时间或数量信息。如，10 个订单 / 每小时。在基准图的底部写上预计的循环时间。循环时间是指一个步骤在一个单元上花费的时间，不包括该单元等待执行工作的时间。
- 测量每个步骤的预期库存等待时长。插入库存图标，并在上面标明估计的平均件数。件数是准备发货的单品的数量。
- 预测每个步骤的等待时间，并将其添加在基准图上。

- 计算总等待时间和总过程时间，并在图表底部的时间线上标明。所有价值流程图都有这种特殊的时间线。管理者一眼就可以看出总运行时间中有多少属于增值时间。

参考资料

价值流程图绘制方面的优秀读物为：

- ROTHER M, SHOOK J. Learning to see: value stream mapping to add value and eliminate muda[M]. Lean Enterprise Institute, 2003.

如需了解精益的一般背景，请参考：

- WOMACK J. P, JONES D T. Lean thinking—banish waste and create wealth in your corporation[J].Journal of the Operational Research Society, 1997, 48(11): 1148-1148.
- WOMACK J. P, JONES D. T, ROOS D. The machine that changed the world: The story of lean production—Toyota's secret weapon in the global car wars that is now revolutionizing world industry[M]. Simon and Schuster, 2007.

如需了解价值流程图符号的总结和描述，请登录：

- Strategos（www.strategosinc.com/vsm_symbols.htm）

有些软件可以帮助你绘制过程流程图和价值流程图。我们推荐使用的三款软件是：

- IGrafx
- Microsoft Visio
- SigmaFlow

技能 52

测量系统分析

明确测量的有效性

测量系统分析（MSA）评价的是你准确和精确测量创新解决方案的能力。例如，你正在设计一种可以检测飞机上的有害生物的装置，你需要确保该装置能够始终保持准确运行。测量系统分析可以帮助你检测并减少制造过程中和装置本身的偏差。

即便在无关紧要的情况下，产品变差也会导致消费者满意度下降，无法可靠地实现功能要求（技能 33）。在即将完成创新解决方案的规划时，你可以利用 MSA 识别并更正测量系统中的错误，进而提高产品质量，增加设计的可靠性。为了成功应用 MSA，你需要具备一定的统计学经验。

➲ 背景

测量系统分析首先将消费者要求和过程要求转化为指标（可测量的结果）。这些指标可以是主观定性数据，如体验、外观等，也可以是客观定量数据，如秒数、缺陷数。数据类型决定了 MSA

类型：

- 属性 MSA 评估定性数据的准确性（accuracy，与已知标准的符合率）和精确性（precision，进行测量的人员或系统之间的一致性）。
- 变量 MSA 评估定量数据的准确性、精确性和稳定性（随着时间的推移测量系统的一致性）。

准确性将测量结果与已知标准进行比较。定量测量结果一般会有公认的国际标准。而定性测量结果则需要在消费者预期的基础上对标准进行明确的操作性定义。

精确性主要追踪的是对同一项目进行多次测量时其结果变动的幅度。一般是对重复性（同一个人得出的不同结果）和重现性（多个人得出的不同结果）进行测量。

属性 MSA 的步骤

Motivated Helpers International（MHI）是一家初创公司，想要进军虚拟个人助手市场。为此，MHI 需要雇用许多技能类似的新员工。应聘者的资料由几位评估人员快速审核，确定是否安排面试。

属性 MSA 的任务是回答以下问题：（1）MHI 公司的评估人员对同一简历的多次审核，意见是否一致；（2）如何将每位评估人员的审核意见与其他评估人员的审核意见进行对比；（3）评估人员是否认可公司人力资源部为新员工制定的标准。

1. 评价当前测量系统

每次进行测量系统分析时，首先你需要确保自己了解当前的测量系统。首先回答以下这些关键问题：

- 测量数据最初的收集方式是什么，地点在哪里？
- 由谁进行测量或观察？谁是评估人员？
- 数据的来源是什么？（如消费者投诉、检验人员、根据其他指标得出……）
- 是否利用计算、过滤或抽样调整了测量结果？
- 你能检验测量结果的正确性吗？

属性 MSA 针对的不只是二选一型（是/否）数据。该方法亦可评估多种类别的数据。如急诊室分诊代码，或严重性级别。

---

2. 确立操作性定义

确立操作性定义，为每项指标及其测量方式提供标准明确的解释。务必包括以下内容：

- 合格的标准是什么？定义是否明确？

- 在测量/观察方面是否有直观的书面程序?
- 评估人员需要经过怎样的培训?
- 评估人员是否都能拿到相同的评估工具?
- 评估人员在测量过程中会走捷径吗?

没有两样东西会完全相同，即使完全相同，我们在测量时仍然会得到不同的结果。

——唐纳德·J. 惠勒（Donald J. Wheeler),《评估测量过程》(*Evaluationg the Measurement Proess*)

3. 选择样本

选择一些样本作为评估的基础。样本应当反映不同的期望结果，其中大约有一半的期望结果满足之前设置的操作性定义，而另一半不满足。样本符合或不符合标准的程度也应各不相同。

样本容量取决于可接受的误差范围。对于属性 MSA 而言，样本容量一般为 30，误差范围一般为 90%±10%。

4. 选择经过培训的评估人员

至少选择 3 位评估人员，他们必须经过培训，能够根据操作性定义对样本进行正确评估。

5. 进行测量研究

向评估人员提供 MSA 样本，记录其评估结果。一段时间后，进行第二次评估会议，顺序与第一次评估会议不同。不应使评估人员知道自己正在评估相同的样本。

对于本章案例，可以先向 3 位评估人员分配 20 个样本。一个星期后，将这 20 个样本（只改变应聘者姓名）混入另一组。在标准的属性 MSA 工作表中记录评估结果（表 52.1）。

6. 总结 MSA 结果

两次评估会议结束后，对评估结果进行如下比较：

- 重复性（同一评估人员评估结果的一致性）：每位评估人员在不同的评估会议中对同一样本的评估结果是否一致？如果一位评估人员使用同一工具对同一项目进行测量，却得出了不同的结果，就说明重复性较差，测量系统的基础存在缺陷。
- 再现性（不同评估人员评估结果的一致性）：不同评估人员的评估结果是否一致？如果重复性较好，但不同评估人员的评估结果各不相同，就说明该测量系统在再现性方面存在问题。
- 与标准的符合情况：评估人员的评估是否符合标准？

MHI 的评估结果如表 52.2 所示。

表 52.1 属性 MSA 工作表

产品 / 单位名称	简历审核——MHI 公司
研究日期	2013 年 1 月 18 日
负责人	丽莎·海茹
拒绝录用	按照工作要求设定的标准；8 个样本勉强合格

合格简历（面试）：接受　　不合格简历（不面试）：拒绝

简历	标准	评估员 A		评估员 B		评估员 C	
		试验 #1	试验 #2	试验 #1	试验 #2	试验 #1	试验 #2
1	接受	拒绝	拒绝	接受	接受	接受	接受
2	拒绝	拒绝	拒绝	拒绝	拒绝	拒绝	拒绝
3	拒绝	拒绝	拒绝	接受	接受	拒绝	拒绝
4	接受	拒绝	接受	接受	接受	接受	接受
5	接受	接受	接受	接受	接受	接受	接受
6	接受	拒绝	接受	接受	接受	接受	接受
7	拒绝	接受	拒绝	接受	接受	拒绝	拒绝
8	拒绝	拒绝	拒绝	拒绝	拒绝	拒绝	拒绝
9	接受	接受	拒绝	接受	接受	接受	接受
10	接受	拒绝	拒绝	拒绝	拒绝	拒绝	拒绝
11	拒绝	拒绝	拒绝	拒绝	拒绝	拒绝	拒绝
12	拒绝	拒绝	拒绝	拒绝	拒绝	拒绝	拒绝
13	接受	拒绝	拒绝	接受	接受	接受	接受
14	拒绝	拒绝	拒绝	接受	接受	拒绝	拒绝
15	接受	拒绝	拒绝	接受	接受	接受	接受
16	拒绝	拒绝	拒绝	拒绝	接受	拒绝	拒绝
17	接受	接受	接受	接受	接受	接受	接受
18	接受	接受	接受	接受	接受	接受	接受
19	接受	拒绝	拒绝	接受	接受	接受	接受
20	拒绝	拒绝	拒绝	接受	接受	拒绝	拒绝

可登录 www.innovatorstoolkit.com 下载空白表格。

对照标准对所有评估人员的评估结果进行总结，我们就会发现不同评估人员的评估结果的一致率，以及与标准的一致率仅为 35%。这远远低于属性测量系统推荐的最低 90% 的一致率（要求

表 52.2　属性 MSA 结果

同一评估人员多次评估意见的一致性	# 检查数	# 匹配数	百分比
A	20	16	80.00%
B	20	19	95.00%
C	20	20	100.00%

不同评估人员评估意见的一致性	# 检查数	# 匹配数	百分比
	20	8	40.00%

每位评估人员的评估与标准的一致性	# 检查数	# 匹配数	百分比
A	20	11	55.00%
B	20	14	70.00%
C	20	19	95.00%

总结

所有评估人员的评估与标准的一致性	# 检查数	# 匹配数	百分比
	20	7	35.00%

更加严格的过程会设置更高的标准）。

有些评估人员的评估可能会偏离标准，在根据标准应将简历判定为合格时，主观地将其判定为不合格；或者在根据标准应将简历判定为不合格时，主观地将其判定为合格。

7. 改进

如果你的测量系统存在缺陷，MSA 研究可以帮你采取具体行动，改进操作定义，提高一致性，减少评估人员的偏见。

测量系统不健全的后果包括：

- 错误地理解消费者要求。

- 将消费者认为合格的产品判定为不合格。
- 向消费者交付他们不认可的产品。
- 未能识别性能变化。
- 错误地认为已经有所改进，而实际上什么都没有发生。
- 根据不准确的数据做出决定。

变量 MSA 的步骤

Getcher Fish 公司想要出品一种小型手持浊度计，可用于测量水中悬浮固体的量。这种新产品有助于钓鱼运动参与者探测鱼类活跃地区（浊度较低）。变量 MSA 测量浊度计的准确性和稳定性。

1. 评价当前测量系统

和 MSA 一样，你需要深入了解过程或产品要求，合规性的测量方法（参见属性 MSA 步骤 1）。

2. 给出操作性定义

变量 MSA 的基本要求是数据可以在持续定量量表上测量。你可能已经规定了性能指标的标准操作性定义。如果还没有，请给出符合目的的明确定义。

例如，Getcher Fish 浊度计以钓鱼运动市场为目标，因此，它没必要像用于环境检测的类似仪器那么准确。如果浊度为 10 比浊度单位（NTU），那么测量结果 ±2.5NTU 也是可接受的。

3. 选择样本

很多变量 MSA 选择在实验室环境中进行，使用仪器来测量装置的物理特征。因此，样本容量不用很大。对于浊度计，我们将在 20 天内对同一个标准样本测试 20 次。

4. 进行测量研究

如果你正在实验室环境中运行一个简单的变量 MSA，那么其程序相当明确。最重要的是，所有试验应由经过培训的评估人员来完成，以确保正确且一致地测量和记录过程和产出。

Minitab 和 SigmaXL 等套装软件能将复杂的计算简化为几次按键，这极大地简化了 MSA。

---

5. 得出 MSA 结果

完成测量后，请从以下几个方面对结果进行审核：

- 准确性：结果与已知标准或协商一致的标准之间的差别（偏差）
- 稳定性：产出的趋势、模式变化或重要变化
- 重复性：测量结果的随机变化

对于本章案例，根据变量 MSA，装置的测量偏差在容许的范围内——仅比参考值 10NTU 高 0.25NTU。然而，该研究并未测量再现性（不同钓鱼者使用该装置时可能出现的变化）。为此，

我们需要在进行 MSA 研究的同时测量装置的重复性和再现性。具体方法是对 10 个样本进行测试，每个样本测试 3 次。

参考资料

有关 MSA 结果分析的更多内容，请参考：

- AIAG A S Q. Measurement systems analysis (MSA)[J]. Reference Manual, Third Edition, The Automotive Industries Action Group, Troy, 2002.
- www.aiag.org

技能 53

实验设计

分析投入和产出变量，识别关键少数

实验设计（DOE）是一种复杂而又高效的方法，它可以在设计过程中或全面生产前检验你的创新解决方案。例如，我们可以利用实验设计检验一种新的超轻型高里程车的最佳设置。实验设计会告诉我们各种因素，如胎压、燃油辛烷值、速度和路况等如何影响每英里油耗量。

实验设计是最佳猜测和单因素轮换实验的替代方法。最佳猜测和单因素轮换实验需要大量的时间和资源，而且最终不一定能找到最佳解决方案。实验设计可以一次性测试多种因素，它能帮助你在短时间内利用更少的资源得出更好的解决方案。不过，这种方法需要你进行严格的统计分析，而且必须有统计学家或接受过实验设计培训的人员的支持。

➲ 步骤

假设你正在设计一种能够捡拾金属物体，如螺丝钉、订书钉、金属碎屑等的小型机器人，其关键部件是电磁铁。实验设计可以帮助你找出最能满足设计标准的电磁铁配置。

1. 确定响应变量

响应（response）是指你将在实验中进行研究的产出（output）。找出你要测量的关键响应，需要注意的是，响应数量越多，实验的复杂性也就越强。在本章案例中，电磁力是主要响应；我们需要在达成 20 个单位的目标力的同时将成本维持在较低的水平。

实验设计是一项团队导向性活动，它可以从各种背景活动（设计、运营、统计等）中获益。

---

2. 找出影响因素

因素是实验过程中的各项投入，它们在实验中的变动会对响应产生影响。因果关系矩阵（技能）能够帮助你找出对每项响应有利的所有可能因素。然后，你可以根据成本和时间限制缩减因素的数量。一般情况下，2～7 个因素最好。

对于本章案例，我们识别出的影响电磁铁设计的因素有 50 多个，但只选择了与响应相关度最高的 3 个因素：电池类型、电路设计和电线长度。接着，我们需要探究这些因素之间的相互作用。使用某种电池时某种电路性能明显较好，而使用另一种电池时另一种电路性能明显较好，如果出现了这种情况，就说明电路和电池类型之间存在相互作用。

3. 确定因素水平

因素水平是对测量点与测量点之间距离的具体设定。你可以选择对因素水平进行分类说明（开 / 关、上 / 下、A/B/C 型等），也可以选择对其进行定量说明（长度、每平方英寸磅数等）。测试太多的因素水平会让试验的次数过多，而测试的因素水平过少可能导致你错过曲线峰值。对于电磁铁的实验设计，我们为每个因素选择两个因素水平（表 53.1）。

表 53.1　样本设计矩阵

因素			相互作用			
A	B	C	AB	AC	BC	ABC
−	−	−	+	+	+	−
+	−	−	−	−	+	+
−	+	−	−	+	−	+
+	+	−	+	−	−	−
−	−	+	+	−	−	+
+	−	+	−	+	−	−
−	+	+	−	−	+	−
+	+	+	+	+	+	+

4. 选择实验设计

实验设计具体说明了实验过程中需要组合哪些因素，以及这些因素的组合形式。最常用的一种设计叫作全因素设计，也就是对所有可能的因素和水平组合进行测试。虽然全因素不如其他设计效率高，但它能够提供关于影响和相互作用的可靠信息。对于电磁铁的案例，我们选择对 3 个因素（每个因素有 2 个水平）进行全因素设计。试验组合有 8 种（2×2×2）。

筛选意味着仅对一部分组合进行试验，因而不需要研究过多的相互作用。例如，包括 11 个因素（每个因素有 2 个水平）的实验设计需要测试 $2^{11} = 2048$ 种组合。高效的筛选可以将 2048 种可能的组合减少至 12 种。

5. 确定样本容量

样本容量是检测因素和水平差异所需要的试验的数量。检测较小的差异需要较大的样本容量。在电磁铁的案例中，我们想要检测 5 个或更多单位的力场之间的差异，3 次重复（$3\times8 = 24$ 个试验）应该足够。

样本容量计算通常由统计软件完成，但也会受到实验可用的资源数量的限制。

6. 为设计矩阵分配因素

统计学家创造了一系列标准设计矩阵来确保实验的完整性。你可以利用多种套装软件对矩阵进行快速设置。也可以根据特殊需要使用计算机生成其他矩阵。在电磁铁的案例中，我们可以生成一个标准的 8 行矩阵（表 53.2）。转换正负编码就可以得到各种组合（表 53.1）

表 53.2 电磁铁实验设计

电路类型	电池类型	电线长度
串联（–1）	通用（–1）	2 英尺（–1）
并联（+1）	通用（–1）	2 英尺（–1）
串联（–1）	碱性（+1）	2 英尺（–1）
并联（+1）	碱性（+1）	2 英尺（–1）
串联（–1）	通用（–1）	4 英尺（+1）
并联（+1）	通用（–1）	4 英尺（+1）
串联（–1）	碱性（+1）	4 英尺（+1）
并联（+1）	碱性（+1）	4 英尺（+1）

7. 确定实验顺序

实验顺序非常重要，因为非可控因素的变化模式不能与实验中一个或多个因素的变化模式相同，这会导致数据分析的失真。为了防止出现这种问题，你可以用掷骰子、从帽子中抽取数字等方法随机确定实验顺序，也可以利用计算机生成随机顺序。

8. 规划数据收集方法

在着手进行实验前，请为每次测试编制一份数据收集表，注明顺序和因素，并留出填写结果和评论的地方（表 53.3）。

9. 进行实验

最后，实验的时间到了。请确保每次试验能有一个以上团队成员密切观察。有时，观察结果比数据更加重要。在电磁铁的案例中，组装并联电路比组装串联电路更加容易。这是一个需要注意的重要观察结果。

表 53.3 数据收集表——电磁实验设计

标准	实验顺序			因素			力			观察
顺序	B1–第 1 轮	B2–第 2 轮	B3–第 3 轮	电路类型	电池类型	电线长度	B1	B2	B3	组装
1	3	15	17	串联	通用	2	6	4	5	困难—弯曲夹子 B1
2	8	10	20	并联	通用	2	18	14	16	比串联容易
3	1	13	18	串联	碱性	2	6	5	7	困难—大概 30 秒
4	4	14	23	并联	碱性	2	12	13	17	容易—12 秒
5	2	9	22	串联	通用	4	7	6	8	困难—需要新夹子 B3
6	5	16	24	并联	通用	4	24	25	23	困难—大概 15 秒
7	6	11	19	串联	碱性	4	11	12	10	B3—电线长度—2 英寸短—容易
8	7	12	21	并联	碱性	4	24	19	26	B2—新碱性电池

在该实验设计中，分 3 轮（实验顺序栏）重复 8 个实验（标准顺序栏），共 24 次试验。

10. 分析结果

对实验设计数据进行分析时，你的主要目标是量化每个因素对响应的影响，以及不同的因素组合的相互影响。对于 2×2×2 的案例来说，先求出（+1）水平的数据的平均值，然后减去（–1）水平的平均值，就可以轻松算出因素对响应的影响。平均值和相互影响都可以使用这种方法计算。

表 53.4 展示了电磁铁的实验设计分析。4 个并联电路（+1）组合的平均力单位值为 19.25。4 个串联电路（–1）组合的平均力单位为 7.25。

因此，电路类型的影响为 19.25–7.25=12 个力单位。利用同一数学方法，电池类型的影响为 0.5 个力单位，电线长度的影响为 6 个力单位。因此，电路类型因素的影响最大，电线长度因素

表 53.4　因素影响分析

电路类型	力的平均值
(+1) 并联	19.25
(−1) 串联	7.25
差异（影响）	12.00
电池类型	**力的平均值**
(+1) 碱性	13.50
(−1) 通用	13.00
差异（影响）	0.50
电线长度	**力的平均值**
(+1) 4 英尺	16.25
(−1) 2 英尺	10.25
差异（影响）	6.00

的影响中等。

表 53.5 表明电路类型 / 电线长度相互作用的影响为 2.5 个力单位。在统计软件的帮助下进一步分析，我们发现电路类型、电线长度以及二者之间的相互作用是最重要的统计因素。

有几款软件可以帮助你设计和追踪实验设计，包括 Minitab、SigmaXL、Design Expert 和 JMP。

---

11. 检验结果

检验是实验设计的必要步骤。你不仅需要检验最佳组合，而且想借此证明你有能力通过控制因素得到某种响应。如果预想中

表 53.5 相互作用分析

CL 相互作用计算		
相互作用水平	电路类型 × 电线长度（CL）	力平均值
+1（−1×−1）	串联（−1）×2 英尺（−1）	5.5
+1（+1×+1）	并联（+1）×4 英尺（+1）	23.5
−1（−1×+1）	串联（−1）×4 英尺（+1）	9
−1（+1×−1）	并联（+1）×2 英尺（−1）	15
CL 相互作用		
+1 平均值		14.5
−1 平均值		12
	差异（相互作用影响）	2.5

的最佳因素组合在实验中未能测试，这种组合尤其要进行检验。你可以利用实验来检验实验设计的结果，找出最佳组合。你还可以针对重要因素做个小实验，来证明自己有改变响应的能力。

参考资料

若想加深对实验设计的理解，请阅读以下资料：

- MONTGOMERY D. C. Design and analysis of experiments[M]. John wiley & sons, 2017.

技能 54

联合分析

比较解决方案属性以确定消费者偏好

联合分析是一种简化的实验技术，目的是在消费者偏好的基础上，确定应用于产品或服务设计的最佳属性组合。例如，你有一款新的笔记本电脑，比竞争对手的电脑具有更多优点而且成本更低。但是你在推出这款新笔记本电脑前，必须找出消费者喜欢具有哪些特性的产品以及他们愿意为此而支付的价格。

如果你想在生产或交付前优化设计，可以考虑使用联合分析。你也可以在生产原型或进行试点测试前改进初始设计时使用联合分析。其中最关键的是找出消费者真正会去衡量的属性，借助专家做出更加成熟的分析。

联合分析起源于数学心理学，由宾夕法尼亚大学沃顿商学院市场营销教授保罗·格林首次提出。

➲ 步骤

一家探险设备公司正在考虑设计一种带有全球定位系统（GPS）的羽绒服，这样消费者就不用随身携带地图或是在手指冻僵时翻找地图了。这种新产品叫作 PosJacket，有多种可能属性组合。消费者愿意如何权衡这些属性？ PosJacket 的最佳属性组合是什么？

1. 制作属性表

属性是与产品相关的特征是建立在功能要求、结果预期和待完成的任务基础上的设计参数。每个属性可以设定不同的档位，代表消费者不同的选择。PosJacket 具有以下特征和档位：

- GPS 系统：完全可拆卸、部分可拆卸、一体式设计（不可拆卸）
- 价格：350 美元、450 美元、750 美元
- 重量：8 磅、5 磅、3 磅

对于这些属性而言，我们可以形成 3×3×3=27 个可能的属性组合。由于档位是互斥的，所以每个属性只能选择一个档位。

档位的定义应当明确、具体。例如，“750 美元”比“非常昂贵”好，“8 磅”比说“5～10 磅”好。模糊的描述需要消费者去解读，而明确的描述却不需要。在本书中，我们可

以认为这种差别就相当于结果预期（更加模糊）与功能要求或设计参数（更加具体）之间的差别。

2. 定义概念产品或解决方案

我们不必要求焦点小组去评估每种可能的产品属性排列。参考设计表或借助软件，你可以找到所有可能的概念组合的有效子集。对于 PosJacket 来说，一个有效设计的属性组合如表 54.1 所示。

表 54.1　PosJacket 联合分析矩阵

	GPS 系统			价格			重量		
	可拆卸	部分半可拆卸	一体式	350 美元	450 美元	750 美元	8 磅	5 磅	3 磅
羽绒服 #1			×			×		×	
羽绒服 #2		×				×			×
羽绒服 #3	×				×				×
羽绒服 #4		×		×			×		
羽绒服 #5			×		×		×		
羽绒服 #6			×	×					×
羽绒服 #7	×			×				×	
羽绒服 #8		×			×			×	
羽绒服 #9	×					×	×		

注意，这里并未列出所有可能的组合，只是列出了满足特定设计规划的组合。表中每行代表焦点小组将会进行评估的产品概念。每个 × 对应每种羽绒服原型的属性档位。例如，羽绒服 #1 为一体式 GPS，成本为 750 美元，重量为 5 磅。

当然，只有那些比较现实的组合才能进入原型设计阶段。例如，重量为 3 磅售价为 750 美元的可拆卸 GPS 羽绒服并不能盈利。

因此我们不会提供这种商品。

对于本章的案例而言，设计规划满足了独立性特征：

每个档位在其他属性的不同档位上仅出现一次。例如，3 磅在 GPS 位置和价格的每个档位上出现的次数相同（一次）。这样的设计反映了属性的完全独立性，被称为正交设计。

正交设计可以测算每个属性的独立影响，精确度相对较高。如果 3 磅重的产品总是出现在最低的价格档位上，那么就很难测算该属性单独的影响。也就是说，我们无法判断这种偏好是因为消费者希望商品重量较轻还是希望价格较低？

3. 收集数据

召集焦点小组成员，询问调查对象在一系列概念品中他们会选择哪一个，要求他们对这些概念品进行分类打分，表达他们对产品属性的偏好取舍。为了评估 PosJacket，我们要求参与者根据设计方案对 9 个可能的组合一一进行评价。参与者按照 0 分到 10 分的量表进行评级，0 分表示完全不想要，而 10 分表示非常想要。一位参与者的反馈如表 54.2 所示。

4. 计算效用

效用就是偏好值，由每位参与者的反馈计算得出。效用代表的是参与者对不同属性的权衡。在本研究中，每个档位仅与其他档位组合一次，所以我们能轻松地测算出不同属性对消费者的效用。当然，现实中的联合分析很少会这么简单。本章这个案例只是方便我们利用简单的算术知识估算效用。

表 54.2 PosJacket 联合分析评分

羽绒服 #1	羽绒服 #2	羽绒服 #3
一体式 GPS 售价 750 美元 重量 5 磅 得分：3 分	部分可拆卸 GPS 售价 750 美元 重量 3 磅 得分：8 分	可拆卸 GPS 售价 450 美元 重量 3 磅 得分：9 分
羽绒服 #4	**羽绒服 #5**	**羽绒服 #6**
部分可拆卸 GPS 售价 350 美元 重量 8 磅 得分：2 分	一体式 GPS 售价 450 美元 重量 8 磅 得分：2 分	一体式 GPS 售价 350 美元 重量 3 磅 得分：10 分
羽绒服 #7	**羽绒服 #8**	**羽绒服 #9**
可拆卸 GPS 售价 350 美元 重量 5 磅 得分：6 分	部分可拆卸 GPS 售价 450 美元 重量 5 磅 得分：5 分	可拆卸 GPS 售价 750 美元 重量 8 磅 得分：1 分

对于本章案例来说，每个属性中每个档位的效用得分是这一档位所有羽绒服的平均分。比如说，定价为 350 美元的 3 种 PosJackets（#4、#6 和 #7）的平均分为 6 分。使用相同的方法，我们可以计算每个属性中每个档位的效用（表 54.3）。

表 54.3 PosJacket 联合分析效用得分

		档位	效用
属性	GPS	可拆卸	5.33
		部分可拆卸	5.00
		一体式	5.00
	价格	350 美元	6.00
		450 美元	5.33
		750 美元	4.00
	重量	8 磅	1.67
		5 磅	4.67
		3 磅	9.00

为了预测调查对象会选择哪种产品，可以将每个概念品的各个档位效用累加在一起。总效用最高的概念品就可以被视为消费者偏好的选择。由表 54.3 可知，一体式（5.00）、350 美元（6.00）、3 磅（9.00）羽绒服就是偏好选择。

回顾效用得分，调查对象对“可拆卸”属性的评分为 5.33，因此该属性可能并不能带来利润。我们接着考虑一体式 GPS，虽然它的评分与部分可拆卸 GPS 一样为 5.00，但综合考虑系统简单性和其他因素，如在野外丢失或装置损坏风险等，它是更好的选择。

5. 计算重要性得分

效用体现了消费者在不同属性档位之间的选择，而重要性得分则标识出每个属性对产品选择的相对价值或影响。分别计算每位受访者对每个属性打出的最高和最低效用分数之差，求出所有受访者的平均值，就得到了重要性得分。该得分就是每个属性对消费者选择的影响。你也可以将分数之差转换为百分比。显然，重量属性对 PosJacket 的产品选择影响最大：

GPS 系统：	5.33 − 5.00 = 0.33	3%
价格：	6.00 − 4.00 = 2.00	21%
重量：	9.00 − 1.67 = 7.33	76%
共计：	9.67	100%

为了更好地说明联合分析的结果，从受访者那里得到的数据可以转换为市场模拟器（一种模拟工具）。你也可以考虑使用 SAS、SPSS 和 Sawtooth 等软件进行分析。

专业人员能从效用和重要性得分中看出许多东西，但对于外行人而言，要看出这么多信息就比较困难了。联合分析能够发现人们对于属性的取舍，而且每个人的取舍都是不同的。如果你能了解这些取舍的具体情况，就等于拥有了一种预测消费者行为的强大工具。

参考资料

如果你需要关于联合分析的更多信息，可以阅读以下材料：

- KRIEGER A. M, GREEN P. E, WIND Y. Adventures in conjoint analysis: A practitioner's guide to trade-off modeling and applications[J]. Monograph, University of Pennsylvania, 2004.

技能 55

过程行为图

监测过程的性能，全方位掌控新解决方案

过程行为图是从产出（Y）和投入（X）的角度来监测的过程、产品、服务或解决方案的性能。回答这样一个问题：过程是否按照预期运行？例如，抵押贷款审批过程有几个投入项目，最终贷款得到了批准，即产出。过程行为图用于监测投入和产出变量，帮助管理贷款周转次数。

创新项目在完成设计后投入生产、实现商品化时，甚至在进行试点测试时，都可以使用过程行为图监测其性能。你可以角逐这项技能确保创新项目的准确定位，实现从绘图板到现实世界的过渡。

这里我们只介绍最基本的过程行为图，如果你需要使用更复杂的过程行为图，请寻求过程专家或统计学家的帮助。如果你不想亲自完成计算，也可以使用过程行为软件。

过程行为图通常被称作“控制图”，但是这种惯例暗示我们要实施控制。实际上，过程行为图仅有监测功能。借助

良好的控制计划（技能 58）你可以实现控制功能。

步骤

SkiBlades 是参照滑雪靴技术设计直排轮（单排轮）轮滑鞋品牌。只需要拉一下超级系带（虽然很细但很结实），轮滑鞋就能系得很紧。完全系紧后，这种超细的绳子就会缩为一团，鞋仍能保持紧实状态。制造这种轮滑鞋需要控制几个生产参数。

对于不同种类的数据，制造过程行为图的一般顺序是相同的，但也会根据是否含有属性数据（计数数据）或可变数据（计分数据）稍做调整。下面我们将展示不同种类的过程行为图的步骤和详细信息。

1. 属性数据

在 SkiBlades 的试生产过程中，如果拉绳拉拽时脱离鞋子，产品就是次品。改进之后，拉绳问题趋于稳定，每天只会产出几件次品。为了继续进行监测，生产团队绘制了 C 图。

2. 收集数据并绘制图表

- 确定数据收集的频率（例如，每日）。
- 记录次品数量。
- 在时间序列图上标注次品数据（即，由于拉绳脱离导致的

次品鞋的数量）

3. 计算控制限制

- 计算过程平均值（平均次品数），并加入图表。
- 计算控制上限（UCL）和下限（LCL）。

许多统计软件，如 Minitab、SigmaXL 和 JMP 都能自动计算各类过程行为图的控制上限和控制下限。如果你很好奇它们是如何得出的，或是想要亲自计算，请参考本技能结尾列出的资源。

图 55.1 中的 C 图展示了次品的时间序列数据、平均次品数量以及过程的控制上限和控制下限。注意第 13 天的次品数在控制上限之上，说明这一天的次品率非常高。

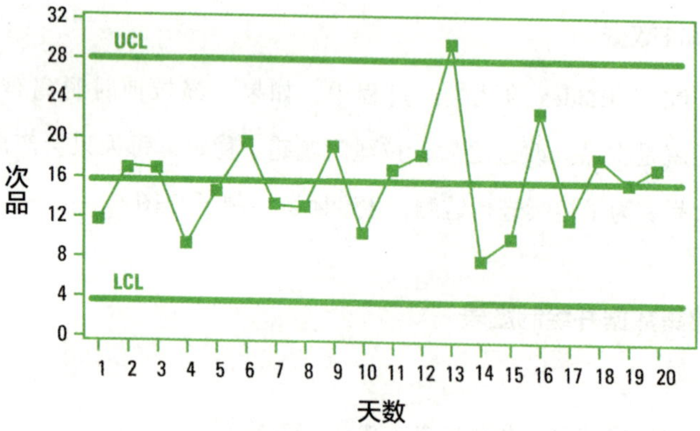

图 55.1　次品 C 图

如果过程仍旧可控，控制上下限表示的就是一般的偏差量，称为一般原因偏差。如果测量结果超出上下限，它就属于异常偏差，亦称特殊原因偏差。

4. 按规则解读图表

寻找违规情况（rule violation），它表示过程超出控制范围并且需要采取行动。

图 55.1 展示了第一种违规：该过程中存在较大偏差，应当立即进行调查。在第 13 天，图中的次品率异常高，超出控制上限。

第二种违规是指过程高于或低于其平均性能的情况已经持续了一段时间，特别是 9 个以上的连续测量周期。出现这种情况时，对原因进行调查可以实现过程的永久性改进，并降低次品率，甚至让过程向着有利的方向偏移。

即使偏差是有利的，你仍需要引起注意，让这种偏差更加稳定和可预测。

第三种违规是指过程有至少 6 个测量周期向同一个方向发生偏移。如果 SkiBlade 次品率持续上升或下降 6 天，那么就应该调查其中的原因，并对过程进行修正。

5. 可变数据

许多过程的特征是在可变量表而不是离散量表上测量。可变数据中包含的信息要远远多于计数数据，因此，可变数据制成的图表会比属性数据制成的图表用到更多的符号或信息。

最常见一种可变数据过程行为图是 X-条形图 /R-范围图，也就是平均值和范围图。这种图的制图程序与 C 图相同，但因为使用的是可变数据，还需要增加若干次计算。

SkiBlades 的次品率大多比较稳定，第 13 天的次品率则是个例外。过程专家发现了树脂固化烤箱温度的波动与次品拉绳之间的关系。在专家团队的推荐下，厂商决定使用更先进的温度控制器，并使用 X-条形图 /R-范围图记录和监测烤箱温度。

6. 收集数据并绘制图表

- 确定数据收集的频率和子组的大小。
- 子组是指从同一逻辑分组收集到的几个测量结果（即，短时间内来自同一机器同一偏差的数据）。
- 对于烤箱温度数据，连续 20 天每天取 5 个测量结果，单日的数据构成子组。
- 记录未经处理的可变数据。
- 计算每个子组的平均值和范围。将子组的平均值和范围绘制成图。

7. 计算控制上下限

- 计算过程平均值（平均值 X-条形图）和平均范围，并将它们添加到图表中。
- 计算平均值图和范围图的控制上限（UCL）和控制下限（LCL）。过程运行异常时它们就会出现。在图表中添加控制上下限（图 55.2）。

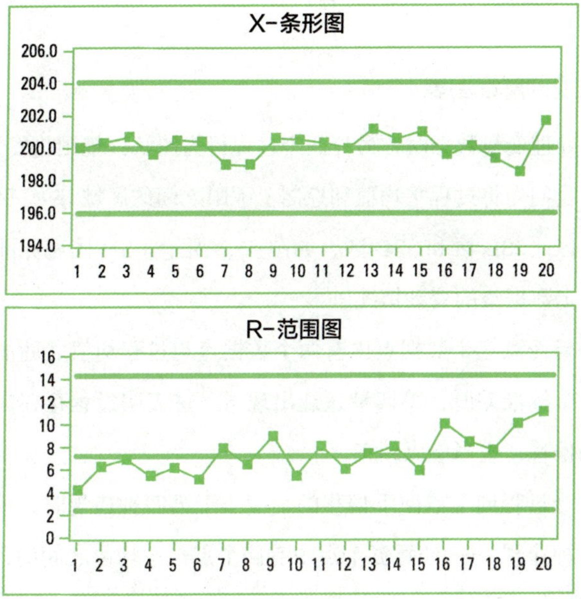

图 55.2 X-条形图和 R-范围图

使用 Minitab、SigmaXL 或 JMP 等统计软件计算 X-条形图和范围图的控制上下限。如果你很好奇它们是如何得出的，或是想要亲自计算，请参考本技能结尾列出的资源。

你可以按照步骤 4 中的规则对变量行为图进行解读，但是由于变量数据中的信息非常丰富，你还可以使用其他方法检测更加细微的偏差。

图 55.2 显示，固化烤箱的温度过程现在是可控的，如果专家的想法正确，次品率应该会下降。你可以将过程改变前后的次品数据画在同一 C 型图中，更直观地展示次品率的改善情况。

8. 按规则解读图表

处理变量数据时，另外两个过程行为图解读规则将发挥作用。

我们先将过程平均值和控制上下限之间的区域分为三份，即：1SD 区、2SD 区和 3SD 区，如图 55.3 所示（SD 代表标准差，衡量给定数据集的变动情况）。

当任意三个数据点中有两个数据点与过程均值之间的距离大于 2 个标准差时，第四种违规出现了。这表明过程存在向上或向下的偏移，应当予以纠正。

当过程向上或向下偏移的幅度小于第四种违规时，就发生了第五种违规——任意五个点中有四个点与平均值之间的距离大于 1 个标准差时。

发现不可控情况时，你可以利用本书中的一项或多项技能查找原因，并预防类似情况再次发生。可以用到的技能包括因果关系图（技能 56）、实验设计（技能 53）、联合分析（技能 54）和测量系统分析（技能 52）。

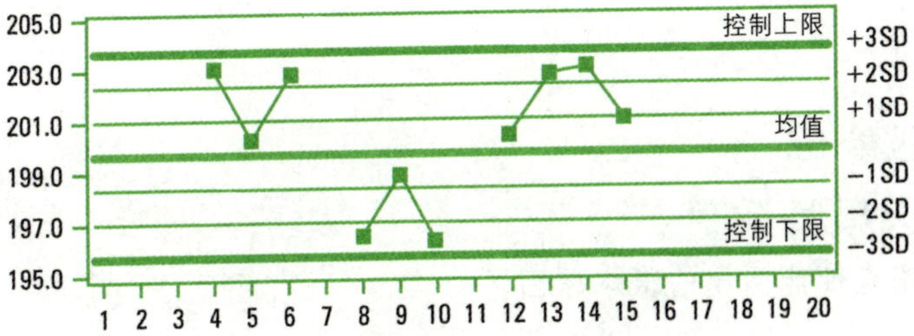

图 55.3 第四种违规 X-条形图

参考资料

如需了解更多信息以及过程行为图计算，请参考：

- WHEELER D. J, CHAMBERS D. S. Understanding statistical process control[M]. SPC press, 1992.
- 美国国家标准技术研究所（NIST）网站上有很好的过程行为图资源——《工程统计学手册》(*Engineering Statistics Handbook*)。

技能 56

因果关系图

调查性能问题的根本原因

借助因果关系图，你可以找出可能导致新工艺、产品、服务或解决方案性能较差的变量，并对这些变量进行分类。比如你想生产一种高科技烤箱，无论烘烤什么，它都能够监测内部温度，告诉你食物什么时候可以烤好。如果烤箱偶尔出现故障，那么你需要知道问题是出在温度计、湿度计、通报系统还是食物本身上。因果关系图可以系统地识别所有潜在问题（投入），帮助你确定问题（产出）的根本原因。

如果你的创新项目未能按照预期或规定进行，或者如果你想在投入生产前预见设计可能出现的问题，你就可以尝试使用因果关系图。请确保团队能够了解该系统或过程，并能找出问题的根本原因。

过程能力（技能 41）是一种衡量标准，它可以让你知道是否存在需要解决的性能或缺陷问题。使用过程能力技能找出此类问题后，你需要使用因果关系图分析问题。

步骤

比如你打算提供一项新服务——通过邮寄的方式向消费者出租 DVD 影碟。但你发现消费者满意度和租赁数量在下降。利用因果关系图，你可以系统地识别可能降低消费者满意度的所有潜在问题。

1. 说明结果

从左至右画一个水平箭头。在箭头旁边写下结果，即你想解决的问题。

因果关系图也称为鱼骨图，因为它的形状像鱼骨。鱼骨图由日本工程师石川馨博士在 20 世纪 40 年代首次提出。他想用一种简单的图来表示一个过程投入和产出之间的关系。

2. 选择原因类别

画几条与中间的水平箭头相连（图 56.1）的斜线。这些斜线代表原因的类别。你可以参考传统分类或自己进行分类。一种常见的分类是政策、地点、人员和程序。

3. 找出各项投入

对于主要类别，你可以使用过程图或价值流图（技能 51）找出所有的原因或投入，它们可能就是问题的根源。你可以按照分类填写，或者进行头脑风暴，并在相应的类别下列出原因。在从分类线引出的线上列出各项投入（图 56.2），以此类推直到列出所有可能的原因。

例如，通过邮寄方式使用DVD影碟租赁服务的消费者可能会因邮寄时间过长或订购过程太复杂而心生不满。这两种因素可以列在方法类别下。

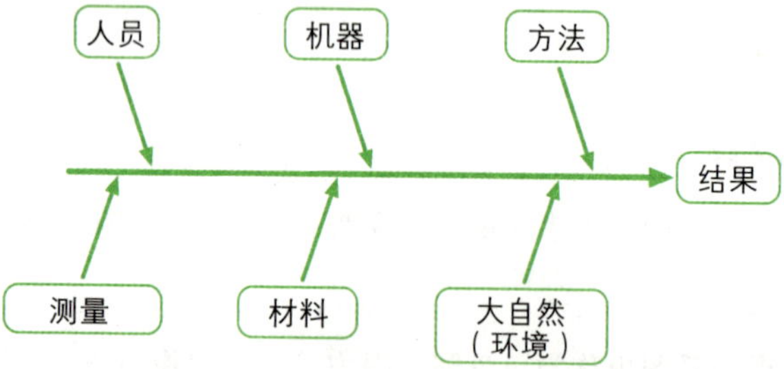

图 56.1　一般因果关系图分类

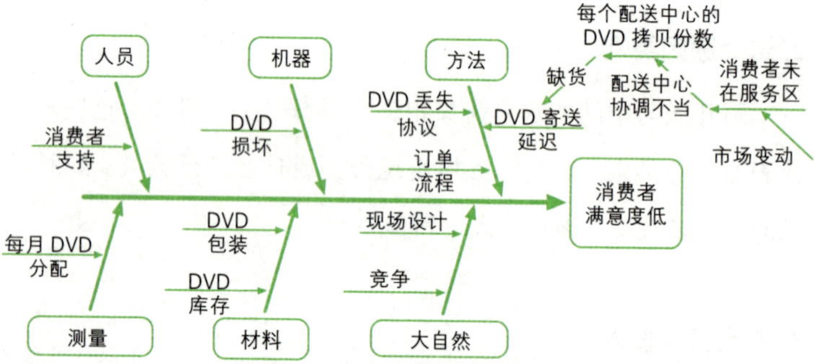

图 56.2　因果关系图

同一项投入可以分属多个类别，但是注意不要在同一类别下列出稍加改动的重复性投入项目。

---

4. 追问原因

现在，对每项投入（潜在原因）进行深入探究，问问自己“为什么这项投入会导致这种结果”。重复这一过程直到无法继续深挖。例如，询问为什么 DVD 寄送延迟：

- 为什么？因为缺货。
- 为什么？因为最近的配送中心 DVD 影碟数量不够。
- 为什么？因为配送中心与消费者群体不匹配。
- 为什么？因为消费者群的增长与人口的地理分布不成比例。
- 为什么？因为服务的目标市场随着服务的成熟在不断改变，选择邮寄租赁 DVD 影碟的人越来越多。

5. 发现根本原因

继续深挖每个可能的原因，多问几个为什么。最后，潜在原因的范围会不断缩小，根本原因就会浮出水面。你可以利用因果关系矩阵（技能 57）进一步对这些根本原因进行探究，从而确定哪些投入对以消费者为中心的产出影响最大。你需要从这些根本原因入手解决问题，满足消费者预期。

技能 57

因果关系矩阵

识别需要注意的关键性投入–产出关系

因果关系矩阵可以帮助你确定哪些关键性过程投入对过程产出的影响最大。例如，你有一种新产品，能在一个非常小的元件上存储 1 艾字节（EiB）的数据。然而，制造该元件的过程可能产量极低。你可以利用因果关系矩阵找出提高产量应该关注的因素。

因果关系矩阵可以帮你从定性的角度确定过程投入和产出之间的因果关系的重要性。无论是新的产品、服务还是过程，当你没有足够的定量数据研究原因和结果时，因果关系矩阵就尤为有益。但有一点需要注意，参与者必须熟悉过程、投入和由消费者驱动的产出。

当你需要了解投入和产出之间的关系，或是需要弄清哪种因素有着关键性影响时，你可以在创新过程的任何阶段使用因果关系矩阵技能。

步骤

在因果关系图（技能 56）章节中的 DVD 邮寄租赁案例中，我们想要寻找消费者不满意的根本原因（投入）。我们也可以利用因果关系矩阵寻找对消费者满意度影响最大的过程投入。对于这些投入我们需要引起注意，也需要进行改进。

1. 过程投入的识别和分级

因果关系矩阵（图 57.1）的上部列出了消费者预期或产出。每项产出的下面，是分数为 1（对消费者来说不太重要）到 10（对消费者来说很重要）的量表。如果得出结果需要耗费的时间太多，你可以仅使用 1 分、5 分和 9 分来打分，提高不同产出在排序上的区分度。

如果团队就哪些产出对消费者比较重要这一问题未能达成一致，请确保消费者的定义是明确的 ——是指最终用户，中间人还

			产出							
			有益的支持	快速交付	用户友好的网站	DVD 选择	消费者负担	①		
		消费者优先级	3	9	7	9	5			
	过程步骤 ②	过程投入	(3x0) + (9x9) + (7x0) + (9x9) + (5x3) = 177							合计
1	选择 DVD	网站界面	9	0	9	3	0			117
2		库存系统	1	5	5	3	0			110
3	检查可用库存	配送中心地点	0	9	0	9	3	③		177
4		库存系统	1	5	1	9	0			136 ④
5	检查消费者分配	消费者数据库	1	3	1	0	9			82
6	发货	消费者数据库	1	9	0	0	0			84
7		运输	0	9	0	0	5			106

图 57.1　因果关系矩阵

是其他消费者？如需了解更多消费者类型，请参考功能要求（技能33）这一章节中的内容。

2. 识别过程步骤和投入

在因果关系矩阵中最左边一栏填写与顶部所列产出相关的过程步骤，同时列出每个过程步骤的投入。

你可以从过程图、价值流图（技能51）或因果关系图（技能56）中收集此类信息。

为了节省时间，引导者可以先完成步骤1和步骤2，令团队将重点放在评估上面（步骤3和步骤4）。

---

3. 过程投入排序

对每项投入和产出的潜在贡献或影响进行排序。可以使用0分、1分、3分、5分或9分表示，其中0分表示对产出无影响，而9分表示对产出的影响最大。所有团队成员应就打分标准达成一致，这一点非常重要。在矩阵中填写结果。例如，DVD邮寄租赁服务团队认为配送中心地点这一投入对快速交付和DVD选择这两项产出的影响最显著，因此，这两项都打9分。

如果你的过程较为复杂，你可以仅利用过程步骤（省略过程投入）画出宏观因果关系矩阵。它将告诉你哪些步骤对产出的影响最大。然后，你可以针对关键步骤的投入画出更

加详细的因果关系矩阵。

4. 计算累积效应

对于每行的过程投入，用影响值乘以该列的产出优先级（图 57.1）。对每个投入-产出组合重复这一步骤，然后将结果相加，并将合计写入最右栏。分数最高的就是过程的关键性投入，也就是为解决问题需要重点关注的投入。

因果关系矩阵使用数字来代表过程投入、过程产出，以及它们之间的关系。它实现了信息的量化。

技能 58

控制计划

确保你的新解决方案能够按计划实现商品化

若想让创新项目无论地点、人员、环境等不可控变量如何变动，都能按照你的设计实现生产或交付，控制计划至关重要。当项目从可控的环境（如实验室）转换到运营环境（如工厂车间）时，控制计划有助于降低风险。

消费者已经习惯对产品的同一性抱有较高的期待，想想星巴克、麦当劳，以及无数努力在不同的地点提供相同产品的公司吧。控制计划可以帮助任何公司复制消费者体验。清晰记录控制过程，安排好在失去控制时应该由谁来采取何种措施，这些举措令过程可以复制，确保每个过程都能在取悦消费者的同时实现利润最大化。

完成一个周密的控制计划需要花费数小时甚至数天。如果你之前已经使用过程图 / 价值流图（技能 51）、设计失效模式和效应分析（技能 44）和测量系统分析（技能 52），这一时间就会最大限度地缩短。

步骤

有一家免下车快餐连锁店，它利用面部识别软件识别消费者，根据他们最近最频繁购买的产品来预测订单。只要遵照控制计划行事就能确保消费者享受相同的高质量服务，无论他们去的是哪家餐厅。

1. 过程步骤

可参考过程图或价值流图。在控制计划中，每个关键过程步骤应该占用一行。对于本章案例来说，消费者驾车路过时的点单过程会有许多过程步骤——面部识别、订单处理、付款等。我们将以面部识别这一过程步骤为例填写控制计划（表 58.1）。

我们推荐使用表 58.1 所示的控制计划表。不过，你可以根据实际情况进行改动。不要让表格过于复杂。例如，如果过程能力对你来说太难了，在表格中你就可以删除这一项。

---

2. 产出

产出是过程步骤的期望结果。它可以是某种结果或活动，也可能是过程中的下一个步骤。如果所有的过程步骤都有几个产出，那么它的层级可能过高了。在免下车餐厅的案例中，如果过程步骤是面部识别，产出就是识别周期和识别准确性。

表 58.1　控制计划

过程步骤	产出	投入	规范限制	过程能力	测量系统	当前控制方法	人员	时间和地点	反应计划	过渡计划
面部识别	周期时间	摄像头	1.5～3.5 秒	1.33Cpk	时间	拍摄系统	值班经理	每月 1 个 / 店铺	1-重新开始 2-技术支持	Drive-up Plan.doc
	准确识别	图像	80%～90%的准确性	4σ	报告	软件算法	技术支持	每月 1 个 / 店铺	联系供应商	Drive-up Plan.doc
		数据库记录	是 / 否	6σ	报告	手动控制	处理订单的员工	每月 1 个 / 店铺	将消费者添加至数据库	Drive-up Plan.doc

上表展示了免下车快餐店过程中的一个步骤（面部识别）。

3. 投入

投入不同于过程步骤。为产出创造条件的关键性投入都有哪些？回答该问题能帮你找出投入项。某项产出拥有几项投入是很正常的，但你只需要列出直接影响产出的投入。你不必列出假设性投入，如消费者的存在。

也请将无法控制的投入列在其中，例如可导致低能见度的天气。不要对设想不同的场景而抓狂，因为它们有出现的可能。如果它们可能导致过程失控，请记录下来，并制定相应的对策。

---

4. 规范限制

找到关键投入后，控制计划将重点关注如何令过程保持在可控状态。规范限制是一系列经过检验的标准，它们为每项投入或产出划定了边界。如果产出在界限（规范）范围内，过程就处于可控状态；如果产出在规范限制之外，过程就失去控制。规范限制可以是一个变动的范围，比如照相机拍摄的时间为 1.5～3.5 秒；也可以是一种属性，比如是否使用数据库。因为司机的照片要么在数据库中，要么不在数据库中。

5. 过程能力

过程能力是指过程满足或超过你所定义的规范限制的能力。

能力是以过程产出失败（次品率）或成功（成功率）的次数为基础。如需了解更多详细情况，可参考过程能力（技能 41）。

6. 测量系统

你将使用哪种测量系统判定过程产出是否在规范限制之内？测量系统可以非常简单，比如秒表，也可以非常复杂，比如数据抓取程序。注意，最简单的解决方案往往是最好的。我们的目标是提供一种可复制的产品或服务，而不是让测量推迟产品或服务的交付。

测量系统分析（技能 52）能够确保测量系统的准确性，并且不会让过程出现偏差。

---

7. 当前控制方法

你如何知道过程何时失去控制？控制方法一般由过程失效模式和效应分析（FMEA）得出。在过程失效模式和效应分析中，你已经找出了可能出现问题的地方（过程如何失去控制），并明确了出现问题应如何进行纠正。对于餐厅的案例来说，如果拍摄周期过长，系统将自动向管理人员发出警报。

8. 人员

如果你能在交付新产品或提供新服务前就明确人员的职责，你就能够更好地预测和控制消费者体验。这一栏主要记录谁负责让过程处于可控状态。这个人可以是员工、主管、供应商，甚至也可以是机器或软件。

9. 时间和地点

这一栏主要记录两个主要要素：为了确认过程是否可控，你需要何时（多久一次）进行测量，测量数据记录在哪里？根据测量对象的不同，时间可以是特定的频率（每日、每周等），也可以根据交易的数量（如产品数量或消费者数量）进行改变。

不管怎样，你需要持续准确地记录测量数据，进而对数据进行比较。如果过程比较复杂，你可以利用过程行为图（技能 55）快速且直观地追踪过程何时失控。

10. 反应计划

确定了人员、地点和时间之后，下面应该关注的就是方法——如果过程超出了规范限制，你将如何令过程重新进入可控状态。在本章的案例中，如果拍摄过程失去控制，经理会重新启动照相机。如果照相机出现故障，她会联系技术支持人员。

方法往往会影响消费者体验。出错时，如果应对得当，消费者会更加宽容。

---

11. 过渡计划

过渡计划囊括了控制计划中未包含的一些信息。这些信息可以让我们从试点生产或小规模生产过渡到全规模生产和交付。一般而言，该文件会非常详细，因而很少会在控制计划中论及。对于本章的案例来说，过渡计划可能包括技术支持、供应商联系信息，以及接收订单或招揽顾客的建议，这些内容将被添加到面部识别数据库中。

致 谢

我们愿意将我们在BMGI管理顾问公司宣扬的理论付诸实践，因此我们将这本书视为一个机遇，让整个公司参与到这次创新的写作之中。公司许多管理顾问向全球各地的员工贡献了他们的专业知识，这次也都受邀分享他们的知识。因此，我们需要感谢的人非常多。感谢他们投入的时间，感谢他们的建议和贡献。

首先我们要感谢黛布拉·詹宁斯（Debra Jennings），她编写并编辑了手稿的大部分内容，并将内容转化为图表。黛布拉的才华、执着和智慧是不言而喻的。毫无疑问，如果没有她，就不会有这本书。黛布拉，我们对你的完美工作表示最深的谢意！

接下来，我们要对本书的另外几位作者表达真挚的谢意，他们不仅编写了本书中的一章或数章，还给出了大量的案例并开展了相应的研究。他们是（按姓氏字母顺序）：里亚安·布里茨（Riaan Brits）、兰迪·赫雷拉（Randy Herrera）、丽兹·麦克阿德勒（Liz McArdle）、大卫·麦克基（David McGee）、里沙卜·劳（Rishab Rao）、史蒂文·匈牙利（Steven Ungvari）、唐·威尔森（Don Wilson）和唐·伍德（Don Wood）。

特别感谢绘图艺术家斯科特·斯托达德（Scott Stoddard），他借鉴科林·摩尔（Colin Moore）的作品，对150多幅图表进行完善。对于乔安娜·巴斯（Joanna Barth），我们不知道该如何表达谢意。她与斯科特紧密合作，对插图进行制作、检查、校对以确保其准确性和质量。

还要感谢在其他方面做出贡献的人们。温迪·圣克莱尔（Wendy St.Clair）帮助构想了本书的早期大纲。BMGI公司的总顾问马克·帕帕拉多（Marc Pappalardo）向团队提供著作权法方面的建议。BMGI公司的营销主管让尼娜·霍尔（Jeanniene Hall）在制定和执行图书推销计划过程中贡献了无与伦比的精力和洞察力。我们要特别感谢杰西卡·哈珀（Jessica Harper），她自接到通知后就在一丝不苟、不遗余力地审稿。金柏莉·卡林顿（Kimberley Carrington）和梅利莎·麦迪逊（Melissa Madtson）帮助我们设计了版式并进行了校对。

我们不会忘记约翰威立出版社的员工。编辑理查德·纳拉莫尔（Richard Narramore）是我们的向导，他总能及时地以最礼貌的方式指引我们在正轨上前进。我们不会忘记编辑助理莉蒂亚·迪米特里迪斯（Lydia Dimitriadis）日常工作的高效性、专业性和她的乐观主义。最后，我们的制作编辑琳达·英迪格（Linda Indig）是一个完美的、和蔼可亲的专业人士——和我们出版本书第一版时一样。约翰威立出版社能有这样一位伟大的合作伙伴让我们感到幸运和欣慰。

当然，我们还应该感谢我们的家人，他们不仅一直同意我们加班，而且还给予我们无形的支持。我们爱你们，感谢你们对工作的支持！

最后，我们要感谢许多向我们提供帮助的公司，他们帮助我们形成了自己对创新的理解，帮助我们打造了一套自己的方法，用于提高创新的可预见性、可重复性和可持续性。你们的尝试和成功鼓舞着我们，我们希望你们继续在自己的公司中实现创新的常态化。

大卫·希尔维尔斯坦、菲利普·萨缪尔、尼尔·德卡洛

图书在版编目（CIP）数据

做产品 / (英) 大卫·希维尔斯坦, (英) 菲利普·萨缪尔, (英) 尼尔·德卡洛著 ; 刘保强译. -- 成都：四川人民出版社，2022.10

ISBN 978-7-220-12658-1

Ⅰ. ①做… Ⅱ. ①大… ②菲… ③尼… ④刘… Ⅲ. ①企业管理—产品管理 Ⅳ. ①F273.2

中国版本图书馆CIP数据核字(2022)第078597号

四川省版权局
著作权合同登记号
图字：21-2022-204

The Innovator's Toolkit : second edition by David Silverstein, Philip Samuel, Neil DeCarlo

ISBN:978-1-118-29810-7

ZUOCHANPIN

做产品

著　　者　[英] 大卫·希维尔斯坦　菲利普·萨缪尔　尼尔·德卡洛
译　　者　刘保强
筹划出版　后浪出版咨询(北京)有限责任公司
出版统筹　吴兴元
特约编辑　李　峥
责任编辑　林袁媛　江　澄
装帧设计　墨白空间·李国圣

出版发行　四川人民出版社（成都三色路238号）
网　　址　http://www.scpph.com
E - mail　scrmcbs@sina.com
印　　刷　天津中印联印务有限公司
成品尺寸　143mm × 210mm
印　　张　14.75
字　　数　317千
版　　次　2022年10月第1版
印　　次　2022年10月第1次
书　　号　978-7-220-12658-1
定　　价　80.00元